高等学校艺术与科技专业教材

艺术媒介
生成实验

Experiments For
Generating Art Media

主编 徐微微　郭靖雅　成硕磊

中国轻工业出版社

图书在版编目（CIP）数据

艺术媒介生成实验 / 徐微微，郭靖雅，成硕磊主编.
北京：中国轻工业出版社, 2025.6. -- ISBN 978-7
-5184-5544-7

Ⅰ.G206.2；J

中国国家版本馆CIP数据核字第2025ZE7091号

责任编辑：狄宇航　　责任终审：李亦兵　　设计制作：锋尚设计
策划编辑：江　娟　　责任校对：朱　慧　朱燕春　　责任监印：张京华

出版发行：中国轻工业出版社（北京鲁谷东街5号，邮编：100040）
印　　刷：鸿博昊天科技有限公司
经　　销：各地新华书店
版　　次：2025年6月第1版第1次印刷
开　　本：889×1194　1/16　印张：14.75
字　　数：368千字
书　　号：ISBN 978-7-5184-5544-7　定价：69.80元
邮购电话：010-85119873
发行电话：010-85119832　010-85119912
网　　址：http://www.chlip.com.cn
Email：club@chlip.com.cn
版权所有　侵权必究
如发现图书残缺请与我社邮购联系调换
242306J1X101ZBW

本书编写人员

主　编

徐微微　　郭靖雅　　成硕磊

参　编

王禧珺　　王奇英　　陈慧明　　赵梓琪　　孙彤彤

前言

随着"新文科"建设的深入推进，艺术与科技交叉融合已成为学科发展的必然趋势。传统艺术教育面临双重挑战：一方面，新兴技术促进教学体系革新；另一方面，现有教材多聚焦单一科技领域，缺乏运用生物、化学、物理、信息等多种科技手段与艺术创作实现深度融合。本教材的编写源于大连工业大学艺术与科技专业教师十年来的教学实践积累，响应了《普通高等学校本科专业类教学质量国家标准》对艺术与科技专业建设的具体要求，更是填补了国内"艺术科技"交叉学科教材空白的重要实践。

本教材不仅关注艺术的形式美与内容深度，更重视科技如何成为艺术创新的驱动力，以及艺术如何赋予科技以灵魂与温度。本教材将引导学生深入理解各种媒介的特性与潜力，通过一系列精心设计的创作实践与实验案例，使学生学习掌握将科学技术转化为艺术设计和艺术创作的新媒介、新手段的方法。生物艺术的细腻与生命力，物理媒介的理性与秩序，化学材料的多样与变幻，信息技术的无限可能与即时反馈，它们共同构成了一个丰富多彩的媒介实验场，每一项实验都是对传统艺术观念的挑战，每一次尝试都是对艺术未来可能性的探索。这种跨学科的思维方式，不仅能够拓宽学生的知识视野，更能激发他们的创新思维，拓宽了艺术创作的维度与边界。

通过这本教材的学习，我们希望学生能够：

1. 理解艺术与科技之间的内在联系，认识到媒介创新在艺术创作中的重要作用；
2. 掌握将科学技术转换为艺术设计、艺术创作媒介的方法，进行媒介创新；
3. 培养跨学科思维，能够在不同领域之间自由穿梭，形成独特的艺术视角；
4. 强化实践能力，能够在未来的艺术设计和创作工作中，运用所学知识解决实际问题。

《艺术媒介生成实验》是一本具有前瞻性和实践性的教材，其创作过程既是实验，也是探索，充满了挑战与未知。在这个充满变数的时代，唯有不断创新，勇于实验，才能不断拓宽艺术的边界。希望本教材能够成为一个激励更多人去探索艺术与科技交叉融合并产生无限可能的新起点。

本教材虽力求完善，但深知其仍存在诸多不足，恳请各位专家同仁不吝赐教，提出宝贵意见，以助我们不断精进，共同提升教材质量。

大连工业大学副教授　徐微微
2025年1月

目录

第一章 媒介认知

第一节 媒介概述 … 2
一、媒介的定义 … 2
二、理解媒介 … 3

第二节 媒介的发展过程 … 5
一、口语时代 … 6
二、图像文字时代 … 7
三、印刷时代 … 10
四、电子、网络、数字时代 … 12
五、未来媒介发展趋势 … 13

第三节 艺术媒介概述 … 20
一、艺术媒介的定义 … 20
二、艺术媒介的分类 … 22
三、艺术媒介的特性 … 34

第二章 艺术媒介的情感表达

第一节 艺术媒介的情感 … 48

第二节 基于感官体验的艺术媒介情感表达 … 50
一、视觉语言情感表达 … 51
二、听觉语言情感表达 … 52
三、触觉语言情感表达 … 54
四、嗅觉语言情感表达 … 56
五、味觉语言情感表达 … 58
六、"知觉"——特殊的情感表达 … 60

第三章 艺术媒介生成实验

第一节　基于生物科技的艺术媒介生成实验　64
一、作品《延·衍》　64
二、作品《幻物生》　74
三、作品《问·寻》　79
四、作品《当涌动成风》　91
五、作品《超时计划——能量币》　104

第二节　基于化学科技的艺术媒介生成实验　118
一、作品《LOVE》　118
二、作品《胶囊计划——变》　126

第三节　基于信息科技的艺术媒介生成实验　130
一、作品《东关街·印记》　130
二、作品《迷失在404号房间》　146
三、作品《愿望之光》　151

第四节　基于物理科技的艺术媒介生成实验　157
一、作品《械》　157
二、作品《情感之路》　171
三、作品《"礁"虑》　182

第五节　基于综合科技的艺术媒介生成实验　190
一、作品《"废物"粉笔》　190
二、作品《胶囊计划——"空"游无所依》　198
三、作品《吞噬》　205

第六节　樱桃媒介生成实验　211
一、作品《魅·朱遇》　211
二、作品《魅·映海》　216
三、作品《魅·樱缘》　222

参考文献　227

致谢　228

第一章

媒介认知

---── 学习目标 ───---

通过本章的学习,能够明确媒介的定义,理解媒介在人类历史发展中的重要作用;辨析不同历史时期媒介形态的演化规律,预测未来媒介的发展趋势;掌握艺术媒介的定义、分类以及特性,认识艺术媒介在艺术创作中的独特价值。

第一节
媒介概述

媒介不仅是信息传播的工具,更是人类思想交流、文化传承的重要载体。随着其形态的多样化和功能的扩展,媒介的定义也变得愈加复杂。媒介的内涵随着时代的发展不断变化,在不同的学科和研究领域中,对媒介的理解也存在着显著的差异。因此,对媒介进行一个全面、统一的定义是极具挑战性的。

一、媒介的定义

"媒介"这一概念最早被记录于《旧唐书·张行成传》一书中:"观古今用人,必因媒介"。在此书中,使一方与另一方产生联系的人或物被称为"媒介"。"媒"这一字,最初指的是媒人,后来被引用作为事件所发生的原因。在清代陈昌治刻本《说文解字》【卷十二】【女部】中提到:"媒,谋也,谋合二姓。"媒,谋划,谋划让两个不同姓氏的人结合在一起,用"女"作部首,用"某"作声旁。"介"字,在清代陈昌治刻本《说文解字》【卷二】【八部】中提到:"介,画也。从八,从人。人各有介。"介,画"界"。媒介即是"媒界","界"字为"田+介",表示人们各有其界限,也是介于一方与另一方中间的介质。媒介所处之地,便是人、事、物所遇之"界",也是"新世界"打通之时。

媒介的英文是"Medium",意思是"中间"。在物理学领域的定义是作为物质传导的中间介质。从传播学视角出发,媒介就是人与人或人与机器之间沟通、交流时使用的介质,它包括两个方面,一是物质,二是能量信号。只要是可以为生命与生命之间、生命与无生命之间、无生命与无生命之间所制造联系的物质都能称为"媒介"。

在所有艺术活动中,信息的传播是核心过程,而这一过程的基本要素包括三个方面:传播者、信息和受传者,这三者是信息传播得以实现的基本前提。然而,仅仅具备这三要素并不足以完成一个完整的传播过程。在传播过程中,需要有一个将这三要素相互连接的纽带,这个纽带就是媒介。同时,在这一过程中,受传者的反馈也是不可忽视的一部分。

我们可以更详细地分析这一过程。当艺术家进行创作时,首先需要确定一个表达的主题。艺术家作为传播者,这个主题就是他想要传达的信息,而最终完成的作品则是主题的具体表现形式,或称为受传者。那么,艺术家的主题是如何形成的?在主题诞生后,又是如何转化为具体的作品?这些环节的实现都依赖于媒介的作用。艺术家通过独立思考形成了主题,这种思考的过程实际上就是媒介将艺术家与他的观点联系起来的表现。随后,在观念的指导下,创作的过程需要考虑形状、颜色、材质、空间和行为等多种因素,利用材料、符号、声音等媒介,将抽象的主题转化为具象的作品。

在了解了艺术家内部的信息传播过程后,我们再来审视艺术家与外部世界的信息传播。艺术家作为传播者,艺术作品则是他传达的信息,而观看或使用这些作品的人则是受传者。从艺术家到作品,这是一个内部传播的过程;从作品到受传者,这是一个外部传播的过程。这个外部传播同样依赖于媒介的作用。无论受传者是通过观看实体作品、图片,还是通过口耳相传或互联网获取作品信息，都是在媒介的帮助下实现的。此外，受传者在观看作品后，通过网络或杂志发表的评论和反馈，同样是通过媒介完成的。

由此可见，媒介在艺术创作和传播中的重要性是显而易见的。它将各个环节连接起来，使得艺术活动能够形成一个完整的体系。

二、理解媒介

理解媒介的关键不在于它的定义，而在于我们如何从不同层面理解它。理解媒介有以下三个层面。

（一）媒介是人的延伸

与动物相比，人类在表达信息上具有语言优势。虽然声音、眼神和肢体语言可以传达情感和想法，但语言能够表达更为精确和复杂的内容。然而，这些表达方式依旧受到人类自身的限制。比如，语言只能口口相传，难以跨越时间和空间。因此，文字这一媒介应运而生，弥补了语言的不足。尽管如此，文字依赖视觉传递信息，也有其局限性。

随着电影、声音和4D影院的出现，人类的表达形式变得更加多样化和立体化。这些形式不仅跨越了语言和文字的局限性，还能从多个维度刺激人们的感官和记忆点。这表明，媒介不仅仅是人类表达方式的延伸，更是突破人体局限、连接人与世界的工具。

通过媒介，我们可以用闹钟叫醒自己、用灯光在夜晚照亮生活、乘坐飞机迅速抵达地球的另一侧、用雷达探测空间位置，甚至通过电影、音乐和绘画跨越时间和空间表达主观意识。机器和艺术都是人类的延伸，技术是人体的延伸，而媒介则是心灵的延伸。因此，媒介不仅是一个工具，更是连接信息发布者和接收者、过去和未来，以及不同空间的重要桥梁。

（二）万物皆媒介

"万物皆媒介"这句话的意思是，任何事物都可以成为信息传递的载体或工具，包括抽象的概念和数学公式。媒介不再仅仅局限于传统意义上的书籍、电影、电视等，它可以是任何物体、现象、行为，甚至是环境。只要这些事物能够传递某种信息或引发某种联想，它们都可以被视为媒介。

"万物皆媒介"这一理念强调了信息的多样性与关联性，超越了传统媒介的界限。例如，一幅画能够表达情感，一个雕塑可以传达思想，甚至一块石头、一棵树、一只鸟，在特定的语境下也能够传递某种信息或引发联想。关键在于如何将这些事物与特定的内容或主题关联起来。

这一理念还鼓励我们在创意工作中打破常规，探索与主题看似无关的事物，以实现创新的表达。通过这种"不相关"的联想，往往能产生意想不到的创意效果。同时，还表明信息无处不在。每个事物都具备潜在的信息传递功能，只要我们用心观察，善于联想和挖掘，每件事物都能成为信息传递的载体。因此，无论面对什么样的创意任务或沟通需求，都可以从身边的事物中找到灵感和媒介。

在《天下没有怀才不遇这回事》（2010年中信出版社出版，作者：包益民）一书中，包益民回忆起在美国的一堂课。教授在黑板上写下"烤鸭"两个字，要求学生写下他们认为与烤鸭无关的词语。学生们写了许多词，随后教授让他们尝试将这些词与烤鸭建立联系。结果发现，在不同的语境和环境下，烤鸭与这些词都能建立起关联。

在本专业的相关课程教学中，课组教师也做了类似的实验。学生们写下与烤鸭无关的词语，如钻石、眼镜、手机和汽车等。乍看之下，这些词与烤鸭毫无关联。然而，当我们换个角度思考，钻石和烤鸭之间其实可以建立多种关联。例如，有的学生想到可以在烤鸭里放钻石求婚，或者用钻石装饰烤鸭。手机也可以和烤鸭建立关联，例如，我们可以通过手机查询烤鸭的信息，也可以用手机订购烤鸭外卖。经过一番讨论，大家意识到他们原本认为与烤鸭无关的事物其实都可以与烤鸭产生关联。

通过烤鸭的例子，我们更好地理解了"万物皆媒介"这一概念。任何事物都可以成为传递信息的载体。在创意工作中，无论什么主题，都不应该感到缺乏灵感或创意，因为万事万物都可以为我们所用，为主题服务。

日本动物园曾推出过一款名为"Zoo Jeans"的牛仔裤，这款牛仔裤的设计师并非普通人，而是园内的狮子、老虎等猛兽。这些"设计师"们通过撕咬和抓挠对牛仔布进行"创作"，从而制作出了一条条独一无二的牛仔裤。牛仔裤与动物园本来是两个看似毫无关联的事物，组合到一起形成了一个全新的方式，形成了既创新又别具一格的设计。

（1）　　　　　　　（2）　　　　　　　（3）

"Zoo Jeans"牛仔裤广告

动物园的狮子、老虎等猛兽通过撕咬和抓挠来"创作"牛仔布

(三)媒介即信息

在艺术创作中,我们可能只需要选择一种媒介,但如果停留在"万物皆媒介"上,就会感到迷茫:如何从成千上万的媒介中选择最合适的呢?这时,我们需要理解第三个概念——媒介即信息。

这个概念强调的是,媒介本身的特性对社会和文化的影响远比其所传递的具体内容更加深远和重要。也就是说,媒介不仅仅是传递信息的工具,它本身就是信息的一部分,甚至是影响力更大的部分。

每种媒介都有其独特的特性,这些特性会影响信息的传播方式和接收方式。比如,书籍和电视传递信息的方式是不同的,书籍要求读者主动参与解读,而电视则是通过图像和声音直接呈现信息。这些不同的媒介形式会塑造我们的思维方式、认知模式以及文化习惯。"媒介即信息"提醒我们在分析信息传播时,不仅要关注信息的内容,更要关注媒介本身的特性及其对社会、文化、思维方式的深远影响。这一观点拓宽了我们对媒介的理解,促使我们从更广阔的视角来看待信息传播的过程。

将媒介仅仅视为工具是片面的,任何媒介的"内容"都是另一个媒介。正如媒介理论的重要学者马歇尔·麦克卢汉(Marshall McLuhan)所说:"文字的内容是言语,正如文字是印刷的内容,印刷又是电报的内容一样。"这表明,媒介和内容是不可分割的。我们选择的媒介应该与主题相关,并且服务于主题。媒介本身应包含与主题相关的信息。

比如学生李洋的作品《染》,表面看是通过氯化钾、氯化钙、氧化铜等化学原料给画面染色,实质上作者想表达的是化工产业对环境的污染,原本干净的海面下沉淀的是各种化工废料。

媒介的这三个层面是递进的关系,每一层都为我们深入理解和运用媒介提供了不同的视角。

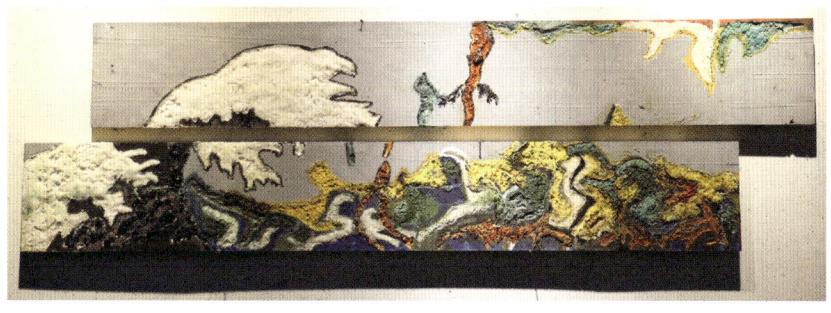

(1)正面视图　　　　　　　　　　　　　(2)侧面视图

学生李洋作品《染》

第二节
媒介的发展过程

媒介在艺术设计中扮演着至关重要的角色,是艺术家实现创意和传达理念的桥梁。不同的媒介提供了多样的表现形式和技术手段,使得艺术家能够探索新的表达方式和视觉效果。例如,传统绘画和雕塑利用物理媒介如颜料和石材,展现出独特的质感和形态,而现代数字媒介则通过计算机和软件，创造出虚拟的三维空间和交互体验。

媒介的选择和使用直接影响着艺术作品的风格、内容和情感表达。通过不同媒介，艺术家可以传递多样的信息和情感，从而引发观众的思考和共鸣。比如，摄影和视频可以捕捉瞬间的现实与情感，而数字艺术则能突破现实的限制，构建虚拟和超现实的世界。

在艺术设计中，媒介不仅是创作的工具，更是艺术思想和理念的重要载体。它决定了作品的视觉语言和信息传递方式，影响了观众的感知和解读。因此，掌握多种媒介的使用技巧，理解其特性和潜力，是艺术家不断创新和突破的关键。媒介的不断发展和融合，也为艺术设计提供了无限的可能性，使艺术表达变得更加丰富和多样。

媒介的历史可以追溯至人类文明的起源阶段。从早期的壁画和象形文字，到纸张和印刷术的发明，每一次媒介的革新都标志着人类沟通和信息传播方式的重大转变。在古代，用于书写文字的泥板和竹简逐渐被纸张取代，最终发展为印刷书籍，极大地推动了知识的传播和文化的发展。19世纪末和20世纪初，随着摄影术和电影的诞生，视觉艺术进入了一个新的时代。无线电和电视的发明则进一步丰富了人们的日常生活，带来了前所未有的视听体验。进入数字时代以来，互联网和移动设备的普及，使得信息传递变得更加迅速和便捷，互动性和参与性也大大增强。今天，虚拟现实（VR）、增强现实（AR）以及人工智能（AI）等前沿科技，正在不断拓展媒介的边界，推动着艺术与科技的深度融合。媒介的演变不仅改变了艺术创作的方式，也塑造了人类感知世界和彼此沟通的方式。

媒介的发展也是科技发展的缩影，反映了人类文明的进程。每一次媒介的革新，不仅带来了艺术表达方式的变革，也推动了社会文化的进步。媒介的发展展示了科技对艺术创作的深远影响。了解媒介的历史，有助于我们回顾过去的经验，同时展望未来的可能性。将媒介置于更大的社会体系中去理解，可以帮助我们更全面地认识艺术与科技的关系，探索新的创作思路和方法。

一、口语时代

口语时代的媒介是人类传播活动的起点，其核心特征是以语言为载体的面对面交流，具有强烈的具身性和即时性。这一阶段涵盖了从人类开始使用语言到开始使用文字的漫长时期。在这一时期，人类主要依靠口语进行信息交流。

口语作为第一种媒介形式，它的出现可以追溯到4万～9万年前，人类在这一时期逐渐获得了说话的能力。关于人类如何获得语言能力，科学家们提出了多种假设，其中主要包括生物进化和社会需求的共同驱动。语言学家和人类学家的研究表明，人类大脑的进化是语言能力形成的关键因素之一。具体来说，大脑中布洛卡区和威尔尼克区的发育，使人类具备了复杂的语言处理能力。

口语媒介的特点是使用有声语言传播思想，通过口腔发声和特定的语词、语法结构及辅助手段进行信息交流。与其他生物不同，人类的语言具有高度的结构性和抽象性。自然界中生物都有自己的沟通方式，许多动物也能够通过声音进行交流，但这些声音通常是固定的、有限的信号，主要用于表达基本需求和情绪。而人类语言则具有无限的创造性和表达能力，可以传达复杂的思想、情感和抽象概念。例如，人类的语言可以表达"自由"这样的抽象概念，而其他生物的语言系统无法达到这种复杂性。人类语言不仅包括词汇和语法，还涉及语义和语用等多层次结构，使得人类能够进行深层次的交流和合作。

语言的出现和基因突变有着密切的关系，与人类语言能力相关的基因数量估计在数百到一千个之间。这些基因在大脑发育、神经连接、听觉处理和语音产生等方面发挥重要作用。其中影响语言最重要的基因是FOXP2基因。FOXP2基因在语言和言语能力的发展中起着关键作用，它在大脑发育过程中影响与语言相关的神经通路和结构。FOXP2基因在7000万年前就存在于人类和老鼠的祖先身上，在整个生物进化的过程中这个基因经过三次突变，其中两次在人类身上发生。这些突变使得人类具备了独特的语言能力，能够进行复杂的语音处理和表达，从而形成了复杂的语言系统。无论是哪种原因，语言的出现使得人类能够更有效地传递信息、协调行动和共享知识，从而推动了复杂社会结构的形成和文化的发展。

随着社会的发展，口语逐渐与绘图、壁画等视觉媒介相结合，进一步丰富了信息的表达方式。文字的出现标志着信息的传播方式从一维的直接传播转变为可跨越时间的二维传播，这是口语传播发展的重要里程碑。直至网络传播时代的今天，口语传播仍被广泛应用。当然，口语也有它的局限性，如受时空限制、记录性较差、内容简化等。然而，它作为早期人类表达的主要工具，通过神话、传说和巫术等形式，增强了人际沟通，维系了社会稳定，促进了思维革命和文化传承。口语时代的到来标志着人类文明迈出了关键一步，为后续的社会进步和文化发展奠定了坚实的基础。了解口语的历史，有助于我们回顾过去，展望未来，更全面地认识媒介在社会体系中的重要性。

二、图像文字时代

图像是人类最早的记录与表达方式之一。早期人类通过绘制图形来表达物体、场景和概念，反映了他们对自然世界的观察和理解。这种绘画活动不仅仅是艺术创作，更是记录信息和传递文化的方式。

阿尔塔米拉洞穴壁画于1879年在西班牙被发现，是旧石器时代末期的重要艺术遗产。这些壁画创作于大约1.5万年前，主要描绘了野牛、鹿、马等野生动物的生动形象。拉斯科洞穴壁画位于法国，于1940年被发现。拉斯科壁画以其复杂的构图和逼真的细节著称，毕加索（Pablo Picasso）曾参观过拉斯科洞穴，这些壁画的艺术表现力和细节令他深感震撼。阿尔塔

通过语言，巫师能够讲述神话、传说和巫术仪式的细节，这些内容通过口耳相传形成了丰富的文化遗产

拉斯科洞穴壁画

米拉和拉斯科的洞穴壁画是旧石器时代末期的重要艺术作品。这些壁画描绘了野生动物和狩猎场景，展示了早期人类对环境和生活的认知。

通过这些图像可以看出，智人能够进行抽象思维，并从对象中抽取属性。这些壁画不仅描绘了野生动物和狩猎场景，还体现了智人超越时空的精神连接能力，因为现代人也能够一眼看出这些壁画描绘的内容。大约在距今6万~5.5万年前，现代智人在末次冰期间歇期走出了非洲，并迅速扩散，他们在欧亚大陆遇到了早已定居的尼安德特人。有证据表明，尼安德特人可能早在6.4万年前就创作了洞穴壁画，但壁画缺乏智人那样的抽象表达能力，这可能与他们的大脑结构有关。虽然尼安德特人的脑容量较大，但他们的大脑更专注于视觉能力，这可能是因为他们生活在光线暗淡的高纬度地区，需要更好的视觉来观察环境中的危险。然而，尼安德特人的额叶相对较弱，影响了他们的社交、记忆、情绪和逻辑能力。所以我们现代人无法识别尼安德特人壁画的内容。

在文字出现之前，结绳记事是一种重要的信息记录方式。结绳记事通过打结和编织绳子来记录数量、事件和信息，被广泛应用于印加文明。这种方法虽然没有发展成文字系统，但为记录和传递信息提供了有效手段。结绳记事体现了早期人类对抽象符号的理解和应用。通过不同的打结方式和编织结构，结绳记事可以记录复杂的信息，反映了早期人类的智力水平和创造力。结绳记事不仅在南美洲的印加文明中应用广泛，其他文明中也有与其类似的记录方式。

文字的发明标志着人类文明进入了新的纪元。公元前3000年左右，文字在多个文明中独立出现，包括美索不达米亚的楔形文字、古埃及的象形文字等；公元前1300年左右，中国的甲骨文成熟。文字通过符号记录语言，是人类记录和传播信息的重大突破。

在美索不达米亚，苏美尔人发明了楔形文字，用于记录商业交易、法律条文和宗教仪式。楔形文字最初是象形的，后来简化为楔形符号，适应了更广泛的信息记录需求。古埃及的象形文字通过绘制图形来表示物体和概念，逐渐发展为复杂的书写系统，能够记录更多样的信息。中国的甲骨文通过刻在龟甲和兽骨上的符号记录占卜结果，为早期汉字的发展提供了重要资料。

文字的出现为记录和保存信息提供了新的手段，各种不同的材料被用作记录载体：

（1）石刻与雕刻

这是最早的文字记录手段之一，起源于公元前3000年左右的古代文明，如古埃及和美索不达米亚。古埃及人将象形文字刻在石碑上，例如著名的罗塞塔石碑（公元前196年），该碑用三种文字记录了托勒密五世的法令，成为解码象形文字的关键。中国商朝（约公元前1600年至前1046年）则在龟甲和兽骨上刻写甲骨文，如安阳殷墟出土的甲骨，记录占卜内容。石刻耐久性强，适合永久保存，但制作耗时，限制了大规模传播。

（2）黏土与泥板

约公元前3100年起，美索不达米亚文明广泛使用黏土泥

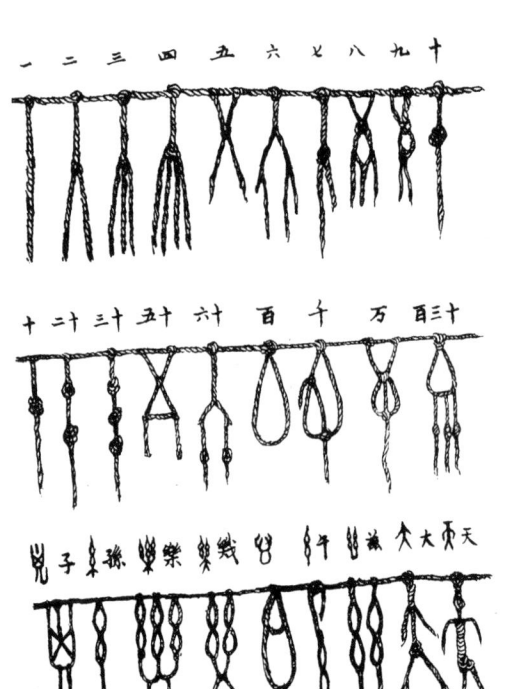

结绳记事

楔形文字　　　　　　　　古埃及的象形文字　　　　　　甲骨文

板记录楔形文字。湿黏土上用芦苇笔刻写符号，烘干或烧制后保存，如《吉尔伽美什史诗》残篇（约公元前2100年）。泥板轻便且易得，适合记录行政、商业和文学内容，但易碎，保存需小心。这一方法在两河流域（如乌尔、尼普尔）盛行，奠定了早期文字档案基础。

（3）纸莎草纸

约公元前2500年，古埃及开始用纸莎草茎制成纸莎草纸记录文字。纸莎草茎切片压制后干燥，制成薄片，用于书写象形文字和后来的科普特文字，如《死亡之书》残卷。纸莎草纸比石刻轻便，书写灵活，广泛用于宗教文献和行政文件，但易受潮腐烂，需在干燥环境保存。这一技术后来传至希腊和罗马。

（4）金属媒介——青铜器铭文

约公元前2500年起，金属作为文字媒介开始兴起，其中青铜器铭文在中国商朝（约公元前1600年至前1046年）最为突出。工匠在青铜器（如鼎、觚）上铸刻或锤打铭文，例如《毛公鼎》（西周晚期，约公元前1000年）上的497字，记录贵族功绩和祭祀活动。青铜因其坚硬、耐腐蚀，适合长久保存，铭文常与装饰图案结合，具艺术性。但制作复杂，成本高，多用于王室或宗教记录，限制了广泛应用。这一技术在中国持续至战国时期，其他文明如古罗马也用铜板记录法律。

（5）竹简与木牍

约公元前1000年起，中国战国时期开始使用竹简和木牍记录文字。竹子或木头分割成小片，涂墨书写，如出土的《孙子兵法》竹简（战国时期）。竹简多用于官方文献和私人记录，木牍则常记录简短信息。优点是材料丰富，缺点是体积大，携带不便，后被丝绸和纸张逐步取代。

（6）纸张

约公元105年起，中国东汉时期蔡伦改进并推广纸张作为文字媒介。采用树皮、麻头、破布和渔网等材料，经过捣碎、筛制、压榨、晾干制成薄片，如汉墓出土的纸质残片（约公元前140年）。纸张比竹简轻便、经济，广泛用于官方文书和私人信函，优点是书写灵活、易于复制。唐代（7至8世纪）开始普及，取代了部分早期材料。

至活字印刷术发明之前，还发展出一些新的文字记录和保存的媒介，包括约公元前200年起中国的丝绸（用于高级文献如《仪礼》残篇）、约2世纪起古罗马的羊皮纸（如《西奈抄本》）、约1至5世纪中美洲玛雅的树皮纸（阿马特纸）和地中海地区的帕皮鲁斯卷轴（改进版，如《庞贝文献》）。这些媒介反映了不同地区的技术进步和资源利用，丝绸和羊皮纸提升了便携性与耐用性，树皮纸和帕皮鲁斯卷轴则展现地方创新，为活字印刷术发明前的过渡期奠定了基础。

三、印刷时代

印刷媒介是最古老的大众传播媒介之一，其产生、发展和变化与印刷技术的发展紧密相关。印刷技术最早在中国出现，唐代（公元618年—公元907年）的雕版印刷是印刷术的起源之一。雕版印刷技术是一种将文字或图像雕刻在木板上，然后涂墨并用纸张压印的技术。雕版印刷主要使用木板作为印刷的主要材料。木板通常采用质地坚硬、纹理细密的木材，如梨木或枣木，以保证雕刻的精细度和耐用性。此外，用来印刷的纸张通常是麻纸、皮纸等，这些纸张柔韧性好，适合与木版印刷配合使用。

由于印刷技术的进步，书籍的复制变得相对容易，推动了佛教经典、医学书籍、文学作品的广泛传播。尤其是佛教的兴盛，极大地促进了雕版印刷的发展，许多佛教经文得以大量印刷并传播到东亚其他地区。尽管雕版印刷在唐代已经有一定的普及程度，但其生产仍然需要大量的人力和时间，因此主要应用于印刷佛教经典和官方书籍，私人书籍的印刷则相对较少。现存最早的雕版印刷品是唐代印刷的《金刚经》，这一版本的《金刚经》是在公元868年印刷的，至今已有超过一千年的历史。它于敦煌莫高窟被发现而闻名于世，是目前已知最早的、保存完整的雕版印刷品。

11世纪的宋代，毕昇发明了活字印刷术，这是印刷技术的一个重要里程碑。毕昇（公元约970年—约1051年），是北宋时期的一位杰出的工匠和发明家。他出生于中国湖北省黄冈地区，早年以刻印佛经、道经等宗教书籍为生。在长时间的雕版印刷工作中，毕昇深感雕版印刷的局限性，尤其是在制作和储存大量版块时，所需的木板和空间都是巨大的。为了提高印刷效

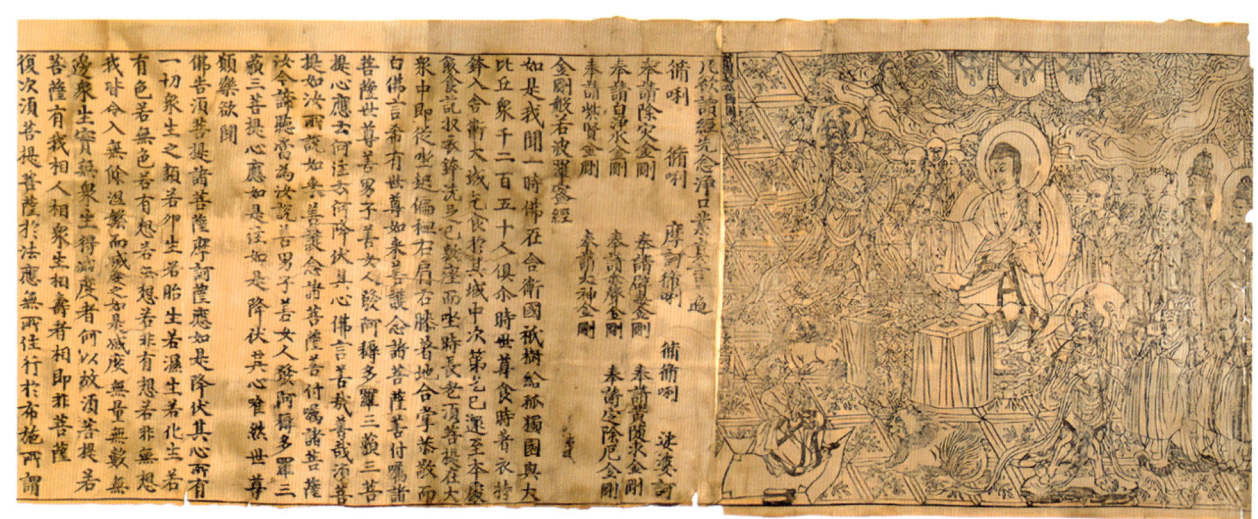

唐咸通九年（公元868年）雕版印刷的《金刚经》

率并减少资源的浪费，他开始探索一种新的印刷方式，最终发明了活字印刷术。毕昇的活字印刷术采用了泥版活字的技术。其发明的基本原理是将每一个汉字单独刻在小块的泥版或木块上。尽管活字印刷术具有极大的潜力，但毕昇的活字印刷术在当时的传播和影响相对有限。由于宋代汉字数量庞大，制作大量的活字是一项非常繁重且耗时的工作，加之在社会上的推广有限，活字印刷术在毕昇的时代并未得到广泛普及。相比之下，雕版印刷依然是宋代最主要的印刷方式。毕昇发明的活字印刷术比西方的古腾堡活字印刷技术早了400年。

15世纪，德国的约翰内斯·古腾堡（Johannes Gutenberg）对印刷术进行了革新，发明了金属活字印刷术，并于1456年印刷了《古腾堡圣经》。古腾堡的印刷术结合了活字印刷和机械压力机，使得印刷书籍的速度和效率大大提高。这一技术迅速在欧洲传播，被誉为"古腾堡革命"，标志着印刷时代的真正来临。古腾堡的革新不仅提高了印刷的速度和质量，还使得书籍的成本大幅降低，使更多的人能够获得知识。印刷书籍的广泛传播也促进了知识的普及和思想的交流，为文艺复兴、宗教改革和科学革命提供了基础。

随着印刷技术的发展，15世纪还出现了专门用于印刷的油墨。印刷油墨的发明进一步提高了印刷品的质量，使得文字更加清晰耐久。书籍成为知识保存和传播的主要媒介。印刷业的发展使得书籍出版成为一项专业化的商业活动。出版商和专业工匠合作，形成了早期的商业出版模式。印刷书籍的标准化也促使书面语言统一，推动了各地区语言的规范化和普及。随着印刷品的增多，大众扫盲运动得以开展，更多的人能够通过阅读获取知识，社会文化水平得到提升。

印刷技术不仅影响了书籍的出版，还对新闻传播产生了深远的影响。1665年，英国创办了《牛津报》，这是世界上第一份官方报纸。报纸的出现使得信息传播更加快捷和广泛，新闻成为人们了解世界的重要途径。报纸不仅报道了国内外的新闻事件，还成为传播思想和观点的平台，对社会舆论的形成产生了重要影响。

19世纪初，随着工业革命的推进，蒸汽动力被应用到印刷机上。蒸汽机的问世，让机器替代人去从事体力劳动。机器开始替代人去从事交通运输工作，从事纺织工作。劳动力涌进工厂，涌进办公室。传统车夫需要学会驾驶，传统女工需要寻找新的机遇。我们从农业文明，步入工业文明。蒸汽印刷机的出现大大提高了印刷速度和生产力，报纸和书籍的印刷成本进一步降低，使得更多的人能够负担得起印刷品。19世纪末到20世纪初，印刷媒介迎来了黄金年代。在这一时期，新闻业和出版业蓬勃发展，报纸成为大众获取信息的主要途径。新闻教育也随着印刷技术的发展而兴起，培养了大量专业的新闻工作者和编辑。印刷媒介不仅影响了文化传播，还在政治、经济、社会各个领域产生了广泛影响，成为现代社会的重要支柱。

20世纪中期，印刷业经历了商业化浪潮。随着经济的发展和市场的扩大，印刷业逐渐从手工业向现代化、商业化转变。20世纪60年代，现代印刷技术不断革新，彩色印刷、激光打印和数码印刷等新技术

《古腾堡圣经》

的出现，极大地提高了印刷品的多样性和质量。商业出版业的兴起使得书籍、报纸、杂志等印刷品种类繁多，满足了不同人群的需求。印刷媒介的影响力逐渐扩大，不仅在文化传播中扮演着重要角色，还成为广告和市场推广的有力工具。

印刷时代的到来标志着人类文明传播方式的重大变革。它不仅推动了知识的广泛传播，也改变了社会结构和文化发展进程。印刷品的广泛传播，不仅提高了社会的文化水平，还促进了思想交流和社会变革。随着现代印刷技术的不断发展，印刷业将继续在信息传播和文化传承中发挥重要作用。

四、电子、网络、数字时代

电子时代的开端可以追溯到19世纪中期，电报的发明，开启了这一时代的序幕。塞缪尔·莫尔斯（Samuel Morse）发明的电报系统，利用莫尔斯电码，通过电流的中断来传递信息，第一次实现了长距离的即时通信。1858年，大西洋海底电缆铺设成功，使得欧美之间能够进行实时通信，这极大地促进了国际商业和外交交流。电报技术的核心在于电流与电码的结合，实现了信息的编码与传输。这一技术的普及不仅标志着全球通信网络的诞生，也为现代通信技术的发展奠定了坚实的基础。值得一提的是，塞缪尔·莫尔斯还是一名画家。

接着，电话的发明进一步推动了即时通信的发展，使语音得以直接传输至远方。1876年，亚历山大·格拉汉姆·贝尔（Alexander Graham Bell）发明了电话，电话很快进入普通家庭，成为人们日常沟通的重要工具。电话依靠电磁学的原理，通过电信号传输声音，并将其转化为可理解的语言，这大大促进了社会的联络和商业的快速发展，彻底改变了人与人之间的交流方式。

20世纪中期，录像机和电视机的相继发明使得声音与图像能够被记录、传输和重播，信息传播进入了视觉时代。电视的普及，特别是1936年英国广播公司（BBC）开播全球首个定期电视节目，标志着电视时代的到来。录像机和电视机的核心技术在于电子信号处理和显示，使声音与图像能够同步传播。电视迅速成为20世纪最有影响力的媒介之一，对社会文化和政治产生了深远的影响，推动了大众传媒和娱乐产业的发展。

20世纪末至今，随着电子技术的发展，信息传播进入网络与数字时代，这一阶段的标志性技术包括互联网、手机和计算机。信息从模拟形式转向数字化，彻底改变了人类的生活方式。互联网的出现改变了信息传播的方式，使得全球信息能够即时共享。虽然互联网的诞生可以追溯到20世纪60年代的ARPANET，但真正的普及是在20世纪90年代。1991年，万维网（World Wide Web）的问世，使得互联网从专业网络扩展到大众用户，开启了互联网的飞速发展。互联网利用TCP/IP协议，实现了全球计算机的互联互通，形成了全球网络，这一技术的发展重新定义了社会、经济和文化，催生了电子商务、社交媒体和在线教育等新兴产业。

塞缪尔·莫尔斯

同一时期,手机技术也经历了从最初的模拟电话到现代智能手机的发展历程。手机逐渐成为人类生活中不可或缺的工具,特别是在2007年,苹果公司推出的iPhone标志着智能手机时代的到来。手机技术融合了通信、计算机和多媒体技术,随着移动互联网的发展,手机成为信息交流和获取的重要终端,彻底改变了人类的沟通、娱乐和工作方式,并推动了移动经济的发展。

计算机技术的飞速发展也是数字时代的重要特征。自20世纪中期的主机计算机到如今的个人电脑和云计算,计算机技术成为数字化时代的核心。1981年,IBM发布了首款个人电脑(PC),使得计算机进入普通家庭和办公环境。计算机技术的关键在于二进制计算和数据处理能力,推动了全球范围内的数据数字化和自动化处理。计算机与互联网的结合,使得数字化成为全球发展趋势,影响了所有行业,催生了数字经济和大数据时代。

在这一发展过程中,技术的进步体现出累积效应,每一代媒介技术都建立在前一代的基础上,从模拟到数字的过渡是逐步实现的。技术的每一次突破,不仅带来了更高效的传播方式和更广泛的应用领域,也加速了信息传播的速度和范围,从最初的地区性传播扩展到全球性传播,使信息获取变得更加便捷。每一次媒介的变革都伴随着社会结构和文化表达方式的重大变化。电子时代带来了大众文化的兴起,而网络与数字时代则催生了全球化的文化交流和数字文化的崛起。

英国人蒂姆·伯纳斯·李(Tim Berners-Lee)于1989年成功地开发出世界上第一个Web服务器和第一个Web客户端软件

史蒂夫·乔布斯(Steve Jobs)和第一代iPhone

五、未来媒介发展趋势

人类科技树的大致形状已经开始显现出来,只是还存在潜在的分支。著名科幻小说作家刘慈欣曾指出,科幻小说已经达到了一个瓶颈,几乎每一个基于当前技术理解的可想象未来,在过去的作品中已经被设想过了。因此,基于当前的科技理解,我们已经能够相对准确地推测未来社会的走向和媒介的演变趋势。这一切表明,未来的媒介形式,虽然可能在细节上有所变化,但其大致方向早已在现有科技的发展轨迹中隐约可见。

未来媒介的发展将深受几项关键科技的影响,人工智能、Web3.0、量子计算、5G、脑科学、生物技术以及新材料等将在未来的媒介中扮演重要角色。这些技术的融合,将推动媒介向更个性化和更沉浸式的方向发展。

1. 人工智能

人工智能（AI）诞生于1956年的达特茅斯研讨会，这场由约翰·麦卡锡（John McCarthy）主持的会议首次提出了"人工智能"一词，奠定了这一领域的基础，麦卡锡也因此被誉为"人工智能之父"。人工智能是一门交叉学科，融合了计算机科学、心理学、哲学、机器学习和计算机视觉等多个领域的知识和技术。尽管我们在尝试模拟和再现智能，但人类对自身智能的理解仍然非常有限，这使得定义"人工"的"智能"变得极其复杂。在人工智能的发展中，几乎任何复杂的行为和决策过程都可以通过算法加以描述和执行，这进一步模糊了人类智能和人工智能之间的界限。

目前，AI中的大语言模型和基于扩散算法的文本生成图像技术，已经对我们的社会产生了深远的影响。大语言模型（Large Language Model，LLM）是基于深度学习的人工智能模型，专门用于处理和生成自然语言。它通过训练大量的文本数据，学习语言的结构和规律，从而具备理解和生成语言的能力。大语言模型的核心是神经网络，通常具有数十亿甚至数千亿个参数，这些参数使模型能够捕捉语言中的复杂模式和语义关系。

这些模型能够执行多种语言任务，如翻译、文本生成、对话、总结、回答问题等。它们的广泛应用得益于它们能够在没有明确编程指令的情况下，根据上下文生成连贯且有意义的文本。这种能力使大语言模型在各种领域，如写作、编程、教育、娱乐等，产生了巨大的影响。在当前自然语言处理领域中，最具代表性的大语言模型包括OpenAI开发的ChatGPT（Generative Pre-trained Transformer）以及DeepSeek推出的DeepSeek LLM，两者在多项任务中表现出色，广泛应用于生成式人工智能场景中。

ChatGPT作为一款强大的语言模型，在设计领域展现出了广泛的应用前景。它不仅能激发设计师的创意，提供新颖的设计思路，还能高效地生成文案、翻译文本，甚至辅助设计研究和分析。通过自动化部分设计流程，ChatGPT能显著提升设计师的工作效率。此外，它还能充当设计师的学习助手，解答设计问题，推荐学习资源。然而，需要注意的是，ChatGPT作为一种工具，其核心价值在于辅助设计师，而非取代设计师。设计师的创造力和对用户需求的深入理解才是设计成功的关键。

Diffusion算法是一种生成模型，它通过逐渐向图像添加噪声来破坏图像，然后通过反向过程，从噪声中重建出新的图像。这个过程就像是一张照片被逐渐模糊，然后再被慢慢恢复清晰的过程。

Midjourney是一款基于Diffusion算法的文生图工具，因其生成图像的精细程度和艺术风格而广受好评。用户只需输入一段文字描述，Midjourney就能生成与描述相符的图像。通过海量图像数据训练，使得Midjourney生成的图像不仅细节丰富、逼真度高，而且风格多样，能满足不同用户的审美需求。Midjourney的横空出世，无疑为设计行业带来了前所未有的变革。它不仅大幅提升了设计效率，更以其强大的生成能力，为设计师提供了无限的创意灵感。

随着文生图工具的问世，设计师们得以通过LoRa技术训练并固化独特的风格，这些风格逐渐成为个人和公司的宝贵资产。这一变革不仅重塑了设计流程，也对我们提出了不断学习新工具能力的要求。在人工智能的辅助下，设计领域经历了深刻的转变，AI并未完全取代设计师的角色，而是淘汰了那些仅达到社会平均设计水平的设计师，以及那些仅仅掌握了设计软件操作而缺乏创新能力的人。未来的设计工作更趋向于艺术家的创作，它要求设计师必须具备高水平的审美眼光和创造力，以确保设计作品既能体现个人风格，又能满足时代的需求。

Diffusion算法原理——先破坏，再重建

Midjourney生成的插图

我们已然步入数智时代，人工智能的革命正在拉开帷幕。人类生活的每一部分都将被AI重新塑造，我们每个人都必须做好准备，学习和掌握AI工具，迎接这个全新的开始。

2. Web3.0

自1991年Web1.0出现以来，互联网经历了快速发展。2004年，Web2.0的出现使互联网进入了一个以用户生成内容和社交互动为核心的时代。然而，如今Web2.0的增量时代已经接近尾声，数据和平台的集中化问题也愈加明显。所以Web3.0的概念逐渐兴起，Web3.0，旨在构建一个去中心化、更加开放和用户自主控制的网络环境，其强调数据的所有权和隐私保护，通过区块链和智能合约等技术，用户可以更加自主地管理和控制自己的数据和数字资产。

很多人会把Web3.0、元宇宙和虚拟现实混为一谈，元宇宙（Metaverse）作为一个虚拟的共享空间，是多种技术共同构建的结果，其中包括虚拟现实（VR）、增强现实（AR）、区块链和人工智能（AI）。Web3.0为元宇宙提供了技术和经济基础，使得元宇宙成为Web3.0技术应用的前沿领域，而虚拟现实则是实现元宇宙沉浸式体验的关键手段。尽管元宇宙与VR都希望通过转移用户的空间和时间来创造全新的体验，但现阶段的元宇宙仍然受到Web2.0大平台的控制，尚未完全实现去中心化的愿景。

2021年被誉为元宇宙元年。在这一年，社交媒体巨头Facebook更名为Meta，这一举措彰显了其对元宇宙领域的坚定信念和长远规划。元宇宙距离真正落地仍有相当距离。对于元宇宙的初期形态和最终形态，业界众说纷纭。它不仅是一个空间概念，更是一个时间概念，元宇宙的构建是一个持续演进的过程，需要长时间的技术积累和社会变革，当数字世界在人们生活中的重要性超越物理世界时，我们或许才能真正进入元宇宙时代。这个转变并非一蹴而就，而是一个持续20年甚至更长时间的发展过程。

目前看来，元宇宙的发展面临多重挑战，如软硬件设施不足、网络基础设施不完善、成本高昂、尚未明确商业模式、生态系统不成熟以及内容相对匮乏。尽管当前元宇宙的发展仍不尽如人意，但其潜在的未来价值不容小觑，随着技术进步和市场成熟，元宇宙必将迎来更加广阔的发展空间。

Web3.0的实现离不开一项关键技术——区块链。它是一种去中心化的分布式账本技术，为Web3.0提供了可靠的底层支持。区块链，你可以把它想象成一个公开透明、安全可靠的账本，记录着各种各样的交易信息。这个账本不是由一个人或一个机构来管理的，而是由无数台电脑共同维护。这些电脑通过复杂的算法和加密技术，确保账本上的信息不会被篡改。一旦有新的交易发生，就会被记录到一个新的区块中，然后添加到整个链条上。由于每个区块都包含了前一个区块的信息，所以整个链条就变得非常安全可靠。除了比特币这种数字货币之外，区块链还可以应用在很多领域，比如金融、物流、供应链管理、数字身份等。

Web3.0的发展离不开硬件的支持，而苹果Vision Pro的发布无疑为这一领域注入了一针强心剂。Vision Pro在硬件上进行了大幅升级，比如超高清的显示屏、逼真的空间音频，还有能让你用眼神和手势就能操作的交互方式，Vision Pro不再只是一个游戏机，它可以让你在虚拟世界里办公、学习、社交、看电影，Vision Pro进一步弱化了现实世界和虚拟世界的边界，给

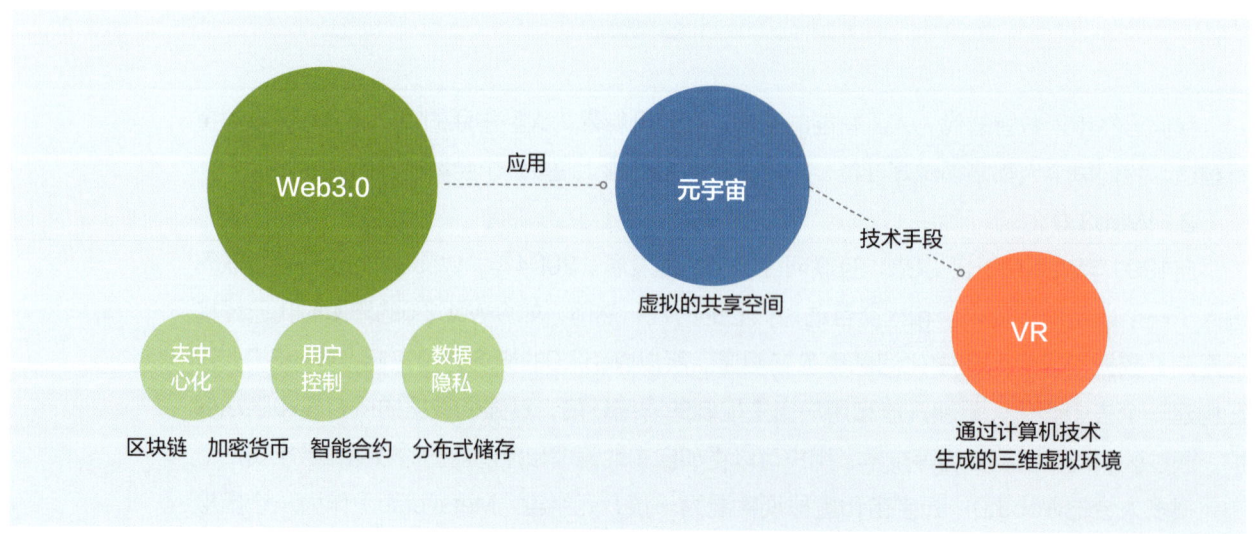

Web3.0、元宇宙、VR的关系

Horizon Worlds—Meta公司推出的一款社交虚拟现实平台

用户带来全新的体验。

未来,艺术创作类专业将成为元宇宙产业的中流砥柱。在这个虚拟世界中,设计师们将不再受限于现实物理世界的束缚,他们可以尽情发挥想象力和创造力,打造出各种独特的设计。或许在现实世界中,你未能成为一名著名的设计大师,但在元宇宙中,你的作品可能会受到无数人的追捧,成为被广泛认可的艺术杰作。

3. 5G

5G,即第五代通信技术,是继4G之后的新一代无线通信技术标准,是当今移动通信领域的最前沿发展。相比之前的通信标准,5G不仅仅是速度的提升,而是一次全方位的技术飞跃。5G将为物联网、大数据、云计算、人工智能等新兴技术的发展提供坚实的基础。这种技术演进的核心目标是建立一个更加高效、智能和连接广泛的全球通信网络,推动各行各业迈向智能化和数字化。

首先,在速度方面,5G的传输速度是4G的100倍,可以在1s内下载一部1080p的高清电

苹果Vision Pro

影，而在4G网络中，下载同样的内容需要大约10min。这种极快的传输速度不仅能大大提升用户体验，还为高带宽需求的应用场景（如4K视频直播、虚拟现实和增强现实应用）提供了技术保障。其次，5G的低延迟特性也极具革命性，延迟时间可以低至1ms，而4G的平均延迟时间约为50ms。这一特性使得5G在实时性要求极高的应用中具有巨大的优势，如自动驾驶、远程手术、工业控制等。5G的网络承载能力也是其一大优势。与4G相比，5G可以支持更多设备的同时连接，解决了在火车站、体育场、演唱会等人群密集区域的信号拥堵问题。

5G技术的广泛应用将彻底改变多个行业的运营模式和用户体验，推动社会进入一个全新的智能化时代。在自动驾驶领域，5G的高速率和低延迟特性尤为关键。在上海等城市，随着300万～400万辆汽车的联网，庞大的数据流量和实时调度需求使得4G网络难以胜任。通过5G基站的边缘计算能力，自动驾驶汽车可以在瞬息万变的交通环境中实现实时数据处理和反馈，显著提升了交通效率，减少了事故率，缓解了城市交通拥堵。5G技术还能够通过分布式计算减少车辆之间的通信延迟，使得车与车、车与基础设施之间的协同更加高效。

在虚拟现实（VR）和增强现实（AR）领域，5G的低延迟和高带宽将带来颠覆性的用户体验。目前，VR设备存在的"晕动症"问题主要是由于视觉信息与大脑的感知不匹配，而5G的无延迟特性可以有效解决这一问题，使得VR/AR体验更加流畅和自然。此外，5G网络的高速传输能力使得云VR和AR成为可能，这将大幅降低设备成本，并使得图像处理能力与数据处理能力相对不足的设备能够运行高品质的VR/AR应用，从而进一步扩大VR/AR的应用范围。在游戏领域，云游戏正在成为一种新的趋势，5G网络为云计算提供了强大的支持，使得高品质的游戏可以在性能较低的设备上流畅运行，用户无需下载和安装大型游戏，即可通过流媒体方式享受高清游戏体验。

5G还将在医疗、工业物联网（IoT）和智慧城市等领域发挥重要作用。在医疗领域，通过5G网络，医生可以实现远程诊断、远程手术和远程医疗监控，显著缩短响应时间，提高医疗效率。例如，5G技术可以支持远程操控的手术机器人进行精密手术，极低的延迟保证了操作的精准性，避免了因延迟导致的医疗事故。在工业物联网方面，5G的高带宽和低时延特性使得工厂内的各种传感器、机器人和生产设备可以实现高速实时通信，从而构建高度自动化和智能化的生产系统。例如，在汽车制造车间，5G网络能同步传输数千个高精度装配机器人的运行数据，结合AI分析即时调整生产参数，将故障停机时间减少90%以上，同时支持柔性产线在1h内完成不同车型生产切换。在智慧城市建设中，5G将成为实现万物互联的关键技术。通过无线射频识别（RFID）等技术，城市中的每一个物体都可以通过嵌入的芯片实现信息的采集与传输，这使得城市管理更加智能高效。例如，在车辆管理方面，5G技术可以实时监控和分析城市中所有车辆的运行状态，快速定位和解决问题，极大地提升了城市交通的管理效率。

4G技术已经深刻改变了人们的生活方式，而5G则将引领社会的全面变革。5G的意义远不仅限于消费领域，更在于其对生产端的巨大推动力。它不仅是一项通信技术的飞跃，更是加速社会智能化和数字化转型的关键驱动力。

4. 生物技术

在探讨未来媒介的发展图景时，我们不仅要关注以人工智能、Web3.0和5G等"干媒介（dry media）"为代表的数字技术，还要重视以生物媒介为重要组成部分的"湿媒介（wet media）"为代表的生物技术。生物技术不仅是一项技术革新，更代表了媒介边界的重新定义。生物媒介具备改造生命本体的能力，已不再是信息的被动载体，而成为生命的主动建构者。它能够创造出全新的生命形态。与电子媒介相比，生物媒介具有成长性、自我调节性与对环境的响应能力。未来的媒介形态，将是干媒介与湿媒介的深度融合。以脑机接口为例，它正是两者结合的早期形式，一端连接有机大脑，一端连接无机算法，预示着媒介将不再停留在屏幕与符号之间，而是深入体内、嵌入生命，成为人机共生的新界面。

生物技术是指利用生物体或其组成部分进行科学研究和工业应用的技术，涵盖了基因编辑、细胞培养、合成生物学等多个领域。随着科学技术的进步，生物技术在医学、农业、环保、艺术等方面的应用不断拓展。生物技术的发展经历了漫长而曲折的历史，从古老的神创论、目的论到物种不变论，这些早期的思想试图解释生命的起源和多样性。然而，随着科学探索的深入，变化论和灾变论逐渐兴起，为生物学奠定了新的基础。查尔斯·罗伯特·达尔文（Charles Robert Darwin）的进化论则成为生物学史上的一大里程碑理论，其通过自然选择解释了物种的演化过程。进入20世纪，分子进化理论的提出，将生物学研究推进到分子层面。显微镜的发明进一步推动了细胞学说和细胞生物学的发展，使科学家能够深入研究生命的基本单位，开启了现代生物技术的新篇章。

分子生物学是研究生物体内分子基础的科学，探索生命现象的分子机制。其起源可以追溯到1868年，格雷戈尔·约翰·孟德尔（Gregor Johann Mendel）的经典遗传学提出了分离定律和自由组合定律，开启了对遗传结构的探索。20世纪中期，随着DNA的发现，科学家确定了遗传物质并非蛋白质，而是DNA，研究的焦点逐渐从结构转向功能。此后，遗传工程技术的发展推动了分子生物学的应用，从研究单个基因的特征，到如今对整个系统的综合研究。现代分子生物学的前沿，如CRISPR基因编辑技术，进一步深化了我们对基因功能及其在生物系统中的作用的理解。

生物信息学是研究生物数据的收集、存储、分析和解释的科学，它结合了生物学、计算机科学和数学的内容。人类基因组计划是生物信息学的一个重要应用，通过解析人类基因组序列，揭示了大量的基因信息，对医学和生物学研究产生了深远的影响。另一方面，合成生物学是一门新兴的学科，致力于设计和构建新的生物系统和生物体，应用范围包括药物开发、环境修复和农业改良。然而，合成生物学目前仍处于初期阶段，面临诸多技术和伦理挑战，许多问题尚未得到解决。

微生物学是生物技术的重要分支，专门研究细菌、病毒、真菌和原生动物等微小生物体。微生物广泛存在于自然界中，对生态系统的维持和人类健康有着至关重要的影响。微生物学的研究内容涵盖了微生物的形态结构、代谢过程、遗传机制以及其与环境和宿主的相互作用。在应用领域，微生物学在医药、食品、农业和环境保护等方面发挥着广泛而重要的作用。

生物艺术是一种以生命体为创作材料或媒介的艺术形式，强调艺术与生物技术的深度融合。在这一领域，艺术家们通过基因编辑、细胞培养等现代生物技术，与生命体直接互动，创造出具有生命的艺术作品。这种创作方式模糊了艺术家与科学家的界限，使艺术不再局限于视觉表达，而成为对生命本质与科技发展的深刻探索与反思。如今，越来越多的艺术家正以生物媒介介入艺术创作，将艺术的边界推向新的高度。

李山是中国当代艺术史上著名的艺术家之一，作为生物艺术的开拓者，早在20世纪90年代他就开始了生物艺术的研究和创作，从艺术家的角度，探索对生命的思考，从基因层面去表达生命的平等性。在他的作品《涂抹-1》《涂抹-2》中，以水稻和玉米作为实验的载体，通

李山作品《涂抹-1》

李山作品《涂抹-2》

过对遗传基因的修饰来改变植物颜色和性别，"涂抹"是一个技术词汇，是改变DNA的一种手段。《涂抹-1》是去掉水稻中控制水稻形态的一些基因，使水稻可以随机地表达自己的形态；《涂抹-2》是把现在的玉米通过基因修饰恢复到最原始的玉米形态。这两个作品一个是对未来生物形态的一种探索，一个是对生物历史的追溯，从生命的本源，到生命未来，用两种植物构成了一个完整的框架。

实际上还有许多其他技术正在逐渐改变我们的世界。比如，量子计算、物联网（IoT）、纳米技术等，这些技术在各自领域内都展现出了巨大的潜力，推动着媒介形式的不断创新与演进。然而，由于篇幅所限，无法对这些技术一一展开讨论，但它们同样在塑造未来的媒介环境中扮演着重要角色。未来媒介的发展是多维度的，汇聚了各类新兴技术的力量，共同推动人类社会迈向一个更为智能、互联和融合的新时代。

对于媒介而言，其核心并不仅在于新技术本身的应用。正如影像艺术家白南准所言："我们要做的不应该是再创造一个高科技玩具，而应该尽早地触及人们的心灵深处。"这句话点明了媒介设计的本质：在高科技与新技术的冲击下，设计应当引发人们对生活的深刻思考，促使人们重新认识自我、理解社群，并与自然建立更为和谐的关系。

未来媒介的发展，将在科技进步与人文关怀的交融中不断前行，推动人类对生命、存在和环境的全新认识。

第三节
艺术媒介概述

一、艺术媒介的定义

媒介是人与人、人与物之间信息交流和行为活动的物质与能量载体，艺术表达是建立在对特定媒介的选择和应用之上，这些媒介为艺术家提供了传递思想和情感的实体或虚拟平台。在传统艺术领域，艺术家进行艺术创作所使用到的媒介可能为：画布、画笔、颜料、雕刻材料等。这些媒介不仅是艺术表达的载体，更是情感传递的桥梁。然而，随着艺术形式的不断变迁，艺术与科技的交汇为创作带来了前所未有的可能性。艺术作品所使用的媒介变得愈发多元和复杂，从单一的媒介到多种媒介的融合，以及通过物理、化学、生物、信息等科学技术手段产生的新媒介，这些不仅拓宽了艺术的表现手法，而且赋予艺术家们更精确、更深刻地传达情感的能力。在这个背景下，艺术媒介不再仅仅是传播信息的方式，而是多种物质的复合体，涵盖了数字、声音、影像等多方面的表现形式，使得作品更加生动、丰富和有趣，艺术创作也不再局限于传统的框架，而是以一种全新的、多维度的面貌，触动着观众的心灵。

艺术家的艺术构思及传达都需要以一定的物质作为依托，观众对作品的接受与消费也依赖于媒介而得以实现，因此媒介提供了一个介于艺术家、作品和观众之间的枢纽。媒介在艺术创作中的价值主要涉及三个方面，一是体现心境，二是抒发情感，三是表达想法。在当代艺术中，媒介逐渐趋于多元化，是艺术创作过程中的物质基础，有实体可感知的物，也有虚拟不可见的物，其意义是传播信息的物质或者非物质载体。综上所述，艺术媒介是指在艺术活动的总体过程中，艺术家将内在艺术构思外化为艺术作品并对其进行展示、传播的具有独特性的承载物质、材料以及符号体系。艺术媒介与大众媒介的主要区别从根源上是传达情感作用的不同，艺术媒介除了固有信息的传递，还会传递出艺术家赋予艺术媒介的自身情感以及受众对于艺术媒介自发的情感产生。

艺术媒介作为连接艺术家与观众的桥梁，具备三个特质：首先，艺术媒介承担着固有信息传递的功能，它通过视觉、听觉、触觉、嗅觉和味觉形式，将媒介本身承载的信息传递给观者。其次，艺术媒介是艺术家情感的延伸，可以传递出艺术家赋予艺术作品的情感，使得艺术作品充满了人性的温度和艺术的深度。最后，艺术媒介可以激发受众对于艺术作品自发的情感产生，观者在欣赏艺术作品时，会根据自己的生活经历、情感状态和文化背景，产生独特的情感反应和内心体验。这三个特质共同构成了艺术媒介的完整性和复杂性，缺少任何一个，艺术的表达都将不再完整。

在当代艺术创作中，关注女性话题的艺术家不在少数，青年艺术家王韦的作品《倒下的维纳斯》，是对他以往具有社会学意义的创作主题的延续。作品主体是12件"躺卧式"裸体女性雕塑，体现出女性在当下身份的多元化、形象的双重性以及身体的差异性。作品中还有数个符号性动物和现成品，主要作用是强化主题和现场感。《倒下的维纳斯》以剧场形式呈现，着重于现场关系的建立，强调对整体氛围的把控，在冷漠、不安与窒息的情境中对女性进行身体伤害、心理摧残和权力控制，再现出现实的残酷、日常的荒诞以及男女在社会结构关系中的不平等。作者从男性视角出发创作这些作品，但又不局限于男性视角中，作者希望观众在参观中，能透过这群裸体雕塑，看到作品背后反映的社会意义。

英国概念艺术家达明安·赫斯特（Demein Hirst）对生物有机体的有限性十分感兴趣，他有着极高知名度的系列作品《自然历史》，就是把动物尸体浸泡在甲醛溶液里。其中于1991年创作的装置艺术作品《生者对死者无动于衷》，在2004年进行销售，使赫斯特的作品价格在世界艺术家中排名第二。作品将一条长14英尺（约4.27m）的凶猛虎鲨，固定在一个装满福尔马林溶液的玻璃柜中，这似乎是人工对自然的胜利，事实上，随着这条虎鲨不可避免地自然腐烂，"生者对死者无动于衷"看起来更像是死者对生者的无尽嘲讽。作品取得了两极的评

  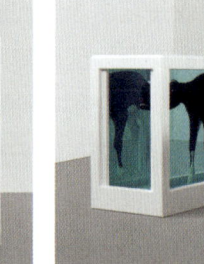

王韦作品《倒下的维纳斯》　　达明安·赫斯特作品《生者对死者无动于衷》　　达明安·赫斯特作品《母子分离》

价。支持者认为此作具有深度，是20世纪90年代英国艺术的标志，甚至是代表英国的象征。然而，批评者则指责此作品欠缺艺术价值，甚至根本谈不上是艺术品。同时，此作品还引来动物权益组织的批评。

《自然历史》系列中另一件极具影响力的艺术作品《母子分离》，使赫斯特获得了1995年的特纳奖，并参加了威尼斯双年展。作品将一只母牛和一只小牛的尸体分别从中间分割开，放置在不同的装有福尔马林的容器内展出。在这个作品里，观众可以穿梭行走于奶牛的尸体中，并近距离观看静止的死亡。作品在艺术界引起了广泛的关注和讨论，它探讨了生命、死亡和分离的主题，通过将母牛和小牛分割并分别展示，赫斯特传达了孤独和断裂的情感。

二、艺术媒介的分类

传播学家克劳斯·布鲁恩·延森（Klaus Bruhn Jensen）指出："媒介是信息的载体，是传播的渠道，还是行为的方式，媒介同时是物质的载体、表达的话语或情态形式以及全社会对于交互活动的形成与限制加以规范的制度"。从艺术创作的角度来看，媒介指的是艺术或创意活动中使用的任何原材料或表达方式。由此可见，艺术媒介可以是传递信息的实体物质或技术手段；可以是纸张、印刷品等；可以是电子或数字信息的声、光、电等能量；也可以是具有生物信息的生命体，比如动物、植物、微生物等。

综上所述，艺术媒介可以分为以下几种类别：自然媒介、人工媒介、科技实验媒介和信息技术媒介。

（一）自然媒介

自然媒介通常指的是自然界中存在的，能够传递或承载信息、能量、物质等的物质或现象。自然媒介包括宇宙和大自然中一切具体而实际存在的物象。

自然媒介可以分为以下几类。

1. 生物媒介

（1）植物媒介　包括树木、花卉、草本植物、木本植物、蕨类植物等。

（2）动物媒介　包括人、哺乳类动物、爬行类动物、两栖类动物、节肢动物、鸟类、鱼类等。

（3）微生物媒介　包括细菌、真菌、藻类、原生动物和一些微小的无细胞结构的生物（如病毒）等。

树木	花卉	草本植物
蕨类植物	哺乳类动物	爬行类动物
两栖类动物	节肢动物	鸟类
鱼类	真菌	藻类	病毒

2. 非生物媒介

（1）气态、液态、固态三种物质存在的基本状态。

（2）山脉、平原、高原、丘陵、峡谷、河流、湖泊、冰川、沙漠等自然地貌。

（3）风、云、雾、雨、雪、雷等气象现象。

（4）星球、银河、太空等天体形态。

（5）花岗岩、石灰岩、石英石、钻石等矿物。

（6）海水、淡水、地下水等水资源。

（7）地震、火山爆发、风化侵蚀等自然现象。

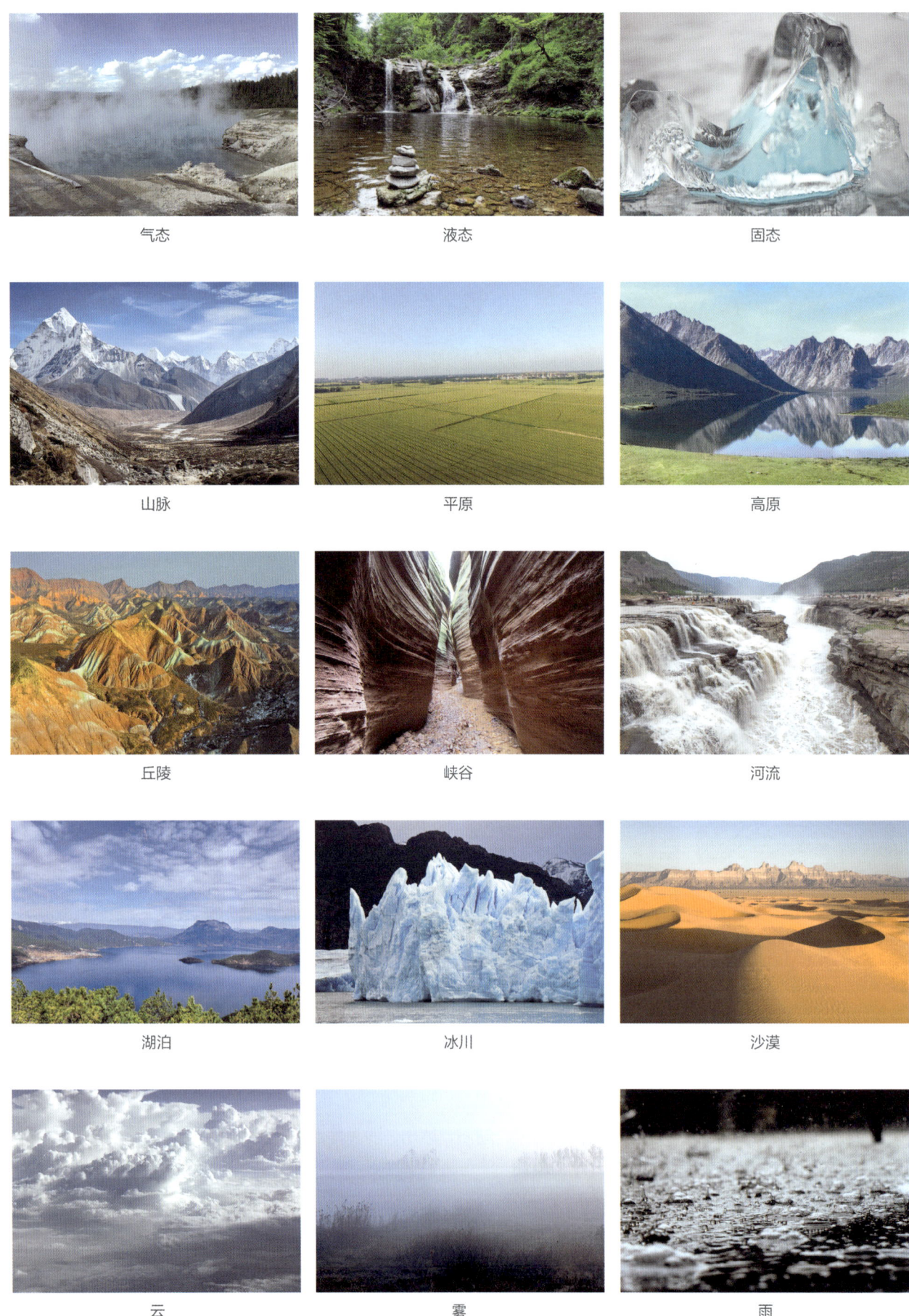

气态	液态	固态
山脉	平原	高原
丘陵	峡谷	河流
湖泊	冰川	沙漠
云	雾	雨

以上这些都属于自然媒介的范畴。在艺术创作过程中，艺术实践的一个关键途径，在于对自然形态结构及功能的深入理解与运用，即通过形态转换手段，将自然形态升华为富有创意的概念表现，实现从自然媒介到人工媒介的艺术蜕变。

（二）人工媒介

人工媒介又称人造媒介，是经过人为干预转化和塑造的非天然介质，也就是将自然资源通过人为制造或加工后用于传递、承载信息的物质、工具和手段。例如，矿物是自然媒介，经过冶炼得到的金属铁、铝、金、银等属于人工媒介。人工媒介产生的过程是：首先，通过对自然形态的抽象提取，实现了形态的初步解构；其次，通过人工设计和构造手段，对抽象形态予以再编排重建；最后，创制出具备特定结构与功能的人工媒介形式，此间形态的内在构造及其功能扮演了决定性角色，赋予了重塑形态独特的意义内涵。在艺术创作中经常将人工媒介与自然媒介进行融合打造出不一样的视觉盛宴。

根据其功能和用途，人工媒介可以分为以下几类。

（1）印刷媒介　报纸、杂志、书籍等。

（2）通信媒介　书信、电话、电子邮件等。

（3）电子媒介　电脑（平板电脑）、固态硬盘（SSD）、光盘（CD、DVD、Blu-ray）、USB闪存盘（U盘）等。

（4）运输媒介　道路、桥梁、铁路、火车、船只、飞机等。

（5）医疗媒介　医疗器械（如手术刀、针管）、药物载体（如胶囊、注射液）、医疗成像设备（如X光机、MRI）等。

（6）传统艺术创作媒介　画笔、画布、颜料、石膏像、雕塑刀等。

杂志

报纸

书籍

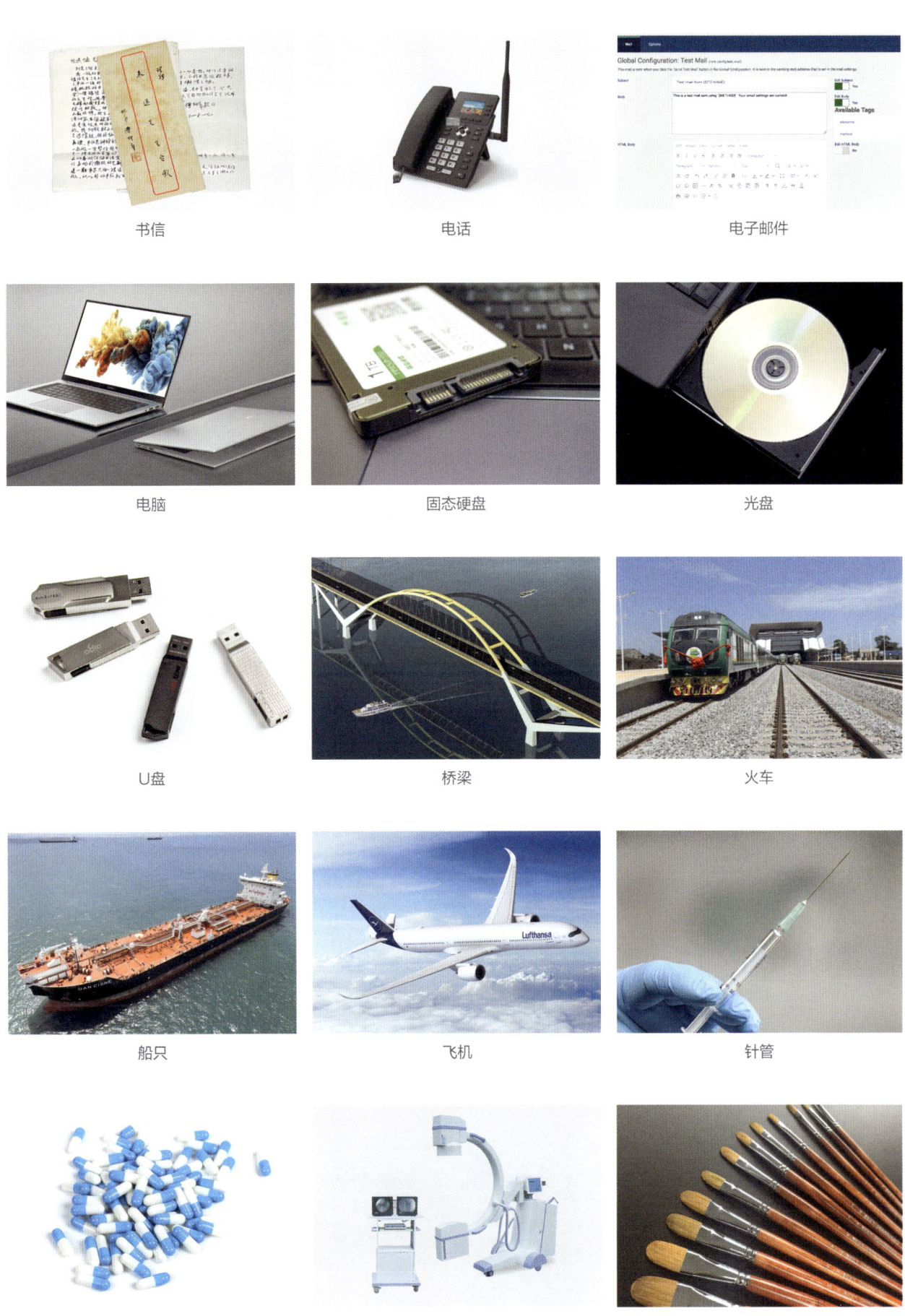

书信　　电话　　电子邮件

电脑　　固态硬盘　　光盘

U盘　　桥梁　　火车

船只　　飞机　　针管

胶囊　　X光机　　画笔

（7）日常生活媒介

①金属合金类：一切使用金、银、铜、铁、铝等金属以及各种合金制造的日常金属或合金制品。

②纸类：纸质书本、纸质包装材料、纸质办公用品、清洁用纸、纸质餐具、装饰用纸等一切日常纸制品。

③塑料类：塑料薄膜（塑料袋、保鲜膜）、塑料容器（塑料瓶、塑料盒）、热成型塑料制品（塑料杯、塑料碗）、塑料吸管等一切日常塑料制品。

④陶瓷类：陶瓷餐具、陶瓷厨具、陶瓷装饰品、陶瓷卫生洁具、陶瓷首饰等一切日常陶瓷制品。

⑤橡胶类：轮胎、橡胶手套、安全靴、桌垫、防滑垫、球类、玩具、饰品等一切日常橡胶制品。

⑥纤维类：使用天然纤维、人造纤维与合成纤维制造的一切日常纤维制品。

⑦玻璃类：玻璃餐具、玻璃花瓶、门窗玻璃、装饰用玻璃、玻璃饰品、镜子等一切日常玻璃制品。

颜料

石膏像

雕塑刀

金质品

银制品

铜制品

不锈钢制品

包装用瓦楞纸

办公用纸

⑧家具类：卧室家具、客厅家具、餐厅家具、书房家具、厨房家具等。

⑨家电类：生活电器、厨房电器、通信电器等。

⑩厨房用品类：锅具、刀具、餐具等。

⑪学习用品类：书写工具、记录用品、计算与绘图工具、各种辅助学习设备等。

清洁用纸

装饰用纸

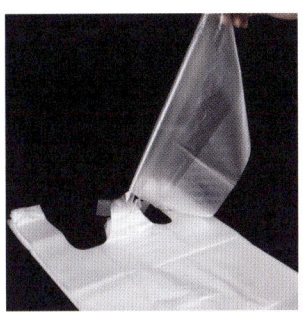
塑料薄膜

塑料瓶

塑料杯

塑料吸管

陶瓷餐具

陶瓷装饰品

陶瓷卫生洁具

陶瓷首饰

轮胎

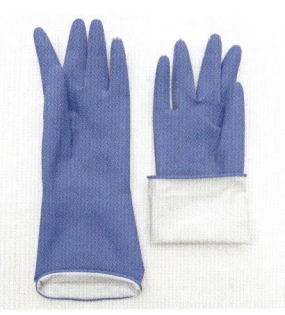
橡胶手套

橡胶球

橡胶玩具

椰壳纤维

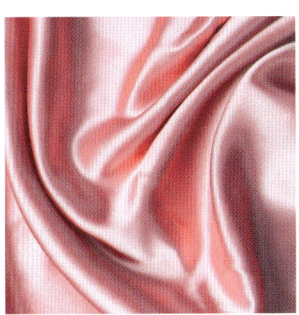
人造纤维

合成纤维

玻璃餐具

玻璃花瓶

装饰用玻璃

镜子

卧室家具

客厅家具

餐厅家具

书房家具

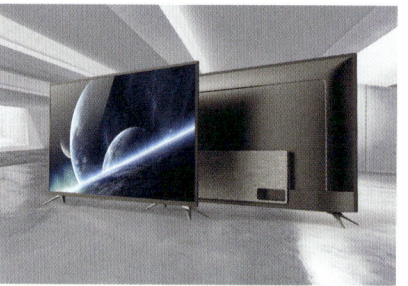
生活电器

厨房电器

通信电器

锅具

刀具

餐具

书写工具

计算工具

绘图工具

（三）科技实验媒介

当下，传统的艺术媒介已经不能完全满足艺术家们对于创新和表达的追求。随着科学技术的不断进步，越来越多的艺术家开始探索和利用各种新兴的科技手段来拓宽艺术创作的边界，将科技实验媒介融入自己的艺术创作中，从而创造出独特的艺术作品。顾名思义，科技实验媒介是指利用科学技术方法，在科学实验过程中被创造出来的或用于记录实验结果的传递、承载信息的物质或手段。科技实验媒介在艺术创作中的运用，不仅为艺术家提供了全新的创作工具和手段，为艺术创作提供了更多的可能性，也为观众带来了前所未有的艺术体验。

在本书中，将科技实验媒介分为三部分：生物科技实验媒介、化学科技实验媒介和物理科技实验媒介。

1. 生物科技实验媒介

生物科技实验媒介指的是利用有生命的细胞、生命体、生物组织及有生物特性的材料等进行科学实验产生的各种物质和现象。通过生物科技实验产生的媒介逐渐成为艺术创作的重要载体，其生命体的特性为艺术领域注入了新的生机，创造出多元的艺术形式，也给艺术形态的探索带来了更为宽广的发展空间。在艺术创作中比较常用的是：基因工程技术、微生物培养技术、生物组织培养技术和食品发酵技术等。

2. 化学科技实验媒介

化学科技实验媒介是应用化学原理和技术，由化学元素或者是有化学元素参与构成的材料进行科学实验产生的各种物质和现象。化学现象产生的艺术美是人为作用无法实现的，因此将化学技术与艺术创作相融合是必不可少的。在艺术创作中比较常用的化学技术和现象是：化学结晶技术、化学影像技术、各种化学反应（如酸碱反应、金属腐蚀、沉淀反应、燃烧反应）等。

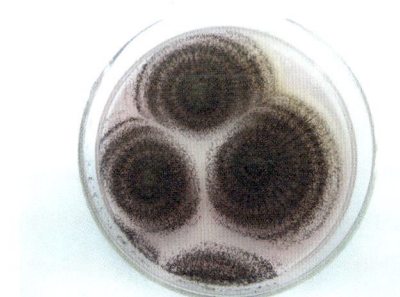

微生物培养

生物组织培养

食品发酵物——纳豆

金属置换

微距拍摄的锡

溶液中的锡

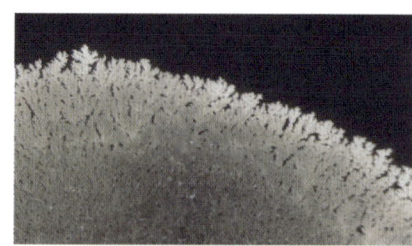
锌和0.1mol/L的硝酸银溶液的反应

铜和0.5mol/L的硝酸银溶液反应置换出银

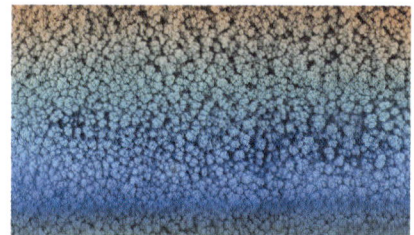
微距拍摄的铜

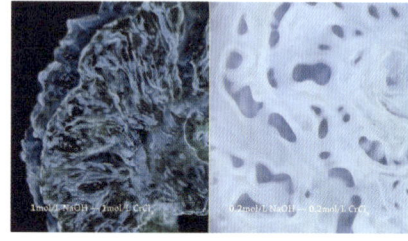
不同浓度的氢氧化钠溶液和氯化铬溶液生成的氢氧化铬沉淀

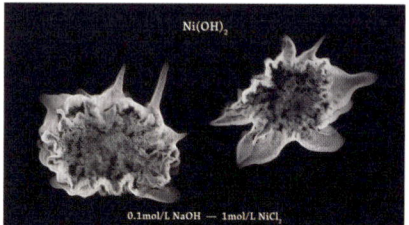
氢氧化镍沉淀

化学结晶

蓝晒法——铁氰酸盐印相法

金属腐蚀

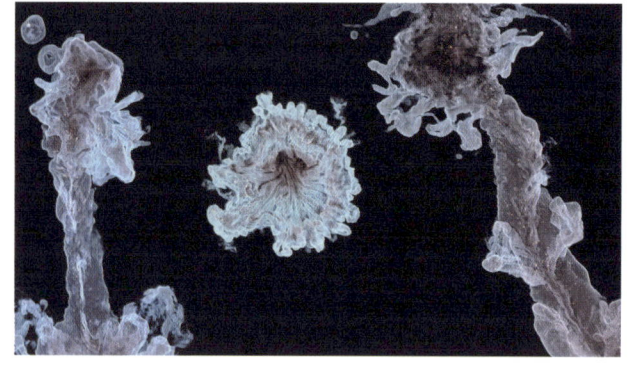
沉淀反应

燃烧反应

3. 物理科技实验媒介

物理科技实验媒介是指利用物理学原理和技术手段,在物理科技实验过程中产生的各种物质和现象。从艺术与物理的双重角度来看,从乔托的透视原理到达·芬奇现实主义,再到毕加索立体派对艺术革命的引领;从伽利略的坐标系理论,到牛顿的宏观世界,再到爱因斯坦的科技革命,都显现出物理科技与艺术间必然的联系。在艺术创作中比较常用的物理技术和现象是:物理影像技术(如激光、全息投影、光绘等)、声学技术(如声音的合成、采样、混音等)、光学技术、电力技术、磁力技术、3D打印技术、力学的各种现象等。

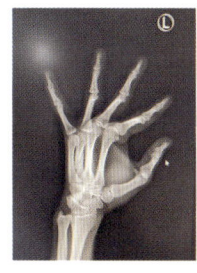  

X光片　　　　　　　　　　光绘　　　　　　　　　　磁力技术

 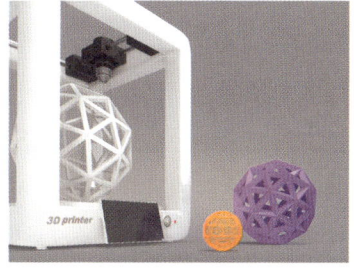 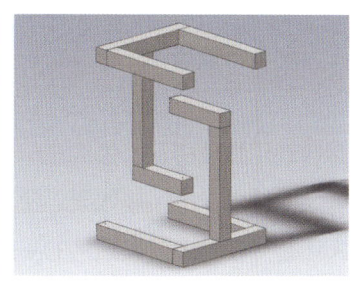

光学技术——小孔成像　　　　　3D打印　　　　　　力学——张拉结构

科技实验媒介除了具有生物、物理、化学等学科的特点之外，还有一个重要的特征是其结果存在一定的不可控性，也就是说通过实验的方式形成的结果是会发生变化的。以微生物为例，它的生长过程和最终形态均不可预测，但是我们可以通过科学的方法对其进行控制。第一，要选择特定种类的微生物进行培养，因为不同种类的微生物在相同环境条件下可能会有不同的生长表现；第二，可以通过精确控制温度、湿度、光照度、营养物浓度等环境条件，影响微生物的生长速度、形态和分布；第三，培养基的成分和物理性质（如硬度、黏度）可以专门设计，以引导微生物在特定区域内生长，或者产生特定的颜色和结构；第四，通过多次重复实验，观察微生物生长的规律性和变异性，从中选择最符合创作意图的结果；第五，记录每次实验的条件和结果，通过数据分析找出最佳的生长条件组合，以便在最终作品中重现。通过这些方法会使微生物生长处于一个可控范围内，即使结果依然不够准确，但是对于整个作品来说不会有太大影响。

从下面两图可以看出，黏质沙雷氏菌（凤凰图案部分）在30℃培养箱培养4h后的状态，跟在15℃室温继续培养5d后的状态差别不大。但是在实验过程中，由于操作不规范，导致染上了黑曲霉菌（黑色的圆圈部分），黑曲霉菌的数量和面积变化很大，产生了超出预期的效果，这就是我们所说的科技实验媒介的结果具有的不可控性。虽然右图的不可控在科学实验领域是一次错误或者挑战，但是在艺术设计领域，这种"错误"往往是一种宝贵资源，为创作带来了新的可能性并提供了丰富的探索空间，使得艺术作品更加多样化和充满活力。

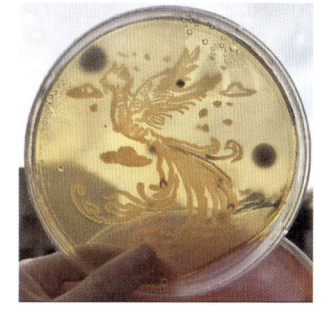 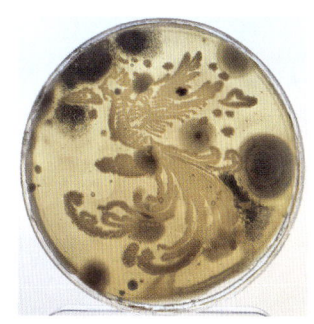

张思远作品：黏质沙雷氏菌在　　　张思远作品：放置于15℃室
30℃培养箱培养4h后的状态　　　温，继续培养5d后的状态

(四)信息技术媒介

近些年,由于信息技术的飞速发展,各行各业都经历了深刻的变革,艺术创作领域也不例外。信息技术媒介是指利用各种信息技术工具和平台,如计算机技术、网络和数字工具等创造出来的传递、承载信息的物质或手段。信息技术媒介是信息技术(IT)与媒体技术的结合体,涵盖信息处理的全流程,包括硬件(如计算机、传感器)、软件(如算法、数据库)、网络(如互联网、5G)以及信息表现形式(如文字、图像、音视频)。

信息技术与艺术的融合不仅产生了新的艺术形式和艺术表达方式,也改变了艺术作品的创作、展示、传播和体验方式。例如AIGC(AI Generated Content)技术,涉及自然语言处理、图像生成、音乐创作、视频编辑等多个领域,标志着人工智能生成内容将使未来的艺术创作具有自动化生成特征。生成式AI在艺术领域变得更加高效、经济,数据和算力的提升将带来更加强大的艺术作品生成效果,使其具有专业水准且独具创意,甚至在某些情况下胜过人类创造。人工智能技术凭借其独特的高效计算与智能学习特性,有力驱动了艺术创作媒介的革新演变,使艺术家突破现实限制,探索并实现了各种潜在艺术表现形式,改变了人们的认知和艺术体验方式,带给艺术无限可能性。

如今,信息技术媒介正从单一的信息传递工具演变为智能化、多维度的交互平台,其发展不仅依赖硬件创新,更需与AI、大数据等技术深度融合。在艺术创作中比较常用的信息技术是:计算机软硬件技术、人工智能技术、虚拟现实技术、增强现实技术、数字映射和投影技术、网络技术、数据技术、传感器技术、通信技术和控制技术等。

虚拟现实技术

增强现实技术

数字投影技术

三、艺术媒介的特性

在艺术创作中,媒介不仅是创作的工具,更是艺术家表达思想、情感和创意的重要载体。从传统的绘画、雕塑,到现代的新媒体艺术、交互艺术,每一种艺术媒介都有其独特的语言和表现力,它不仅影响着艺术作品的创作过程,更决定了作品的视觉效果和情感传达。研究艺术媒介的特性,将带领我们深入探讨不同艺术形式背后的物质基础和精神内涵。

(一)媒介的信息传递性

一件艺术作品除了可以让观者赏心悦目,更在于其可以传递信息,是思想和文化交流的桥梁。媒介的信息传递性,是指艺术媒介作为传递信息的载体,能够有效地将艺术家的创作意图、情感、思想、观点传达给观众，激发共鸣。2003年，艺术家陈友桐受到"非典"事件的启发，开始运用植物及微生物为媒介进行艺术创作。作品《植》是一件以苔藓为主要媒介的艺术作品，还包括植物、微生物等媒介。在这件作品中，陈友桐在已死亡的植物表面种植能分解植物纤维的微生物，将这种新的"植物"重新植入土壤，使其再次生长。在这个过程中，死亡的植物被外表覆盖的新生微生物所取代，形成了"新植物"。尽管这件作品以不起眼的苔藓和微生物为媒介，没有十分震撼的效果，却在平淡之中传达了生死轮回的主题。

陈友桐作品《植》

陈友桐认为："经历了非典后的人们对社会公共卫生和生命都有一些新的体会，不论是具有杀伤力的非典细菌还是深受其毒害的人类生命，都体现了自然生物从繁衍到变异再到死亡的由生至死的命运寓言。"陈友桐通过《植》传递出"平静、美丽、抗争"等信息，使观者在欣赏作品的同时，思考生命的意义。

当代艺术家梁绍基，其艺术实践并未使用先进的技术或是高科技材料，而是选择了最原始的蚕及蚕丝作为其艺术创作的媒介。他在浙江的天台"隐居蚕（禅）修"，在养蚕并进行创作的过程中，体验生命的轮回与岁月的更迭，于生活的积累中感悟艺术之道。在与蚕朝夕相处的日子里，梁绍基创作了作品《自缚》（该作品在2000年法国里昂双年展上展出）。成语"作茧自缚"恰如其分地描述了他对艺术创作的态度，即他认为自己做艺术即是一种自缚的表现。作品由两部分组成：一部分是现场表演，蚕吐丝包裹女体，这一过程象征着世间生灵在荒诞且无法平息的矛盾中寻找自己的生存空间。作品中的蚕丝柔若欲断却坚韧不断，虽柔软却能够以柔克刚，就像永无止境的生命一样。另一部分是在中国拍摄的人体包裹的录像。梁绍基在1993年首次在自己身上实验了人体"自缚"，后来在浙江多次探索不同的包裹方法。在这件作品中，蚕吐丝包裹人体，创造出一种直接而亲密的触觉体验，这种体验不仅是感官上

梁绍基作品《自缚》

的，更是精神上的，反映了艺术家对生命和自然的深刻理解。梁绍基通过这件作品，展现了百折不挠的生命以及顽强的意志，也传达了生命的不易不仅源于自然，更源自人为的种种困境。

（二）媒介的情感感染性

媒介的情感感染性指的是艺术媒介具有能够激发观众情感共鸣、引发思考和对观众心理状态产生影响的能力。艺术媒介通过独特的表现形式和内容，能够深入触动观者的心灵，引发强烈的情感反应，进而影响他们的行为与决策。艺术媒介的感染性主要体现在以下几个方面：一是情感共鸣，二是思想启迪，三是心理作用，四是社会效应。这一特性使得艺术媒介在传播过程中，具有不容忽视的教化与引导作用。

作品*Mind Art*，由艺术家熊超与其团队携手创作。这件作品并非传统意义上的画作，而是

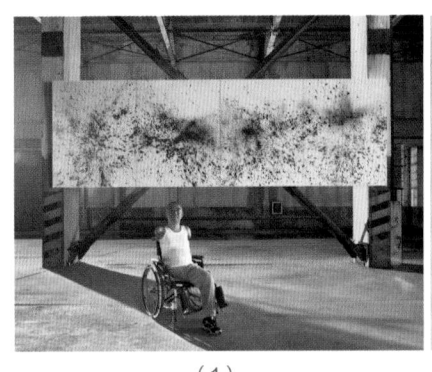  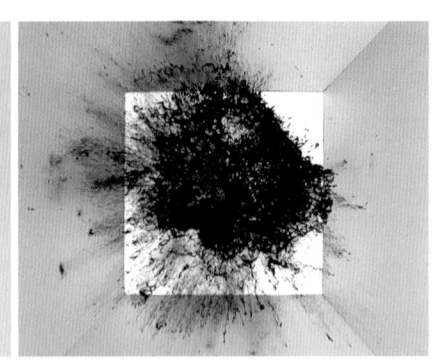

（1）　　　　　　　　　　　　（2）　　　　　　　　　　　　（3）

熊超作品 *Mind Art*

由16位残障人士通过脑电波控制画出的。作品由四幅画布围成了一个巨大的盒子，盒子中心位置悬挂着气球和炸药，参与者们各自选择喜爱的颜色装入气球，戴上头戴式脑电波耳机，运用意念通过科技手段使气球爆炸，颜料随之飞溅至画布上，完成了一幅独一无二的画作。脑电波，作为一种无形的存在，虽不可见不可触，却蕴含着巨大的力量，这与艺术的本质不谋而合。作品并不是只对最终结果的视觉呈现，而是记录下整个创作过程，并使之成为作品的有机组成部分，这也是对艺术创作过程的一种全新探索。熊超欲通过这件作品表现思维对身体局限的超越。尽管影片中缺乏文字描述或旁白解说，但作品本身已足以触动人心，让每一位观赏者都为之动容。通过观看作品，观众可以感受到作者的艺术媒介语言魅力以及他想通过作品传递的思想，能够深切感受到艺术的震撼力和情感感染力。熊超的作品不仅是艺术形式的创新，更是对残障人士精神世界的一次深情致敬。此作品在拍卖后，将所得的80万元人民币善款无私捐献给了残疾人慈善事业，展现了艺术的社会责任与人文关怀。

俗话说"人死不能复生"，但是现代科技迅猛发展，将许多曾经被认为不可能发生的事情变为现实。如果有机会通过虚拟技术再见已故亲人，但仅有短暂的10min，之后仍需面对现实，你是否会选择参与？在2016年，一位名为张智星的韩国母亲经历了一场生死离别，她的女儿娜妍年仅7岁便因白血病离世，这成为她心中永远的痛。张智星曾经承诺娜妍等她病好之后出去玩，却一直未能兑现，这成了她心中永远的遗憾。然而，通过艺术与科技结合的力量，张智星终于实现了与女儿的"重逢"。韩国一家VR制作公司利用了8个月的时间，分析了娜妍生前的照片、影片、表情、动作、声音，制作了一个虚拟的娜妍。这个项目得到了韩国MBC电视台的关注，并被制作成了一部名为《遇见你》的纪录片。当张智星戴上了VR头盔，眼前呈现的是她与娜妍曾经一起逛公园的场景，娜妍欢快地跑向她，为她唱歌、跟她玩耍、一起品尝海带汤，甚至用蛋糕和气球来庆祝娜妍在病房里未能过的生日，娜妍的生日愿望是希望妈妈不再为她哭泣。最后，娜妍化作一只美丽的蝴蝶，围绕母亲盘旋飞舞，直至化作光点逐渐消失。这一幕幕使张智星弥补了自己没能给女儿庆祝生日的遗憾。

此案例展示了通过科技手段产生的虚拟艺术媒介在情感表达上的独特优势，其拥有强烈的情感感染力，能够清晰地传达出母亲对女儿的思念之情。科技虽然是冰冷的，但使用科技的人却充满温暖和爱心。艺术家通过精心设计的场景和情节，借助VR眼镜，帮助人类实现了未能完成的梦想，将张智星对女儿的思念和缺失的回忆进行了弥补。在科技飞速进步的今天，不断产生的新型艺术媒介无疑为我们的生活带来了更多可能性。

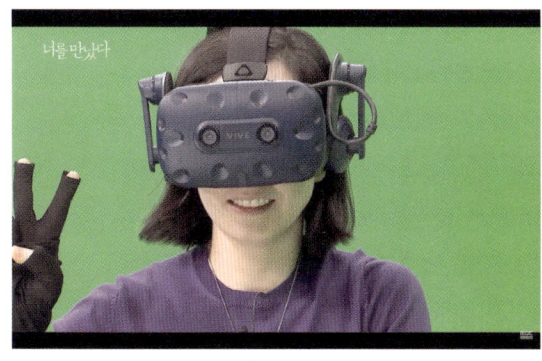 

（1） （2）

韩国一家VR制作公司制作的《遇见你》

（三）媒介的交互体验性

在传统观念中，艺术品往往是静态的，观者仅以参观的方式在精神层面与作品进行交流。然而，随着科技的发展，艺术媒介突破了传统单向传播的局限，观者与艺术品的互动性得到了前所未有的提升。艺术家们开始运用虚拟现实（VR）、增强现实（AR）、人工智能（AI）等前沿技术，创造出能够与观众产生互动的艺术作品。媒介的交互体验性，指的是艺术媒介与观众之间建立的某种互动关系。在这种关系中，观众不再是被动接受者，而是能够主动参与到艺术创作过程中，影响作品的呈现形式。同时，艺术作品也能够根据观众的互动反馈，呈现出不同的结果。这一特性在现代艺术媒介中尤为显著，特别是在新媒体艺术和交互艺术领域。媒介具有的这种交互体验性，不仅增强了观众的参与感和体验感，同时也使得艺术家的创作意图能够以更加生动和多元的方式得以传达。

数字艺术家和图像创作者冯冰心是一位出生于中国广州，活跃于上海与伦敦两地的艺术实践者，其创作的作品 *We do not See Until We See*，是一件以水流为载体，通过抽象而隐晦的方式反映人们感知世事状态的多媒体交互装置。装置的核心部分是由一个装有镜子的水箱与相邻的屏幕上实时生成的数字影像共同构成的一组倒影般对称的视觉景观。水箱中的水始终保持

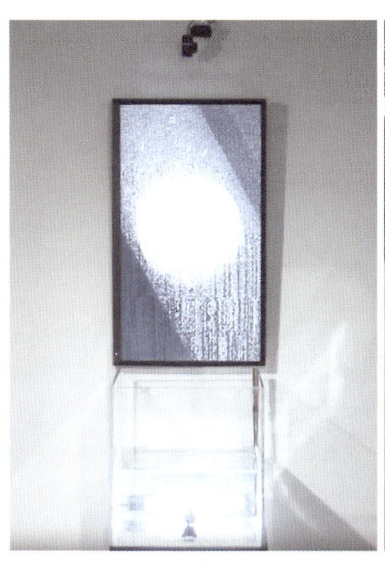 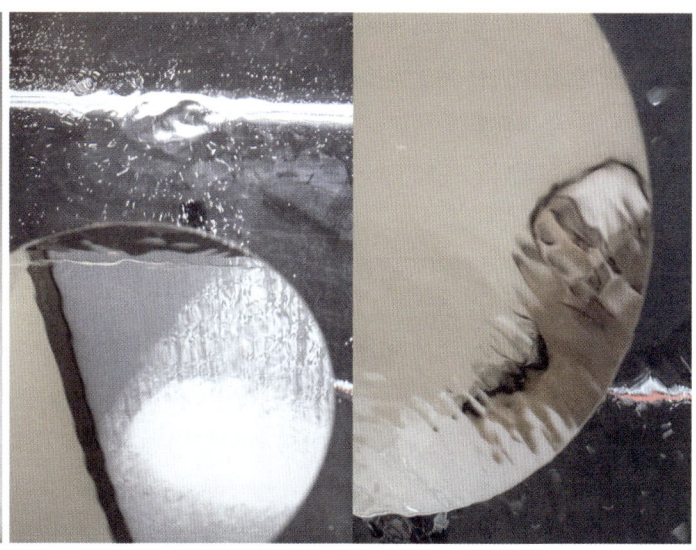

（1） （2）

冯冰心作品 *We do not See Until We See*

一种微弱的波动，这种波动微弱到几乎很难察觉。当观众低头凝视水中的自己时，水流的波动似乎感应到注视，开始逐渐增强，直至镜中的人像被扭曲变形。这一过程，不仅体验者自身能够感受到，周围的观众也因此受到影响，共同体验水波的动态。然而，当观众移开目光，不再注视水中的镜像，波动又逐渐平息，回归到最初的平静状态。

"暗流涌动，我们却未曾察觉，直至低头看见被水波打乱的镜像。"这种体验，不仅局限于装置内的水流，更是对现实世界中政治、文化、生态、气候等领域的暗流涌动的一种隐喻，这些领域如同水流，从未真正静止，但我们往往在未亲身经历之前，对这股暗流浑然不觉。唯有当自身或身边人受到事件波及，才恍然真切体会到浪潮的影响力，正如同目睹水中镜像被水波打乱，才感受到水流的波动。We do not See Until We See邀请观众参与互动，观众在欣赏作品的同时，也成了作品的一部分，在这里观众的角色被重新定义，不再是被动接受信息的旁观者，而是主动探索，甚至影响作品走向的参与者。媒介的这种交互体验性不仅影响了作品的呈现效果，也改变了作品的最终结果。这件作品，以其独特的交互体验告诉我们，只有当我们真正投入关注，才能感受到那些看似平静表面下的暗流涌动，而且每一刻的水波状态都是独一无二的，正如我们每个人对于世界的感知和体验。

SOFTlab是一家位于纽约的创意工作室，汇聚了来自不同领域的专业人才，包括设计师、艺术家、建筑师和教育工作者。这种多元化背景使他们在处理项目时能够从不同的视角，创造出丰富的视觉、空间和互动体验。

交互式灯光装置作品Volume，是SOFTlab与惠普公司携手创作的。这件作品由100个独立旋转的镜面板组成，每个镜面板都能根据周围观众的位置，动态地调整方向、光线和声音。观众在镜面中能够看到自己的身影，同时这个身影也成了作品的一部分。镜面板的侧面透出的亮光，在镜面的反射作用下，使得作品所在的环境仿佛是一个光影交织的"幻像空间"。在这件作品中，镜面板这一媒介成为沟通观众与艺术、现实与幻象的桥梁。在作品中，观众从被动的欣赏者变成了积极的参与者。镜面随着观者的走动改变方向、调整光线、发出不同声音，他们参与其中、沉浸其中，体验着"幻像空间"的奇妙。这种虚幻、神秘的氛围，是对观者感知体验的一次深刻探索，不仅映射了观者的身影，更映射了他们的内心世界。

2011年，新媒体艺术家吴珏辉与生物神经工程师携手创作了交互艺术作品《脑电站》(Brain Power Station)，将脑电波作为艺术表达的媒介。作品一端是一个半圆形的头盔，另一端连接着一个LED灯泡，当参与者戴上头盔，它可以捕捉观者的激动、焦虑、开心、失落等情绪，也可以捕捉到想象力、逻辑性等抽象的脑部思维状态。然后头盔内的传感器将这些脑电波

SOFTlab创作的作品Volume

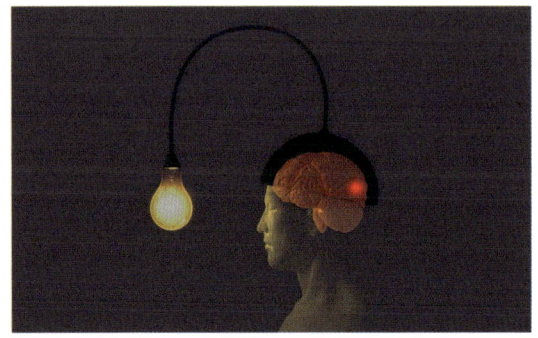

吴珏辉作品《脑电站》

活动以电信号的方式传输给LED灯泡，灯泡随着电信号的强弱产生不同的亮度变化。在这个过程中，人的脑电波变成了控制灯光亮度的开关，这里的灯泡不仅是作品的视觉元素，更是参与者情绪状态的直观展现与内心世界的外化。《脑电站》将参与者的大脑活动作为创作的一部分，通过科技手段实现了观者与作品之间的互动性，形成一种特殊的观者与艺术品之间的交流体验方式。

（四）媒介的实时反馈性

媒介的实时反馈性指的是艺术作品在创作过程中或展示时，在规定时间内系统的反应能力。主要体现在两个方面：一方面是即时性强，即在展示过程中，作品能够迅速捕捉并响应观众的行为，并提供即时的反馈和响应。如观者通过距离、声音、温度、触摸、动作等方面与作品进行互动，艺术作品能迅速做出反应，产生某种变化，为观众带来即时的互动体验与参与感。另一方面是艺术作品对外部环境的适应性，即艺术作品能够在特定的时刻或一段时间内从外部环境收集信息，并根据对信息的分析整理再及时做出调整和响应。如艺术作品可以利用实时数据流（网络流量数据、天气数据、环境传感器数据等），通过对这些信息的分析整理做出及时响应，实时改变原内容或生成新内容，让观者感受到艺术作品与现实世界的紧密联系。当下的科技发展，使艺术创作中的这种实时数据可视化得以实现。

互动装置艺术作品GASP，旨在实时揭示空气污染对我们日常生活的影响。每年全球有约700万人因空气污染而死亡，而空气污染在大多数情况下都是看不见的，以至于我们很难判断其危险性。空气污染往往与微小的PM2.5颗粒物有关，这些颗粒物的存在常常被我们忽视。为了帮助我们想象周围的污染颗粒量，荷兰生态艺术家西斯·比斯克（Thijs Biersteker）创作的GASP，通过实时扫描和检测周围环境中的PM2.5颗粒，将其放大4000倍，直观地展示了每次呼吸时进入我们肺部的物质。展厅中摆放的三个装置使用了在赫尔辛基收集的实时空气污染数据：一是在繁忙的道路附近，二是在大自然中，三是在观众目前所处的地方，这种对比的方式，让观众通过实时空气污染数据，看到不同环境的空气质量差异。作品GASP将看不见的空气污染变得触目惊心，提高了公众对空气污染的认识，同时提醒观者必须采取措施改善空气质量，要为人类的每一次呼吸创造一个更健康、更安全的环境。

在2023年的国际生物技术（BIO）大会上，GSK的《数据互动》，是一件生成式数据可视化作品。作品以实时互动调查的数据为支撑，旨在通过提供人们观点的沉浸式和动态图像来展开有关健康创新未来的讨论。在作品中，参与者的意见通过不断移动和流动的无数聚集球体来表达。随着6台平板电脑提交新的答案，场景的颜色会随之变化，辅助数据层会伴有详细说明，展

（1）

（2）

（3）

西斯·比斯克作品GASP

GSK作品《数据互动》

示参与者的实时进度以及每个答案的累计数字。微型网站使外部参与者也能通过个人设备加入讨论，他们可以通过查看最新结果来比较自己的观点与他人的异同。通过实时互动调查，该项目将参与者的观点转化为动态的视觉盛宴。展会一共4天，其间共有1750人参与了该活动，这些数据不仅帮助GSK识别趋势、收集意见，还为创新科学合作等重要事项达成共识。

Wither是荷兰生态艺术家西斯·比斯克创作的一件互动数字艺术装置，它以独特的视角生动地呈现了影响我们生态系统恢复的抽象数据。作品展示了森林被砍伐的速度。装置由一组模拟自然雨林的数字动态叶片组成，在最新的森林砍伐数据的控制下，数字叶片在观众面前逐渐变得透明。每秒钟有十片叶子无声消失，每一次的闪烁不仅仅是一种视觉现象，而是象征着250m²雨林的永久消失。Wither反映的这种情况正在亚马逊地区某个遥远地方悄然发生，它是对雨林消失的直接映射，也是这一现象的纪念碑。西斯·比斯克利用自适应森林砍伐数据构建了这一装置，在数据控制下，当施加电流时，数字叶片会变得透明，每片叶子会在可见与不可见之间切换，作品根据各个毁林观察组织提供的当前数据进行实时调整，使得观众能够直观地感受到森林退化的速度。Wither将亚马逊雨林的抽象数据转化为一场触动人心的视觉体验，期望可以提高人们对保护生态环境的重视，探索人类与自然、技术共存的未来。

西斯·比斯克作品Wither

（五）媒介的实验性

在科学研究领域，"实验"意为以测试科学理论或假设为目的进行的操作或活动。在艺术创作领域，艺术是否具备"实验性"是当代艺术价值评判的重要标准之一，可以直接反映艺术家本人的艺术观念与立场。媒介的实验性指的是艺术家在创作实践中，通过实验来探索新技术、新材料或新方法，以产生新的艺术形式和艺术样态，为艺术转型提供更多可能。这种实验性往往伴随着对传统艺术规则的挑战，以及对创新和变革的追求。

当下，艺术家走进科学实验室将科学原理和科研成果融入艺术创作活动中，已成为一种流行的艺术实践模式。比如以生物为媒介的艺术作品，其媒介实验过程便是将生物学原理、生物技术和生物材料引入艺术领域，形成了一个动态且不断变化的艺术探索过程，产生无限的可能性。在生物媒介实验过程中，艺术家们像科学家一样，在生物实验室中对生物体进行深入剖析、数据记录和实验，并向生物技术人员寻求技术支持。这种方式不仅模糊了艺术与现代生物学之间的界限，而且将讨论的焦点扩展到了哲学、社会和环境等多个维度，展现出强烈的跨学科特性。与科学研究追求确定性不同，艺术家在媒介实验过程中更倾向于关注生物变化的随机性和多样性，这些不确定性反而成了艺术家所追求的。媒介的实验性，不仅推动了艺术形式的创新，也促进了艺术与科学之间的深入交融，为当代艺术的发展提供了新的视角和路径。

近年来，随着科技的不断进步，艺术的种类和传播途径得到了前所未有的扩展。艺术与科技的融合，增强了艺术家的想象力和创造力，赋予了艺术多元化的表达方式。在生命科学领域，克隆技术和转基因技术的出现，为艺术家提供了新的创作视角。艺术家李山和张平杰，是我国生物艺术的先行者，玉米、水稻、南瓜、蜻蜓、蝴蝶、鱼等生物都是他们进行艺术创作的媒介，他们通过提取DNA等携带生物信息的元素进行了一系列的生物艺术创作实验。李山和张平杰合作的作品《南瓜计划》，是中国第一件活体转基因艺术作品。在艺术实验的过程中遇到过许多问题，比如南瓜的瓜秧出现了萎缩的状态、基因修饰以后生命体自主地进行表达带来了诸多不可预测性等。尽管南瓜的最终形态与最初预想相差很远，但创作者仍十分激动，因为南瓜在基因层面的本质已经彻底改变了。

（1）　　　　　　　　（2）

李山和张平杰作品《南瓜计划》

之后，李山在艺术创作中进一步拓展了生物媒介实验的边界，在作品《偏离》中，他以自己的身体为原型，制作了60个蜻蜓人模型并悬挂于半空，从身为人类的概念中自我解放，展

（1） （2）

李山作品《偏离》

现了艺术家以更广阔的视野自我审视。虽然作品最终展示的只是一组高仿真模型，但李山真正想实现的是活体的制造。李山在接受《芭莎艺术》采访时曾说道："我在生物学家那里获取了很多知识。我们之间的不同就是：科学家研究生物更侧重于功利性；而艺术家更关注生命本身。比如说，科学家会选择与课题相关的成品，其他的都当垃圾丢掉了，艺术家绝对不会把生命当作废弃品，它应该绽放，应该自由。"当下，单一学科的限制日益明显，当代艺术已经进入了一个"跨学科"的领域，艺术家们通过跨学科艺术创作实验，为艺术的发展开辟了新的道路。

互动装置《情绪几何》是由艺术家费俊、数学家许晨阳与心理学家刘正奎联合打造的跨学科艺术实验项目的阶段性成果。该装置邀请观众在暗箱中触摸几何模型，触摸时产生的情绪会通过心率等生理反应数据采集装置记录并计算出来，这些情绪数据会实时影响几何图形的变化，因每个观众的情绪数据都独一无二，这些数据会生成一个个"因人而异"的情绪化几何图形，最终由自动粉笔机械装置在黑板上绘制出来。

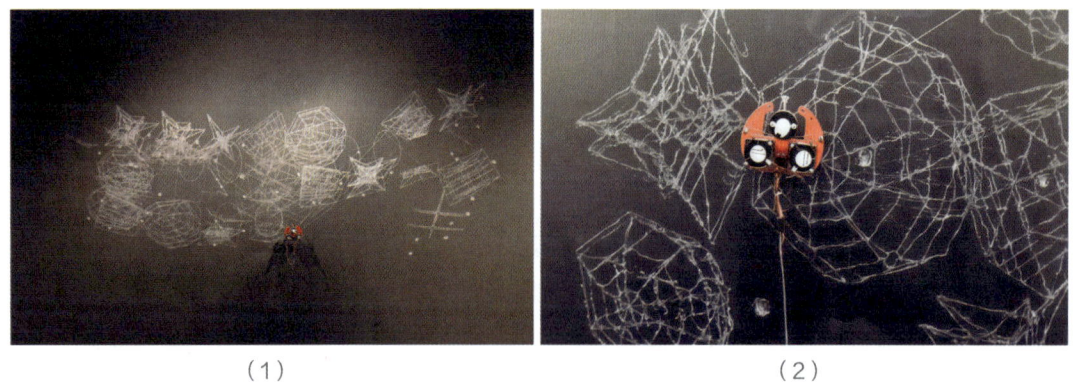

（1） （2）

费俊、许晨阳、刘正奎作品《情绪几何》

该项目的灵感来源于代数几何的抽象性与纯粹性，旨在将数学对现实世界的提纯化解释与艺术对现实世界的复杂化解读相结合，完成一次同时处于现实之上和现实之中的艺术实验。费俊认为：艺术某种意义上是在给世界回归混沌提供"熵"力。也可以理解为艺术家的工作是在世界的秩序中引入混乱。《情绪几何》通过将复杂、多变的个体情绪数据与纯粹、抽象的几何数据相结合，如同在真空中注入雾、在真理中注入无理，这种"添乱"式的艺术实验，并非旨在揭示真理，只为呈现任意存在的个体真相。作品不要求观众以理性的方式理解数学，而是鼓励观众通过与几何图形的感性互动，并提供个人情绪数据，与艺术家和数学家共同完成一次无法预期的创作。

黏菌，作为一种无毒无害的单细胞生物，以其快速构建高效空间网格结构的能力，为计算机科学和仿生学提供了宝贵的研究数据和样本。黏菌用途广泛，其不仅是研究细胞学、遗传学和生物化学的重要实验材料，而且在艺术创作中，也因独特性和丰富多样的形态而被众多艺术家使用。英国伦敦中央圣马丁学院生物设计专业毕业生塔西娅·侯赛因（Tahiya Hossain）的毕业作品《史莱姆触角网络》（*Slime Mold Network*），对黏菌的自我生长和交流能力所产生的复杂美感做了深入研究。塔西娅·侯赛因在纺织品上种植黏菌，创造出独特的印花效果，通过艺术媒介实验探索了黏菌在丝绸等织物上生长的可能性，并通过改变黏菌的生长环境为织物染上了独特的生物色彩。这件作品不仅展示了黏菌的生物学特性，也拓展了艺术创作的边界，为生物科技与艺术的融合提供了新视角。

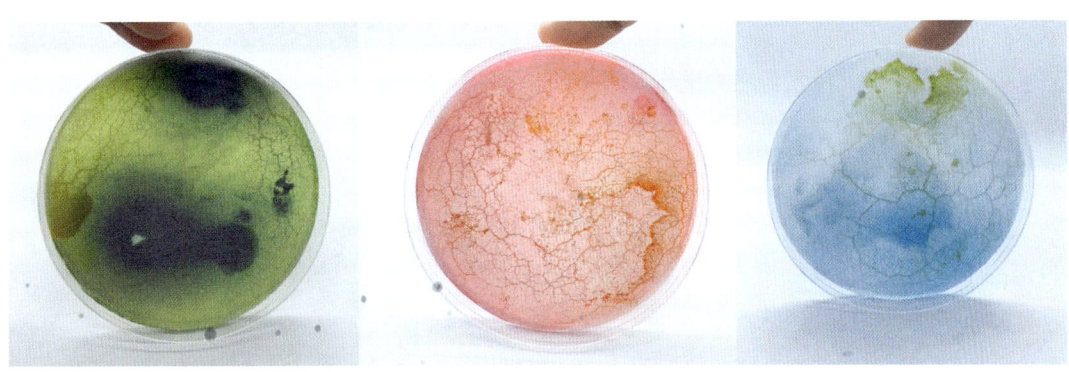

塔西娅·侯赛因作品《史莱姆触角网络》

（六）媒介的观念性

媒介的观念性指的是在艺术作品中媒介所传达的思想、情感，所承载的深层次意义和价值，以及它们如何影响观众的感知和思考，同时还反映了艺术家对艺术、文化和社会的深刻理解。媒介的观念性涉及艺术与哲学、社会关系等一系列问题，质疑人的文化和社会的根本价值。

生物媒介由于可以引起人们对世界与自然，空间与时间等的多方位思考，而具有观念性。毕业于中央美术学院的任日博士所创作的《元塑Ⅱ》系列作品，灵感来自他对童年生活的记忆以及他对自然界的深入观察。任日博士通过对蜜蜂生活习性的观察，了解了蜜蜂筑巢的习惯——无论空间状态如何变化，蜜蜂始终保持着水平方向筑巢。《元塑Ⅱ》系列作品以蜜蜂为媒介，设计正方形亚克力蜂箱装置，在亚克力容器内使用多根木棍交叉，利用了蜜蜂围绕蜂王筑巢的特性，将蜂王限制在木棍交叉的位置，这样蜜蜂在蜂王周围聚集并向四周延伸筑巢。接下来任日每隔七日会投掷骰子，以此决定将亚克力容器旋转至哪个方向，从而改变蜂巢的中心。任日博士通过观察蜜蜂筑巢的行为，将其转化为艺术创作的灵感，这不仅是对蜜蜂生活习性的模仿，更是一种对生命塑造过程的深度参与。任日博士说："我使用蜜蜂的作品正如其名'元塑'，关注的是我与蜜蜂之间生命塑造的发生学意义，这其中包括控制、干扰、协调、滋生等一系列生命真实过程。"

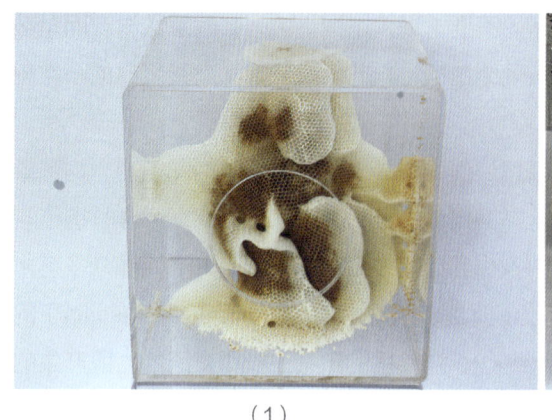 

（1）　　　　　　　　　　　　　　　　　（2）

任曰作品《元塑Ⅱ》

在这件作品中，任曰博士扮演了引导者和观察者的角色，而蜜蜂则成了创作的合作者，成功消解了艺术家在作品中的主观性观念。任曰博士让蜜蜂来充当艺术家的角色，借此探索自然力量与人类干预之间的微妙关系，体现了他在艺术创作中对生命、生态和人类干预的哲学思考。

巴西艺术家古托·诺布雷加（Guto Nobrega）的作品《呼吸》（*Breathing*），采用植物、LED灯、亚克力等作为创作媒介。艺术家认为这件作品是"一个生命体和机器系统的交杂体"。《呼吸》是一件特殊的艺术品，是植物与机械混合的共生体。在作品中人类与植物交换了能量，参与者对着植物的叶子进行呼气和吸气，叶子中的传感器在感受到人体的呼吸后，通过光线管亮度的变化来直观地展现呼吸的气流。尽

古托·诺布雷加作品《呼吸》

管这件作品并不具备像活体动物一样的生物感知能力，但是通过传感器与不同媒介的结合模拟了植物对人类气息的响应，这种互动体验仿佛赋予了植物感知人类力量的能力，并对这种力量做出回应，这引发了观众对于信息时代生命存在方式的深层次思考。在当代艺术中，艺术品不再只是审美的体验，而是如同哲学一般，开始触及人类生存的核心问题，人类意识到艺术是与人类生活紧密相连的，它是对生命的反思，是对我们存在方式的探究。

（七）媒介的功能性

媒介的功能性指的是艺术媒介所具有的特定用途或能力。在不同的语境中，媒介的功能性有不同的含义，但通常指的是一个物体、一个过程或者一个系统能够完成某项任务或满足某种需求的能力。即它们能够做什么，能够满足观众什么需求，能够提供什么样的服务以及效果如何。

当下，在科技进步与物质丰盈的背后，环保和可持续发展问题日益凸显。过去百年间，经济的迅猛发展带来了资源的过度开采与浪费。与生活息息相关的艺术同样需要重视这个问题，艺术品不仅是高不可攀的抽象存在，更应具有能够提醒并促进改善人类生存环境的功能。将生

物媒介融入艺术创作，不仅可以提高人们的审美能力、揭示社会现实、丰富人们的精神世界，还可以具有有利于人类发展的实用功能。

苔藓，这种看似微不足道的植物，却拥有净化环境的强大功能。它的生长无需复杂的培育条件，能够适应各种环境，它的存在也成了衡量空气污染程度的一个直观指标。当前全球环境问题日益严峻，如全球变暖、过度碳排放和环境退化等，任何国家都面临着严峻的挑战。在此背景下，匈牙利艺术家艾迪娜·托科迪（Edina Tokodi）在美国纽约市布鲁克林的莫斯提卡大街上创作了一系列可被称为"苔藓涂鸦（Moss Graffiti）"似的艺术作品。作品以苔藓作为原材料，通过涂鸦的方式呈现在城市的大街小巷。艾迪娜·托科迪说："人们缺乏对环境问题的反应和关注已经成为一个深层的弊病，希望我的作品通过直接的互动和接触让人们必须去更多地关注城市生态和谐这样一个问题。"艾迪娜·托科迪的"苔藓涂鸦"展现了艺术的力量，诠释了绿色植物与城市建设之间的亲密关系，同时为城市环境的改善提供了新的视角。

（1）　　　　　　　　　　　　（2）

艾迪娜·托科迪作品"苔藓涂鸦"

戴维·本杰明（David Benjamin），艺术家兼美国哥伦比亚大学活态建筑（Living Architecture）实验室的负责人，他在2014年创作了作品《礼尚往来》（*Courtesy The Living*）。该作品是为现代艺术博物馆P.S.1青年建筑师计划竞赛（Museum of Modern Art P.S.1 Young Architects Program Competition）设计的"活的设备"。作品采用了可以降解的真菌再生方砖制造而成，构建了一个向上延伸的蛇形结构。设计采用开创性生物设计方法，主体结构完全由有机物质构成，将生物技术与先进的计算机技术相结合。通过改变碳循环方式，该方案实现了零能耗和零碳排放的目标。《礼尚往来》不仅是一件艺术作品，还是一个具有功能性的空间，它使用了可降解砖块，并为参观者提供了水和休息的座位，意味着它不仅仅是一个静态的建筑结构，而是一个动态的、能够与环境和观众互动的系统。

戴维·本杰明作品《礼尚往来》

这种设计理念将生物学的原理和生态学的方法应用于建筑设计中，创造出能够适应环境变化、具有生命力的建筑，符合资源循环再利用的要求，并推动了建筑的可持续发展。

近年来，由于社会对心理健康问题的关注度提高，以及人们对传统心理治疗方法的多样化需求，出现了艺术疗愈（Art Therapy）。艺术疗愈是一种专业的心理健康服务，结合了艺术创作和心理治疗的辅助性治疗方法，它利用艺术媒介，如绘画、雕塑、音乐、舞蹈、戏剧等创造性活动，帮助个体表达自我、探索情感、解决内心冲突、促进个人成长和心理健康。艺术疗愈的出现是由于对更全面、更个性化的心理健康服务的需求，以及艺术和心理学领域内对创新治疗方法探索的结果。

中国台湾艺术家林玉洁（Jill Lin），从事纺织品、针织品和互动数字艺术领域的跨学科研究。在硕士研读期间，她专注于策划以幸福感为中心的沉浸式体验，其中安全性成为一个至关重要的设计考量。她的创作目标是构建一个兼具冥想和沉浸式体验功能的空间，通过音频反应技术和感官元素的融合，引导参与者探索自身的身体与情感世界。《心跳地形图》是她的一个实时音频可视化作品，从多重迷走神经理论（Polyvagal Theory）中汲取灵感，旨在促进身体与情感的双重安全感。作品专注于呼吸，将检测到的参与者心跳的实时数据转化为可视化的地形，以此作为引导人们与内部身体建立联系的媒介。这些视觉景观随着声音的强度和频率的变化而变化，每个人的生理数据都塑造出了独特且个性化的地形。在作品中林玉洁运用了受自然启发而不断变换的色彩，并结合了色彩疗法的原理，使色调的动态相互作用为视觉体验增添了一层感官刺激和情感共鸣。为了营造一个更加沉浸式的环境并激发温暖与舒适的感觉，作者在材料中融入了厚重和蓬松的纹理，邀请参与者躺下或坐下，体验平静和舒缓的触觉环境。通过这种多感官的互动，林玉洁成功地将艺术、科技与治疗相结合，为当代艺术实践和心理健康领域带来了新的视角。

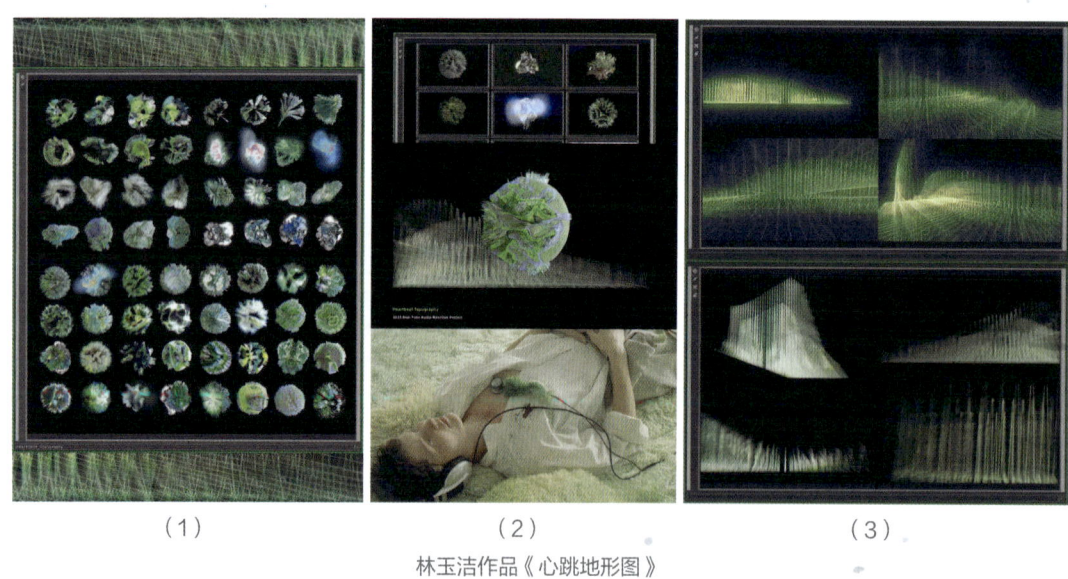

（1）　　　　　　　（2）　　　　　　　（3）

林玉洁作品《心跳地形图》

> **思考题**
>
> 1. 结合甲骨文、活字印刷等中国媒介发展史，分析中华文明在媒介技术史上的独创性贡献。
> 2. 艺术和科学跨越学科边界创作的现状以及未来的发展趋势是什么？

第二章

艺术媒介的情感表达

---— 学习目标 ———

通过本章的学习,学生能够通过视觉、听觉、触觉、嗅觉、味觉五种感官语言理解媒介的情感属性,掌握艺术媒介的情感表达方法,以及学习在艺术创作中使用媒介唤起观者的情感共鸣。

第一节
艺术媒介的情感

情感是人类与外界沟通的重要方式,是人类在与外界事物交互过程中产生的一种心理状态和内心体验,它是人的意识对客观事物的一种主观反映,通常伴随着生理上的变化和表情、动作等外在表现。情感是一种心理活动,隶属于人的精神思想领域,贯穿人的一生。

情感是艺术不可或缺的要素之一,任何艺术形式,都必须具有情绪、感觉、思想以及精神四个层次的价值。媒介作为人类获取情感的重要载体,为精神提供了不同维度的满足。通过媒介的营造和审美的想象,情感得以流露,进而丰富了内心对美的追求与满足,这一过程在艺术创作与欣赏中尤为显著,体现了情感在艺术领域的重要价值。一件艺术作品所引发的情感除了基于媒介的物理反应,还基于作者的赋予及观众的感知。只有这样,艺术媒介传递深层次的情感才会更加深刻。在艺术创作中,"情"的释放主体是艺术家、创作者,"感"的接收主体为观众、艺术参与者。"情"的产生以身体为源头,对身体的研究则是以"感"为起点。"情"与"感"是艺术的核心构成,媒介则成为连接这两者的桥梁。在艺术实践中,媒介作为情感的承载物,具有在艺术家与观众之间传递情感的功能,它不仅为艺术家提供了多样化的手段来传达内心的情感世界,也为观众开辟了理解与体验情感的广阔空间。

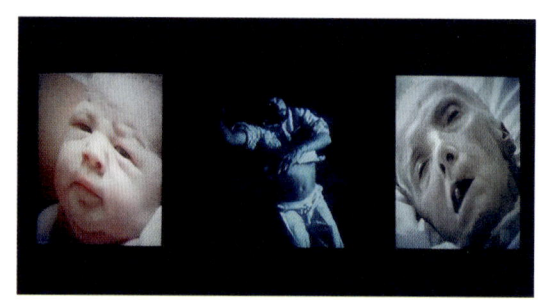

比尔·维奥拉作品《南特三联画》

欧洲传统的三联图像多以宗教题材为主,尤其在表现基督"受难-复活周期"三联画艺术作品数量较多。影像装置艺术先行艺术家比尔·维奥拉(Bill Viola)在1992年创作了一件由三个屏幕所组成的影像作品《南特三联画》(Nantes Triptych),三屏的表现手法就是从欧洲三联画而来,三个屏幕的影像从左至右依次是:"正在分娩的妇女(维奥拉妻子生育的过程)""在水中漂浮的人(一个男子漂浮在水中的状态)""临终前的老妇人(维奥拉母亲躺在医院病床上死去的情景)"。《南特三联画》是在维奥拉的母亲去世之后所创作的,记录了他的情感经历和内心感悟。作品直面生与死,生机勃勃的婴儿与逐渐消逝生命的老人形成鲜明对比,加上特定的声音效果与巨大的屏幕,不经意地把每一位观众带进作者的情感世界,使观众体会到生命的短暂与痛苦。但是从基督的出生—死亡—复活的视角来解读作品,也会使观众产生深层次思考——右侧屏幕中的老人最终似乎并未死去,而是像基督一样再次复活,转世成为新生儿,使观众能以更加豁达的态度面对死亡。

在2017年天津美术学院(也称"天美")毕业艺术作品展中,母校送给全体毕业生一份独特的礼物——由实验艺术学院师生创作的大型3D建筑投影show《我们永远在花园》。作品由《看未来》《我们在花园》《梦想启航》三部分组成,将天津美术学院打造成了绚丽的奇幻花园。第一部分《看未来》,以充满时尚和动感的画面拉开序幕,复原主楼建筑结构,并在其中巧妙融合了几何动画、动物形象和抽象影像,呈现出超现实的视觉体验。第二部分《我们在花园》，呈现天美百年，将天津美术学院的老一辈艺术家、教育家再现眼前，同时使用剪影方式展示出天美的学习氛围和教育历史，激起学生与老师们的回忆情怀和感受。作品使用虚拟影像技术，呈现了教师代表在主楼中与同学们挥手道别的情景，与此同时将全体毕业生的名字投影在了主楼的两边，寓意着师生共同步入艺术的殿堂，每一位学生都将被镌刻进天美的历史，这将现场全部观众的情感推向高潮。第三部分《梦想启航》，邓国源院长携手老教授代表和导师团队来到主楼前，点彩画布，霎时楼体影像出现蝶舞飞花，完美而又深情地诠释了整个作品的主题《我们永远在花园》。此时投影出现"愿你们的人生，如花园般绚烂"，至此，作品将现场观众情感燃至了顶峰，激起无限情思，为作品画上圆满的句号。

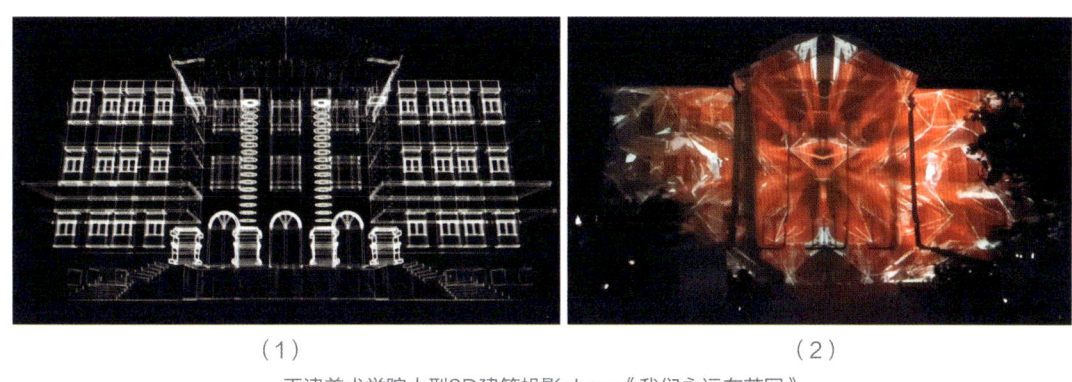

（1）　　　　　　　　　　　（2）
天津美术学院大型3D建筑投影show《我们永远在花园》

《我们永远在花园》在特定的受众群体背景下，探索各位观者的心理，利用艺术情感的心理接受特性将数字媒介与情感充分融合，将整幅作品想要表现的思想情感最大化地传递出来，给每一位观者留下了深刻的情感体验。

随着科技与艺术的融合，艺术逐渐打破了传统的界限，将受众由被动的欣赏者变成了积极的参与者甚至是创造者，在这一过程中，作品所包含的情感也得到了更为深刻的传达。交互艺术就是一门技术与艺术相融合的艺术形式，通过交互技术将受众引领至一个充满事件性的空间，激发每位观赏者独有的情感体验和内心感受，实现了艺术与观众之间的互动与沟通，拉近了大众与艺术的距离。

有意识的体验是情感的重要组成部分，那些难以忘怀的经历会伴随着与情感有关的事物在大脑中形成长期的记忆。2017年在北京今日美术馆展出的荷兰设计师西斯·比斯克（Thijs Biersteker）的互动装置艺术作品《塑料反射》(Plastic Reflectic)，装置整体是个水平面的像素格池子，使用了601个从全世界海域收集来的废弃塑料制成，远看所有的垃圾都在水面漂浮着，随着观众靠近，利用动作捕捉技术捕捉到人的动作和轮廓，作品下面隐藏的601件防水引擎控制着垃圾的沉浮，将它们渐渐聚集变成观众的剪影。西斯·比斯克解释道："我们每个人的行为都能够影响垃圾。"据研究发现，塑料材料在海里存留太久后就会被降解成一种可以渗透任何细胞壁接触到肌肉组织和脂肪的纳米塑料，作者欲利用这个现象让观众认识到自己行为会造成的潜在后果——由人类丢弃到海里的废弃塑料，逐渐渗透进自然界的食物链中，无声无息地与我们的肌肉和脂肪组织相融合，最终转化为我们身体的一部分，对人类的生存产生反作用。在与作品的互动过程中，观众情绪得到了最大程度的调动，获得了视觉、听觉等多种感官的沉浸体验，同时也引发了情感共鸣。

（1） （2）

西斯·比斯克作品《塑料反射》

第二节
基于感官体验的艺术媒介情感表达

艺术家通过媒介建构（而非简单体现）了与外在概念的动态对话关系，并且通过自己对媒介的感受来感知世界和传达信息，通过媒介产生了对外部世界的评价与批判。艺术是通过不同的媒介来传达艺术家的情感信息，可以说媒介既是艺术家创作的手段又是艺术创作的结果。而观众则是通过媒介来感知作品、生成情感的。艺术的价值，不仅在于其视觉美感，更在于其传递的信息、思想与情感状态，以及与观者之间产生的深刻心灵共鸣。因此，媒介在艺术创作与欣赏中扮演着双重角色，连接着艺术家与观众的内心世界。

哲学家约翰·杜威（John Dewey）认为：艺术创作的情感抒发是得到了艺术媒介的支持的。艺术家将媒介内化于自身的基本情感中，更确切地说，艺术家是利用媒介情感来触碰世界的。约翰·杜威说："我们通过媒介来感知世界，并与它沟通交流。自我本身的过去回忆、经历体验在同时起作用，这些因素包括它以前的所有经历和多样的资源整体在发挥着作用，但需要经过媒介的传达。"

由于媒介首先通过使人产生感官上的感受，进而对艺术作品中的思想和精神产生影响，实现人与艺术品之间的互动交流。因此，本书从视觉、听觉、触觉、嗅觉、味觉五种感官语言展开对艺术媒介的情感表达研究。

不同感官语言的物质特点和呈现样态

类别	物质特点	具体样态
视觉语言	物质的不同样貌与结构，包括物理属性与化学属性	图形、图像、影像、色彩、符号、体态、灯光、光影等
听觉语言	器官在声波的作用下产生对声音特性的感觉	自然界的各种声响，人类社会的音乐、音响效果、背景声音等
触觉语言	通过感受器接收并转译外部机械刺激，从而引发相应的感知体验	光滑、粗糙、冷、热、软、硬、舒适、疼痛等
嗅觉语言	外激素通讯实现的前提，是生物体通过嗅觉系统对化学刺激产生的感觉反应	香、臭、腥、霉、刺激性气味等
味觉语言	食物在人的口腔内刺激味觉器官化学感受系统产生的一种感觉	酸、甜、苦、咸、鲜等

一、视觉语言情感表达

视觉是生物体通过视觉系统对光刺激产生的感觉和知觉。它是人类和大部分动物获取外界信息的主要感官之一,也是在艺术创作中占据着核心地位的感官。艺术作品通过视觉语言传递情感,观众则通过视觉媒介感知这些情感信息。以视觉语言来传递情感的艺术创作,对于观众来说,是以媒介的视觉感受来辨知情感信息的,通过观看的行为即可感知到作品想要传递的情感,进而产生相应的情感回应。在当代艺术创作中,视觉语言作为一种重要的表达手段,其形式丰富多样,如图形、图像、影像、色彩、文字、符号、体态、灯光以及光影等。视觉语言的整合与消解过程展现了其独特的艺术魅力,它不仅使艺术作品在形式上实现了创新,更在视觉语言与环境交融中实现了对艺术思维的传承与重塑。

奥拉维尔·埃利亚松(Olafur Eliasson)的《天气计划》(*The Weather Project*),是展出在伦敦泰特美术馆涡轮大厅的虚拟沉浸式艺术装置作品,它以一种近乎诗意的方式,将科学原理与艺术情感交织在一起,展现了宛如上帝视角之下,幻境与真实相结合的独特观感体验。作品主体为半个人造"太阳",这是使用了200只黄色钠灯制成的一个直径26m的巨大半圆形装置,它们发出的光线柔和而温暖,仿佛是夕阳的余晖或是晨曦的微光。一面巨大的镜子安置在展厅的顶部,半个人造"太阳"与半个镜子反射的"太阳"合成为一整个"太阳",同时,镜子也将巨大的展厅视觉镜像为二倍的空间。当观众走进大厅,仿佛置身于一个被剥离了时间和空间的世界、一个虚幻与现实重构过的空间,在这里太阳不再是遥远的宇宙天体,而是触手可及的艺术存在。艺术家还增加了空气的湿度并且在空气中释放出了特别的香气,在视觉体验的同时,增加了触觉和嗅觉体验。观众可以在其中躺着、坐着、站着,可以面向太阳或背对着它,像是踏足在一个未曾涉足过的迷幻森林中。

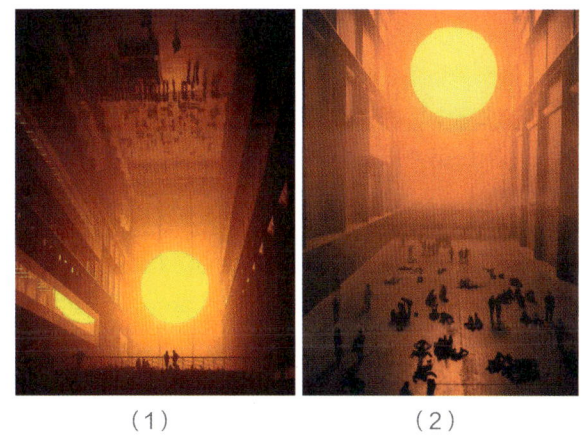

(1) (2)

奥拉维尔·埃利亚松作品《天气计划》

《天气计划》不仅是对自然现象的再现,更是一次科学与艺术的对话。奥拉维尔·埃利亚松利用了光线、色彩和空间的关系,以及对人类心理的深刻理解,创造了一个能够引发共鸣的环境。在这个环境中,温暖潮湿的空气像是太阳光辉的杰作,观众可以直观地感受到太阳对情绪和氛围的影响,体验到自然界中最基本的光与影的变化,忘记原本生活中的喧嚣,进而思考作为宇宙中渺小的生物更加本真的东西。《天气计划》以其独特的艺术媒介,抒写了一首超越文字局限的诗,其诗情余韵悠长,激发了观众对自身与自然关系的反思。在这里,科学不再是冰冷的公式和数据,而是温暖人心的情感体验,诗情画意地呈现在我们面前。

在艺术作品中,视觉语言因其直观性为观众带来强烈的视觉冲击而占据着主导地位。创作实践的重要目标之一是营造沉浸式的审美体验,而观众沉浸感的深浅,实则深受视域范围宽广度与维度丰富性的影响。

在东京TeamLab无界（TeamLab Borderless）展馆内展出的作品《被追逐的八咫乌，追逐同时亦被追逐的八咫乌，超越空间》，是TeamLab团队创作的一件互动数字装置艺术作品。这件作品以其独特的艺术表现和科技手段，为观众带来了一种沉浸式的艺术体验。艺术家们匠心独运，突破了传统空间的束缚，通过多块屏幕拼接而成的半球形全景成像装置，创造出360°无死角的全景投影效果，巧妙地抹去了墙面与地面间的界限。这样的视觉呈现方式，不仅极大地拓展了观众的视域范围，成功地营造了沉浸式的审美体验，更在深度上引发了观众对作品内涵的深入思考与感知，进而全身心地投入到艺术的世界之中。

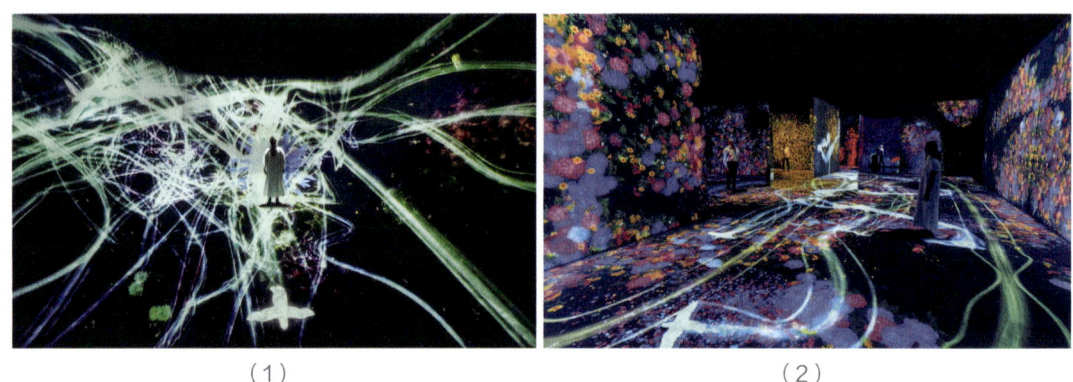

（1） （2）

TeamLab团队作品《被追逐的八咫乌，追逐同时亦被追逐的八咫乌，超越空间》

在作品中，通过艺术家的精心设计，无数半透明的八咫乌影像从枝头静立、轻轻摇晃翅膀到随音乐节奏在空间中飞翔，它们互相追逐，形成了一幅动态的画面。这些八咫乌的飞行轨迹快速变化，以光线形式呈现，这不仅引导着观众的目光不断追逐和寻觅着它们的身影，更通过动态变换的图像使观众深刻感受到时间的流转与环境的真实性。作品采用黑色作为背景色，黑色背景与弱光的密闭空间相结合，有效地突出了作品中的虚拟影像，使观众的注意力得以高度集中。艺术家们巧妙地运用明亮、鲜艳的色彩，特别是大量使用绿色来绘制虚拟影像，与光影、明暗交织，共同构造出一个色彩斑斓的虚拟世界，使人感受到生命的活力以及强烈的视觉冲击。作品的特别之处是，观众可以在被投影包围的空间中自由走动，八咫乌会根据观众的位置进行躲避，当八咫乌与观众相互碰撞时，它们会化成花朵并消散，给观众带来一种生命与时间交织的感觉。这种互动体验使得观众成了作品的一部分，增强了作品的沉浸感。

《被追逐的八咫乌，追逐同时亦被追逐的八咫乌，超越空间》不仅仅是一种视觉上的享受，还传递出一种深远而富有哲理的意境。"八咫乌"这一语言，在日本文化中代表着太阳、光明和希望，它们不仅仅是在追逐，同时也在被追逐，这种相互追逐的状态寓意着生活中的竞争与挑战，它们在空间中的飞行轨迹，既代表了时间的流逝，也象征着生命的循环。题目中的"超越空间"暗示了艺术家对于超越现实、追求更高境界的向往和追求。这些深层次的意境和哲理思考，使得作品在视觉上呈现出一种独特的韵律感，引人深思。

二、听觉语言情感表达

听觉是器官在声波的作用下产生的对声音特性的感觉，而声音源于物体的振动，通过介质传播，进而被人类或动物的听觉器官所捕捉和感知。听觉是仅次于视觉的感官，具有极强的感染力，能轻而易举地引领观众跟随节奏律动。在艺术创作中，听觉语言除了纯粹的声音之外，还包括自然界与人类社会的各类声响，如音乐、音响效果、背景声音等多种形式。以声音为媒介的艺术创作通过声音的起伏、节奏的变化以及不同层次的旋律和音调，起到触动人心、唤起观众想象力并引发深层情感共鸣的作用。例如，节奏鲜明、响亮且音量递进的音乐，能够加速呼吸与血液循环，激发生命活力；而节奏缓慢、低沉的音调或音量过低，则能让观众沉浸在平静与和谐的氛围之中。由此可见，听觉语言在艺术作品中可以起到调动情绪、塑造氛围等方面的作用。

当下，在新媒体艺术领域，"视听融合"的呈现方式已然成为常态。艺术家在进行创作时，视觉语言通常是传达艺术家理念的主要角色，而听觉语言则以其独特的魅力，在营造氛围、深化情感传达上发挥着不可或缺的功能。二者在艺术作品中相互交织、协同作用，共同构建起作品丰富而立体的表达体系。甚至有些作品忽略了视觉语言，以塑造听觉语言为主导，通过声音直接触动观者的内心世界，创造出一种超越视觉界限的艺术体验，使得情感表达更加深邃和抽象。

在TeamLab艺术团队的作品中，听觉语言往往采用音乐与自然音响相结合的方式，与视觉元素相得益彰，共同营造出作品的整体氛围。《地形的记忆》（Memory of Topography）是由TeamLab团队于2015年创作的一件互动数字装置艺术作品。作品展现了一个高低不平的空间，通过模拟自然景观的变化，展现了四季更迭的山间景象。例如，稻谷在春天是绿色的幼苗，在夏天茁壮成长，到了秋天则变成金灿灿的稻穗。作品中的昆虫和花草也会随季节的变化而变化，而且这些元素会受到参观者行动的影响，例如，初夏时会有萤火虫出现，它们的闪烁会因人们的行为而产生波浪状的效果，稻穗和花瓣的飘落方向也会因空气流动而改变。

《地形的记忆》伴随着美妙的视觉体验，还有精心设计的背景音乐和蝉鸣等自然音响，这些源自现实世界的声音元素进一步增强了虚拟环境的真实感。比如，当观众穿梭于"荷叶"之间时，音响工程师巧妙利用空间声音传播原理，模拟出荷叶轻拂之声，这不仅丰富了听觉层次，更在细微之处增强了虚拟环境的真实感。此外，作品还展现了独特而富有变化的节奏感，声音元素巧妙地随着空间的变化而起伏，有的声音如潺潺流水般平缓而宁静，有的如暴风骤雨般激烈而紧迫，为观众带来了极致的听觉盛宴。作品将自然之声与电子音乐交织成独特的旋律，触动观众心灵的深处，塑造出一种跨越古今、融合传统与前卫的独特风格。作品通过声音

（1） （2）

TeamLab艺术团队作品《地形的记忆》

的不同层次的变化，引领观众步入一个既真实又充满梦幻的艺术世界，体现了艺术创作在听觉传达上的深度与广度。

无论是视觉还是听觉感知，该作品的媒介是可变化的，其设计理念是让参观者完全沉浸到作品的世界中，不仅人们共同拥有的世界因为自身和他人的存在而发生改变，也会使自己和他人共同融入这个变化中的世界。

光学装置系列作品《在这混沌中你念头的频率》于2024年6月29日—7月18日在北京三影堂摄影艺术中心展出。作品由声音和视觉两个部分组成，视觉设计由艺术家莫茹杰制作，声音设计由艺术家Angry5JaR完成。这组作品以光、水、风、日光等自然界的基本元素为素材，通过装置艺术和光影效果，试图捕捉和呈现人类念头变化的频率。莫茹杰对光影及其投射的形状和想象十分沉迷，她的作品不仅仅是描绘自然元素，更是在尝试捕捉一个无法听到的频率，并在视觉上呈现出一种动态和连贯的时空间把握，体现了艺术家对创作方法的不断探索和尝试。

（1） （2）

莫茹杰、Angry5JaR作品《在这混沌中你念头的频率》

宇宙本源开始时，光就诞生了，光是一切，一切都是光，光也是意识，意识也是光。作品在视觉设计部分，唯一的光源是我们的潜意识，通过世间幻象的滤镜，投射出了我们的念头。在声音设计部分，观众将体验到一场心灵的旅程：心跳声由急促渐变为缓慢，呼吸声由清晰渐至微不可察，其间交织着隐喻了杂念的呢喃声与氛围音乐，共同演绎道家"回光调息"的概念。

作品《在这混沌中你念头的频率》指向了介于科学与宗教之间的模糊地带，反映了艺术家在混沌的日常中寻找外物与内在碰撞成为一念的瞬间，并仔细感受这些振动的微妙频率，也映射出创作者对于世界和生命的深刻感悟。同时在体验中，观众在作品的光影变幻与声音的交织演进中，体验到一种逐步深入的专注与沉浸，并在某一刻达到接近入静的状态。

三、触觉语言情感表达

触觉是人类感知外界的一种重要方式，它允许生物体通过其皮肤和其他感官组织感知外部世界和内部环境中的接触和压力。触觉是物理接触的结果，可以提供关于物体的形状、大小、硬度、温度、纹理和运动等信息的感知，使得人类皮肤在与之接触时产生相应痛感、温感等丰富体验。触觉语言作为一种独特的情感表达媒介,依托于物质世界的多样性。触觉语言包括光滑—粗糙、冷—热、软—硬和舒适—疼痛等具备实际触感、可亲身触摸的物质形态。这种可以与身体实际接触的互动性质不仅是一种身体上的愉悦,更是一种深层次的沟通,它缩短了观众与作品之间的情感距离,能够直接影响观众的心理和生理状态,激发他们对作品的深入思考与多元解读。

厦门设计团体SeeekLab为孤独症儿童策划了一场特别的互动装置艺术展《大雨,声音和发光体》,用互动式的声音和发光体鼓励这些孩子们走出自己的世界,与他人进行沟通交流。因为孤独症儿童活在自己的世界里,不愿意与他人交流或者接触,所以被称作"星星的孩子"或"雨人",寓意着他们独特的世界观和与社会的距离,展览灵感便来自于此。

在展厅中,艺术家们创造了一个充满无数发光大雨滴的场景。他们将水装入气球,模拟大雨滴的造型,观众能够亲手触摸到模拟雨滴的材质,感受到它们带来的湿润、凉爽,甚至微微的冲击力以及塑胶材质的回弹包容的特性。而且每一滴雨滴上方都连接有一个振动传感器,当人们轻拍雨滴时,产生的振动会激活传感器,使雨滴改变颜色。这种颜色的变化还会传递给其他雨滴,形成一种光的漫扩散效果。在空间中央还设有一张特别的发光长凳,当两个人坐在凳子上,分别把左右手放在发光椅两端的金属上,同时另一只手去接触对方的皮肤时,空间中便会响起美妙的声音,雨滴和长凳的颜色也会随接触的次数发生变化,促进人与人之间的互动和联系。

作品《大雨,声音和发光体》的一切互动都从"触摸"开始,"触摸"变得可视可听可感,这使得孤独症儿童能够更加身临其境地感受到大雨的氛围,以及包容和探索的乐趣,在这里,"触摸"于孩子们而言不再是可怕的,而是美好且动听的。这种设计不仅鼓励孤独症儿童尝试接触外界,也寓意着他们的每一个小动作都能影响周围的世界。作品用科技向这群特殊的孩子们传递独一无二的温度与善意。

SeeekLab作品《大雨,声音和发光体》

前文中提到的当代艺术家梁绍基的《自缚》不仅使用蚕丝进行造型,还融入了蚕生命过程中的各种声音、形态、动态、气味,甚至是排泄物,他相信材料本身具有精神性,而这种精神性需要通过实验来发掘。生命是一个不断地抗争和挣扎的过程,而它所承受的苦难往往要比其他一切困难多得多。生命的艰难并非仅源于自然的恩赐,更源于人类的智慧。作品既展示了生命的可贵和人类对生存意义的思考,也体现了梁绍基对生命过程和自然律动的深刻洞察。

梁绍基作品《自缚》

四、嗅觉语言情感表达

嗅觉是一种感觉，它使得生物能够感受和识别空气中的气味分子。它是外激素通讯实现的前提，是生物体通过嗅觉系统对化学刺激产生的感觉反应。嗅觉，作为人类五感之一，能够刺激人的神经、引发情感共鸣。嗅觉还具有强大的记忆唤醒能力，在艺术创作中，香、臭、腥、臊等气味能够唤起观众深藏心底的记忆，艺术家们巧妙地运用嗅觉元素，唤起观众某一方面的记忆而使其更具沉浸感。此外，一些艺术作品通过嗅觉与其他感官的巧妙结合，实现完整的情感闭环。例如，通过声音的变化感知气味的流转，或利用不同气味的输出控制视觉效果的变化，从而丰富作品的情感表达层次，使观众有相对完整的艺术体验。

德国当代艺术家沃尔夫冈·莱普（Wolfgang Laib）创作的作品选用的媒介都是具有视觉和嗅觉上的双重属性的，比如花粉。他的作品《榛子花粉》（Pollen from Hazelnut），于2013年1月23日在纽约现代艺术博物馆（MoMA）展出，作品覆盖了大约2.5m×6.4m的面积，是他迄今为止最大型的花粉装置作品。莱普自20世纪90年代起就开始采集榛子花粉，用于创作装置艺术作品。莱普视花粉为生命力的符号，他使用重复的创作手法，创作了一系列以花粉为主体的作品，认为花粉象征着生命的轮回、永恒的主题。莱普将MoMA的中庭视为博物馆内在的圣地，比喻为女性体内的子宫，而花粉则代表着植物生命的开端，作品通过花粉为博物馆中庭注入了生命力。因此，《榛子花粉》不仅是一次艺术表达，也是一种对生命和自然的深刻思考。

（1） （2）

沃尔夫冈·莱普作品《榛子花粉》

花粉的气味是植物生命的一部分，在莱普的作品中，花粉象征生命的孕育和延续，其气味加强了这种象征意义，从而更加深刻地传达了生命的主题。《榛子花粉》通过视觉、嗅觉等多感官的结合，使作品不仅有视觉上的冲击力，更是通过嗅觉元素的加入，为观众提供了一种沉浸式的体验，是一种观众对作品的全方位的感知过程。

西塞尔·图拉斯（Sissel Tolaas）是一位挪威艺术家，早期涉猎化学和生物学领域，后来转行从事艺术创作，主要围绕气味这一特殊感官元素展开，被公认为是"嗅觉艺术"的开创者和代表人物。西塞尔·图拉斯将气味作为其艺术创作的媒介，主要研究气味对人类情

西塞尔·图拉斯研究气味的实验室

西塞尔·图拉斯作品《嗅觉墙》

绪、记忆和感知的影响力。她在柏林拥有一间专门研究气味的实验室，里面存储着曾用25年时间收集的超过7000种来自世界各地的气味，其中包括城市街景、人体、食物等来源的独特气味。

在创作中，她以科学的方式解构气味，再以艺术的方式重构它们，从而从嗅觉的维度去回应一系列社会性议题。她甚至曾创作过战争气味和特定职业气味。她曾带着设备走遍城市的大街小巷，收集各种气味并绘制了多个城市的气味地图，试图探索气味与记忆、情感之间的联系。她的作品《嗅觉墙》在世界各地展出，希望通过嗅觉唤醒人们对一座城市的记忆和想象。这些气味通常借助装置和体验式展览的艺术形式呈现，让观者通过嗅觉进入艺术家精心营造的气味景观和体验世界，可以更加身临其境地感受艺术作品。西塞尔·图拉斯的作品挑战了人们对视觉偏重的传统认知，用气味创作出一种全新的、身临其境的艺术体验形式，探索气味与情绪记忆的关联性，通过嗅觉诱发情感体验，使人们意识到气味这种感官在人类生存中的重要性。

然而，在艺术创作中，艺术家可能无法同时使用多种感官语言。在这种情况下，艺术家可以利用联觉（Synesthesia），通过一种感官的体验来引导观众想象另外一种或几种感官的体验。联觉，又译为通感，是一种神经现象，指的是当一种感官受到刺激时，会引发另一种感官的感觉体验。换句话说，具有联觉能力的人在某种感官输入（如听觉、视觉）的作用下，会在没有直接刺激的情况下体验到其他感官的感觉（如味觉、触觉或嗅觉）。

《花与人的森林：迷失、沉浸与重生》（Forest of Flowers and People: Lost, Immersed and Reborn）是由日本著名的艺术团队TeamLab于2017年创作的一件互动数字装置艺术作品。TeamLab团队创造了一个充满变化的空间，其中包含多个季节，随着时间的推移季节逐渐变换交替。作品探索了自然与人类之间的关系，在空间中，花朵会经历从诞生、成长、结出花蕾、开花，到凋谢、枯萎、死亡的无限循环过程，观众在作品中的行为会影响花朵的生长和衰败，这使得观众每一刻的观赏体验都是独一无二的。

《花与人的森林：迷失、沉浸与重生》不仅仅是一场视觉盛宴，从观众踏入展厅看到虚拟花海的那一刻，通过联觉作用，便仿佛被一股芬芳馥郁、沁人心脾的花香所环绕，从淡雅的茉莉到浓郁的玫瑰，每一种香气都仿佛在诉说着不同的故事。这种独特的嗅觉体验为观众开启了

（1）　　　　　　　　　　　　（2）

TeamLab作品《花与人的森林：迷失、沉浸与重生》

一扇通往真实森林的门户，他们仿佛置身于一个充满鲜花的森林，扑面而来的花香，伴随着悦耳的音乐声，以及花朵与观众互动后的生长和衰败，各种花朵仿佛被赋予了生命，增强了作品的沉浸感，令观众深信自己已置身于自然的怀抱之中。这种联觉体验增加了作品的生动与真实，更在无形中触动了观众的情感，引发了对自然、生命和美的深刻思考。

五、味觉语言情感表达

味觉主要是指食物在人的口腔内刺激味觉器官化学感受系统产生的一种感觉。味觉体验通常包括酸、甜、苦、咸、鲜等五种基本味道。从某些层面上来讲，味觉是可以将情感与生活紧密联系的感官。日本学者笠原仲二曾指出："中国人的审美背景一开始是起源于'甘'这一味觉感官。"在文字表达中，我们常将愉悦的情感称为"甜蜜"，而将不愉快的情绪描述为"苦涩"。此外，诸如"酸楚""咸涩""油腻""香醇"等带有味觉感官色彩的词汇，也揭示了味觉感官与人类情感的密切联系。在艺术创作中，可以利用观者对味道的记忆来激发其情感共鸣。将味觉语言作为一种创新媒介，能够增强观众与作品的互动性，产生沉浸式体验，为艺术表达开辟新的维度。

《七茶研究所》是一个位于福建安溪的创新项目，是由溪禾山和SeeekLab此刻装置团队利用数字影像和互动装置共同打造的一个多感官的茶文化体验馆。项目结合了新媒体科技和传统茶文化，旨在通过互动体验探索茶文化的多样性，以及试图通过现代科技手段，让年轻一代更深入地了解和体验传统茶文化的魅力。

在这个研究所中，访客可以体验到茶的全方位文化。展厅中共有七大板块，包括茶厅、制茶、炒茶、闻茶、拣茶、茶坊和茶趣。"茶厅"部分让访客了解茶的历史和文化背景，"制茶"部分则通过光影互动展示制茶过程，而"炒茶"区域则让访客亲身体验炒茶的重要性和技巧。此外，还有"闻茶"环节，在展览空间中，设有"茶香制造机"，通过模拟茶叶冲泡、散发香气的过程，让观众能够近距离感受到茶香的独特魅力。《七茶研究所》项目通过"茶香"这一独特的嗅觉语言，为观众带来了一场沉浸式的茶文化体验。这种嗅觉上的体验不仅让观众仿佛置身于茶园之中，更能引导他们通过香气去辨别茶叶的种类、品质以及背后的文化内涵。

尽管味觉相对难以通过技术手段直接呈现，但艺术家们依然尝试利用联觉，通过视觉、听

（1）　　　　　　　　　　　　　　　（2）

溪禾山和SeeekLab作品《七茶研究所》

觉等其他感官的刺激来引发观众的味觉联想。项目通过虚拟现实技术，模拟品茶的过程，让观众在品尝虚拟茶叶时，也能感受到茶汤在口中的变化。最后通过互动环节，让观众参与到茶叶的制作和冲泡过程中，最终真正地品尝到一口浓郁茶香。因为有了前期的铺垫，这种味觉上的体验不仅让观众对茶有了更加直观的认识，也让他们通过味觉去感知和理解茶文化的深邃内涵，从而更加深入地领略到这一传统文化的独特之处。

《数字调味》（Digital Seasoning）是由拉伊拉·斯内夫勒（Laila Snevele）设计的一组五个可视化数字作品组成的艺术装置。它探索了可以在无需展示可食用成分或释放气味的情况下，激发观者的味觉感知。这一系列作品将物质、色彩、面部表情模仿和整体感觉相结合，通过共情作用，证明对味道的感知主要或完全是在我们的头脑中创造出来的。在食物触及舌尖之前，我们便已在脑海中勾勒出其味道。观众通过观察作品屏幕上的面部表情，唤起了共情反应，从而影响了我们对食物的感知。例如，我们看到他人品尝柠檬时，便会有酸涩的口感产生。

《数字调味》将甜、酸、苦、咸和鲜这五种基本味道，通过三维视觉化的手法赋予了生动的面孔。这些富有表现力的视觉图像，能够激活大脑中的神经元，从而减少加工食品中的盐、味精、糖和柠檬酸等有害成分的含量，促进更健康的饮食习惯。拉伊拉·斯内夫勒的这一创新艺术实践，不仅展现了艺术的跨界魅力，也为健康饮食行为提供了新的视角。

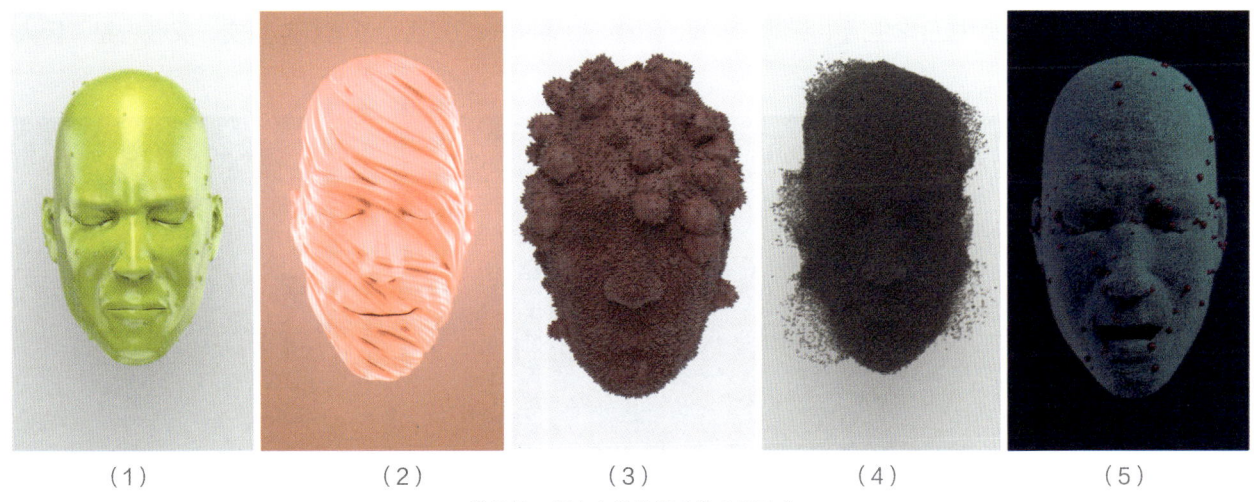

（1）　　　　（2）　　　　（3）　　　　（4）　　　　（5）

拉伊拉·斯内夫勒作品《数字调味》

六、"知觉"——特殊的情感表达

知觉是指个体对外界刺激的直接感知和解释的过程,它是人类和其他动物利用感官系统接收环境中的信息,并通过大脑对这些信息进行加工,从而认识和理解事物的一种心理活动。在艺术创作中,知觉可以使用到较为前沿的技术,通过探测观众的脑波、内心想法或者心理动态来进行思想交互。这一表达形式也是最贴近内心情感的。

意念操控的奥秘就在于人的"脑波",人类早在半个世纪之前就开始了对于脑电波的科学研究。简单来说,人体所进行的任何活动都会产生非常微小的电流,例如心跳、眨眼睛、思考问题等。通过科学仪器发现,在不同的精神状态之下,人的脑波频率会有明显的差异,在精神集中时脑波频率是相对较高的,而当进入放松或者睡眠状态时,脑波频率会相对降低。而所谓的意念操控,就是运用了人在不同情绪之下脑波也不同的原理,将大脑的信息转换成具象的行为。

知名艺术家和策展人林书民的代表作品《内功》,是一项结合了脑波侦测技术的互动多媒体影像装置艺术作品。林书民通过脑波侦测仪器来捕捉参与者的脑波活动,观众的情绪和思维能够直接影响到装置中的影像呈现。作品主体是在展览室内的地面中间投射出来的水池,水池里有数量众多的金鱼、荷叶以及莲花。当观者带上脑波侦测仪分别坐在水池的两边,金鱼便开始随着观者

林书民作品《内功》

的情绪生长或消散。水池靠近两人的角落分别有一只大缸,情绪越是放松时,金鱼向缸中游去的越多,随之荷叶中也盛开鲜艳的莲花,而情绪相对紧张的一方金鱼与莲花则寥寥无几。《内功》展示了艺术家如何利用科技来探索人的心灵,以及人与环境之间的互动关系。同时利用"知觉",对于人的内心世界进行了深入的探索,在人的内心深处打造丰富的情感世界。

艺术家任庆齐的交互影像装置作品《意像》,利用脑电波传感器和影像来探索人的内心世界。凡有所相,皆为"意像",世间所有的表象和名相在某种程度上都源自内心深处的主观意识。我们在日常生活中所见、所闻、所感、所想的一切是否足够客观与真实,又或者是"因人

(1)

(2)

任庆齐作品《意像》

而异"的呢？作品探讨用意念来塑造图像的可能，首先通过脑机传感器捕捉脑神经数据，再通过Touchdesigner软件识别脑电波设备读取的数据，实时分析观众的情绪和思考状态，最后根据观众的情绪生成不同的图形，这些图形可能是尖锐或柔软的，呈现人们的意识与外在形象间的表里关系，表明意识和潜意识共同作用于图像的变化生成。《意像》利用差异性去构建每个人独一无二的脑内绘景，让观众进入一种内与外、虚与实混合的具身体验之中，通过意念创造出一个个"因人而异"的虚拟世界。

疗愈艺术家丽莎·帕克（Lisa Park）的作品大多需要通过生物反馈技术与设备，如心率和脑电波传感器来实现，将人本身的内在情绪转化成视觉和听觉上的具体表达。丽莎·帕克的 *Eunoia* 是结合了表演艺术和科技的互动装置艺术作品，旨在用"意念"控制水波的状态。"*Eunoia*"是希腊语，意为"美丽的思维"。在表演过程中，丽莎·帕克佩戴收集和传送脑电波的头戴式耳机（商业脑波传感器——EEG），随着她情绪状态的变化，高低起伏的脑电波在电脑程序中显现，同时，事先编写好的程序会实时将脑波进行音乐化的处理，音调和音量都会随着情绪状态的转换而变得有所不同，这些会通过周围的水盘底部安装的扬声器播放出来，从而使水面振动而产生不同形状的水波纹。此外，还有一个名为 *Eunoia II* 的迭代作品，整体布局由48个扬声器和装有水的铝制盘子组成。西方近代哲学家斯宾诺莎将人的情绪一共分成了48种，而作品布局的灵感则来自一个亚洲佛教符号，意味着"平衡"。

丽莎·帕克创作 *Eunoia* 时，意图是想尝试达到一种抛掉一切情绪的"平衡"状态，最终结果是盘中的水将完全平静下来，不再有波纹。而在创作 *Eunoia II* 时，丽莎·帕克不再刻意地"控制"水面使它静止，而是将它作为媒介，用一种看得见的方式让自己的情绪状态自然地流露出来。丽莎·帕克认为人的情绪是具有某种能量的，她想通过可视化的方式展现这种能量。这两个作品都探索了将生物识别传感器（如脑波传感器）融入艺术中的可能性，通过EEG控制处理程序，该程序与Max/MSP链接以接收数据并从Reaktor生成声音。

丽莎·帕克作品 *Eunoia II*

思考题

1. 选择5件以上的新媒体艺术作品，分析其是如何通过感官语言触发观众情感的。
2. 思考声音媒介在艺术创作中引发观众情感共鸣的优势与局限性。

第三章

艺术媒介生成实验

学习目标

通过本章的学习，学生能够掌握基于生物科技、化学科技、信息科技、物理科技和综合科技的艺术媒介生成实验方法，并开展自主媒介生成实验，提高创新意识和实践能力，同时具备一定的创作艺术与科技互容的新媒介作品的能力。

第一节
基于生物科技的艺术媒介生成实验

本节引导学生理解生物材料的物理特性与生态属性，通过实践掌握如发酵、天然染料提取、生物材料成型等基础方法。学生需自主规划材料生成路径，记录材料在实验过程中的变化，并在不确定性中调整实验策略，提升观察与应变能力。

考查学生对生物材料（如微生物、植物组织等）的培养与改造能力，要求掌握基础生物实验操作，如无菌环境控制、培养基使用等。同时引导学生思考"生命作为媒介"所涉及的伦理边界，以及其在艺术表达中的可能性与局限。

一、作品《延·衍》

题　目	《延·衍》	学　生	孟洁
材　料	表达加强型绿色荧光蛋白的大肠杆菌	指导教师	李波

（一）作品题目与概念介绍

作品《延·衍》通过微生物媒介传递关于生命的信息。

延：有延展、延长、蔓延之意，如蔓草滋生、连绵不断，引申为延伸，扩展。衍：会意字，甲骨文的外部是"行"字，"行"为道路，引申为一切通道；中间为"水"或"川"字，表示河川，二者相合表示水流河道畅通无阻的样子。而将"延·衍"作为主题则想要在以微生物为媒介的实验艺术中，不断探讨生命的"内驱力"以及生命多元化呈现方式，是生命的不断延展与拓宽，是在不断变化的技术支撑下的融合与发展。"静态"生命的延伸就是在微妙变化中不断蓄力、在时间中不断沉淀与验证，从而展现生命的多维度变化。

通过紫外线激发生成的荧光蛋白图像就像是以生命性为特征的具有拓展性的维度变化。其在生物学中，荧光蛋白图像主要运用于细胞标记，例如，观察个体细胞蛋白的表达或细胞的具体位置，从而了解细胞的生长情况。荧光蛋白是具有发光性质的荧光物质，绿色荧光蛋白（GFP）就是在蓝紫光的激发下产生了能量的跃迁并由此发出肉眼清晰可见的绿色荧光。在实验艺术中，生物媒介发光所产生的联觉性正是生命不断变化发展的体现，这种内在变化也恰恰是生命的绵延和动态的呐喊。在生物技术的支持下生命特性通过艺术设计转化为图像，生命性通过技术与艺术的结合被放大变得更加丰富。在整个生命信息的展现过程中是通过生物体恒定环境的生长繁殖，是基于技术和艺术的延展和反思。同时，生物体与机器、技术的高度融合，在实验过程中它们相互影响产生变化，是生命和技术的重叠和延展，使人产生深入的思考。

（二）媒介生成的技术手段与实验过程

1. 材料

表达加强型绿色荧光蛋白的大肠杆菌、蛋白胨、酵母浸粉、氯化钠、琼脂粉、长纳霉素（Kan抗生素）、异丙基-β-D-硫代半乳糖苷（IPTG）、培养皿、环氧树脂（A、B胶）等。

2. 技术

微生物培养技术。

运用微生物媒介进行艺术创作的前提就是对于微生物生长环境、温度、湿度、菌落发光亮度及成熟时间有着具体的了解并能够动手实践。微生物培养技术在跨学科艺术创作中承担着重要的角色，是观察研究微生物的基础，也是菌落培养的关键性操作。在反复实验的过程中，熟悉微生物生长的过程，积累经验，从而结合艺术手段控制微生物的生长及变化，使其能够按照设计呈现图像。

3. 实验一

（1）接种前

①配制kan抗生素、IPTG和LB液体培养基。

②放入灭菌锅灭菌，120℃左右20min。

③配制A、B胶（底层），A、B胶按照3∶1比例配制。

（2）接种培养

①由于菌种在冰箱冷冻时间过长，需先用5mL液体培养基，倒入200μL菌液，放入摇床（37℃）摇6~7h。

②在50mL的培养基中加入（第一次摇好的菌液）200μL菌液，同时加入50μL IPTG，再次放入摇床（37℃）摇12h左右。

③剩余菌液可留存。

（3）菌摇好后

①配制固体培养基。

②灭菌锅灭菌，灭菌完成后将固体培养基放入操作台，加入100μL抗生素和100μL IPTG。

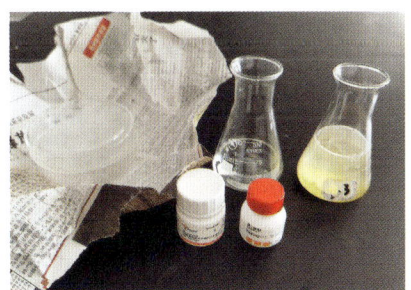

配制kan抗生素、IPTG和LB液体培养基

将配制好的液体培养基及实验操作所需的物品进行灭菌处理

配制5mL液体培养基

将倒入菌液的培养基放入37℃摇床6~7h

6~7h后，菌种扩培成功

取50mL液体培养基，加入200μL菌液，同时加入50μL IPTG，

③先将配制好的A、B胶倒入培养皿内,再将固体培养基倒入,凝固后用毛笔蘸取菌液开始作画。

④绘画完成后将培养皿放入培养箱(37℃),生长12h后的效果可见明显作图及生长痕迹。

将菌液放入37℃摇床12h左右

12h后,菌种扩培成功

紫外线灯箱内可见荧光蛋白发光

将灭菌后的固体培养基放入操作台,加入100μL抗生素和IPTG

将固体培养基倒入培养皿内

上面一层是培养基,下面一层是A、B胶

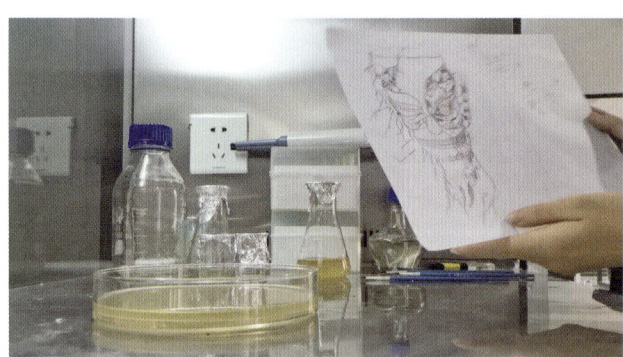
图稿

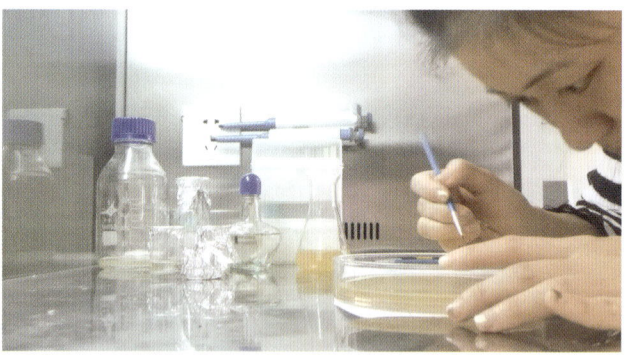
蘸取菌液开始作画

绘画完成后将培养皿放入培养箱(37℃)

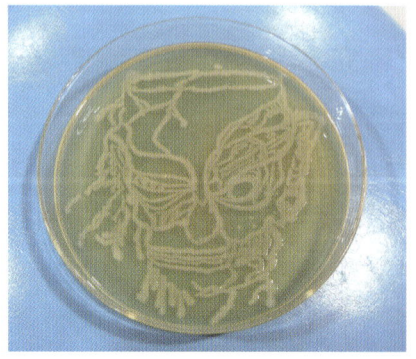
在培养箱中生长12h后的效果

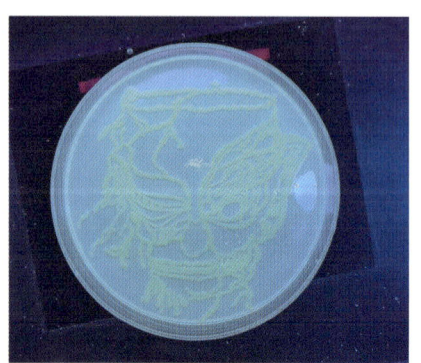
紫外线灯箱下的效果:可见发光

4. 实验二

这次的实验以局部作画为主,采用方形培养皿进行实验。

(1)模型大小　30cm×50cm。

(2)方形培养皿　13cm×13cm,共所需培养皿:15块。

(3)实验过程

①画出部分作品草图。

②将作品草图平均分成三部分,分批次进行局部绘制。

③将画好的三块培养皿放入培养箱内(37℃),12h后,自然灯光下效果如图所示。

④紫外线灯箱下生长发光情况如图所示。

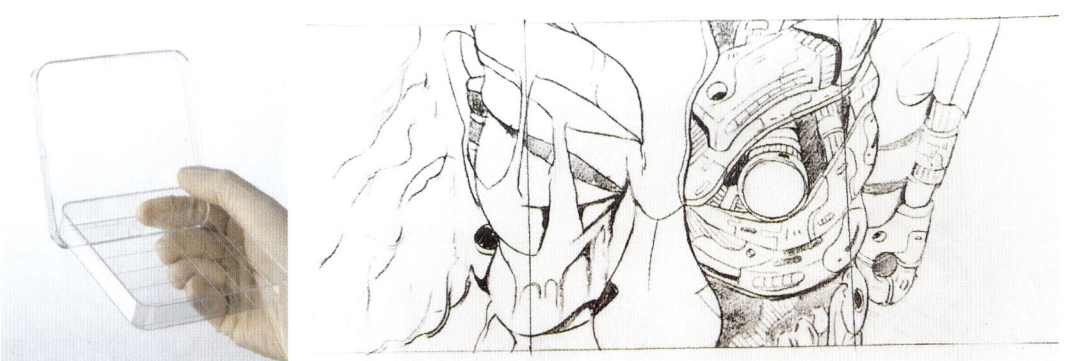

方形培养皿　　　　　　　　　　　　　部分作品草图

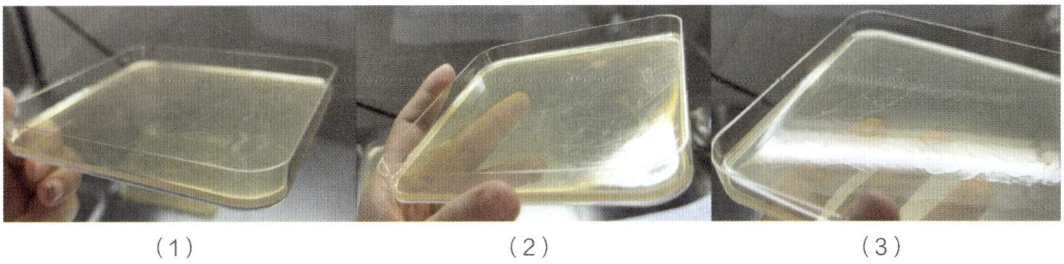

(1)　　　　　　　　　(2)　　　　　　　　　(3)

作品草图不同部分的局部绘制图

自然灯光下培养皿效果图

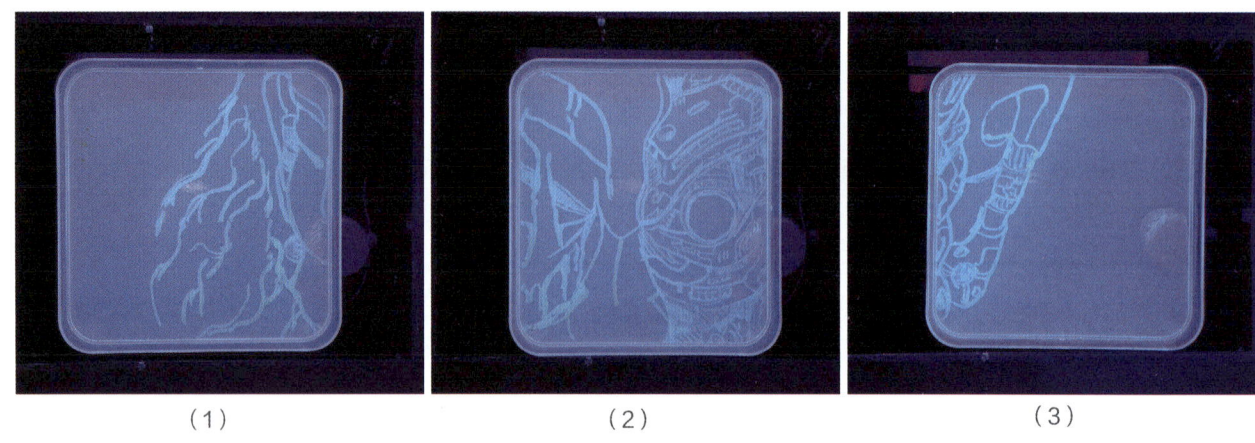

（1） （2） （3）

紫外线灯箱下培养皿生长发光情况

完整作品草图

5. 实验三

这次的实验将剩余的部分创作出来，查看整体效果。依旧采用方形培养皿进行实验。

（1）实验过程

①绘制出完整作品草图。

②配制培养基（参照实验一与实验二），但是用量较大，每瓶400mL。

③将培养皿摆放好，倒入灭菌后的固体培养基，冷却后即可作画。

④给培养皿编号，使作画完成后易辨别。

⑤24h后，局部一些菌落没有按照所画的图案生长，未能形成完整的图案，实验失败（图中标黄区域）。

（2）失败原因总结

①菌落浓度不够，蘸取绘画时没有控制好菌液的量。

②配制培养基时抗生素和IPTG没有调配好，影响了菌落发光。

结论：下次实验按照配比依次放入抗生素和IPTG，蘸取作画时应用量均匀。

配制培养基

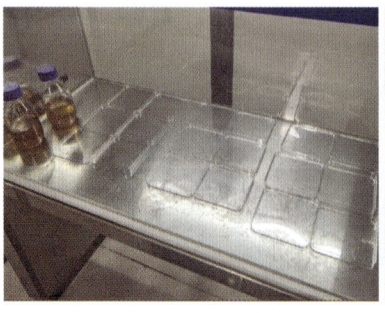 

（1） （2）

倒平板，等待冷却即可作画

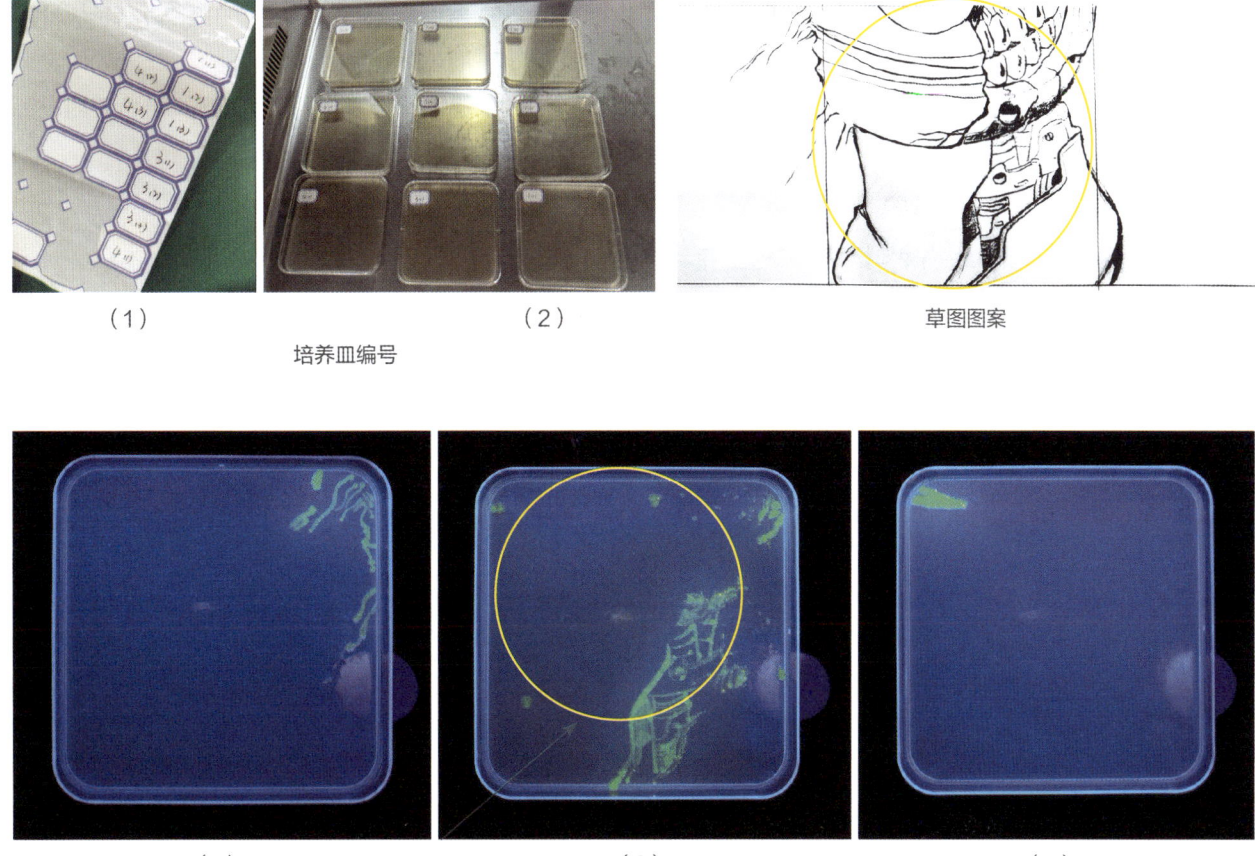

（1） （2） 草图图案

培养皿编号

（1） （2） （3）

实际细菌长出图案

从此次局部到整体的实验过程中，作者对后续运用生物媒介（大肠杆菌荧光蛋白）进行艺术创作积累了丰富的实践经验，并从失败中总结经验与教训，同时在探索中对于微生物的生长习性及所需的温度、湿度等条件更了解与熟悉了。

（三）开始正式进行作品制作

作品正式图稿如图所示。作品尺寸：（910mm×650mm）/块，作品数量：三幅，培养皿尺寸：（13cm×13cm）/块，总数量：105块。

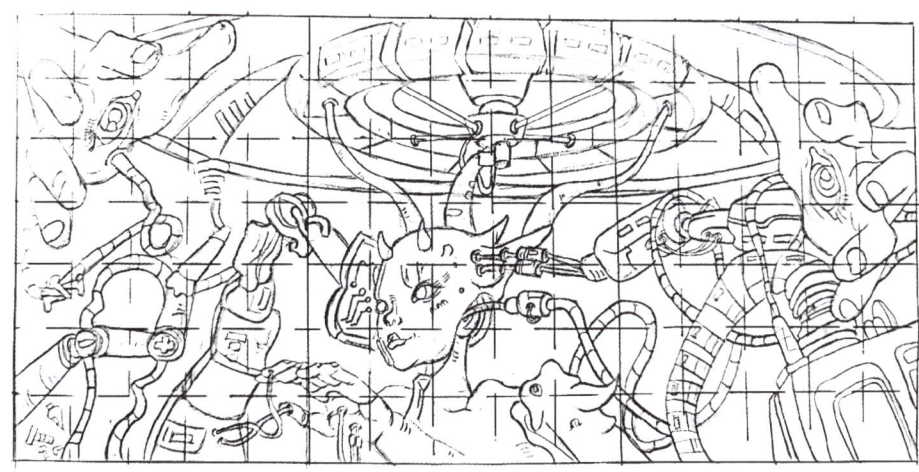

作品正式图稿

画幅体量较大，前期运用投影仪，投放到大的纸张上描绘。按照910mm×650mm尺寸大小，绘制完成之后的效果如图所示。

（1）将制作好的A、B胶倒入培养皿中，7~8h之后凝固，再将培养基倒入培养皿内，等待凝固。A、B胶与培养基制作方法参照实验一、实验二。

（2）第一组图案绘制、编号，放培养箱等待12h。

（3）12h后紫外线灯光下效果与自然光下效果如图所示，自然光下可见染菌，失败。

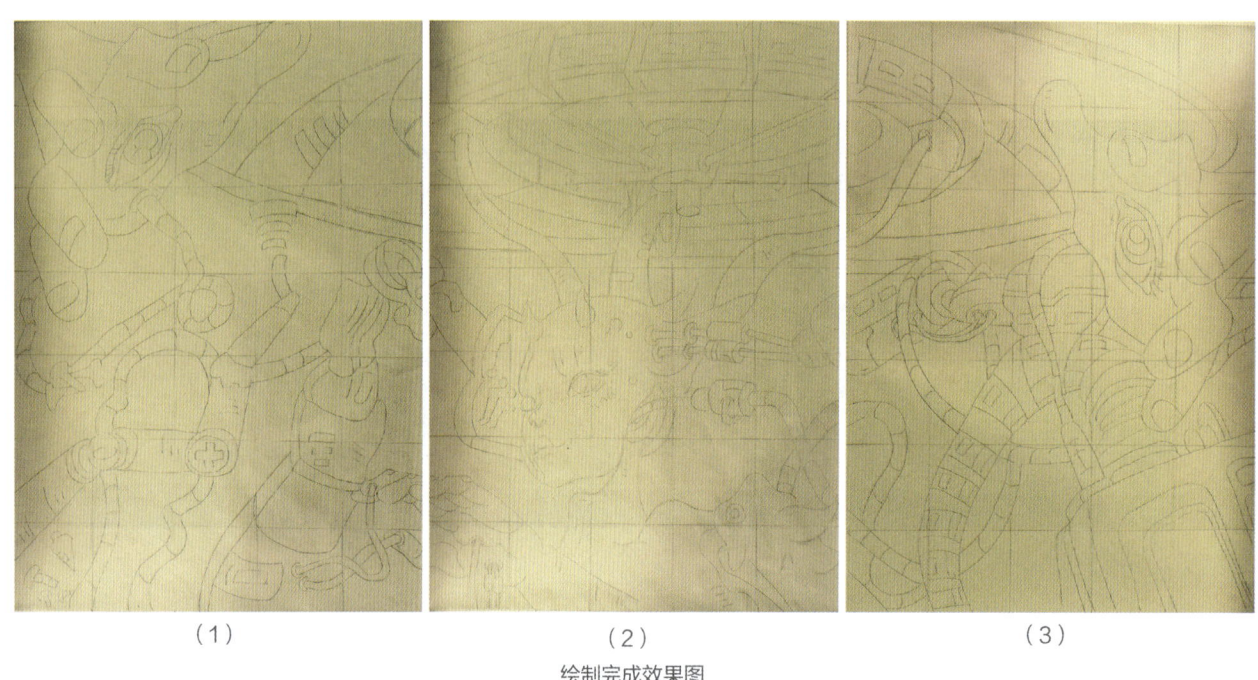

（1）　　　　　　　　　（2）　　　　　　　　　（3）

绘制完成效果图

培养基制作

（1）　　　　　　　（2）

绘制图案编号

放入培养箱

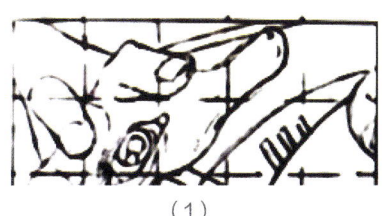

（1）

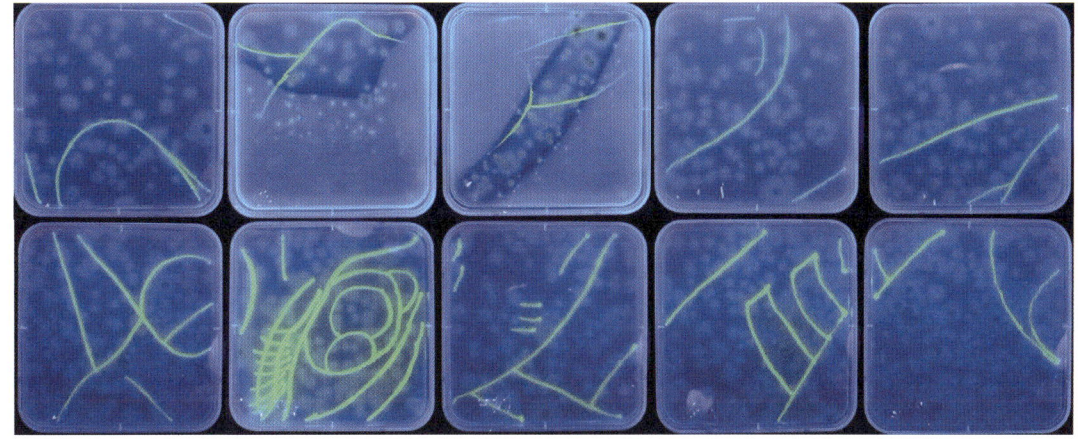

（2）

紫外线灯光下效果图

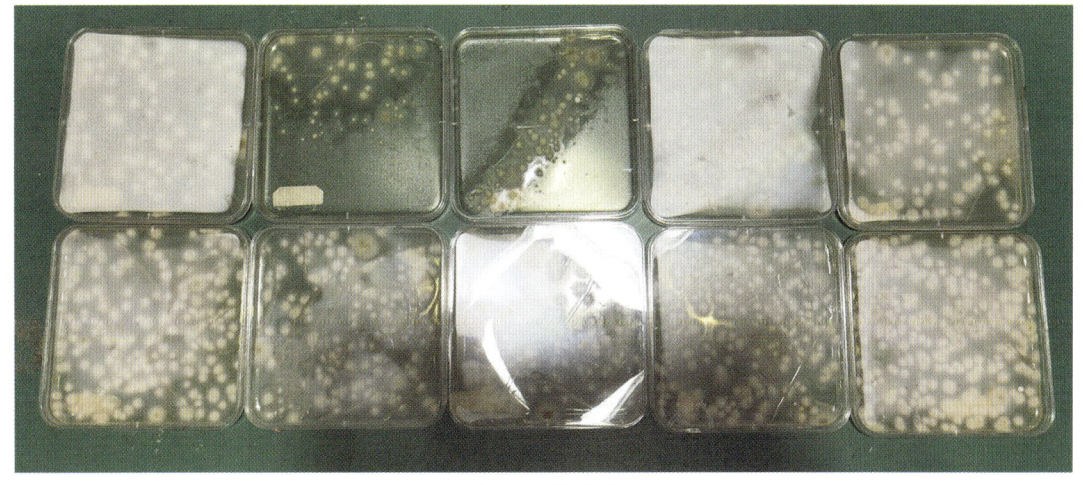

自然光下效果图

（4）失败后新增实验1

①实验预设：用培养皿盖进行实验，做镜像化处理，画完之后用保鲜膜覆盖，防止水分蒸发。

②实验材料：方形培养皿，荧光蛋白，A、B胶等。

③实验过程：配制固体培养基—倒培养基—作画—放入培养箱查看发光情况—倒A、B胶封层。

④实验结果：培养皿盖及保鲜膜实验可行，按照此方法进行作画。

a. 将倒入培养基的培养皿盖顶部封一层保鲜膜，防止水分蒸发。

b. 培养箱12h之后的效果如图所示，紫外线灯光下可见发光。

c. 倒入A、B胶，后静置查看效果。

d. 12hA、B胶凝固后，紫外线灯光下可见发光，如图所示。

线稿图

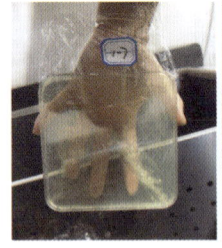
（1）

（2）

培养皿盖顶部封保护膜后实物图

培养12h后效果图

倒入A、B胶后效果图

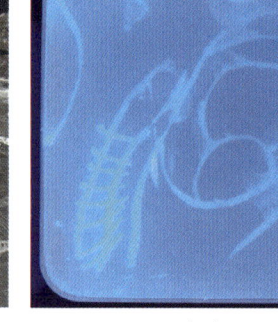
（1）

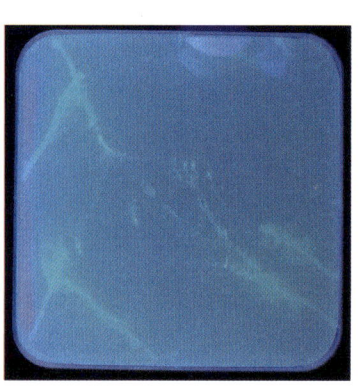
（2）

紫外线灯光下效果图

（5）失败后新增实验2

①实验预设：用培养皿盖作画，将保鲜膜铺到培养箱的架子上，同时将画好的培养皿倒扣在架子上，12h后查看生长情况。

②实验材料：方形培养皿，荧光蛋白，A、B胶等。

③实验过程：配制固体培养基—倒培养基—作画—放入培养箱查看发光情况—倒A、B胶封层。

a. 培养箱架子上铺保鲜膜，将培养皿倒扣在保鲜膜上。

b. 12h后，自然光线下观察，菌液生长效果良好；紫外线灯光下，菌液发光情况良好。

c. 自然光线以及紫外线灯光下多种拼接效果如图所示。

d. 在操作箱内将A、B胶倒入培养皿，晾干后自然光线下拼接效果如图所示。

④实验结果：效果良好，菌液生长且发光。

（6）以上实验效果良好，按上述步骤完成全部作品。

（7）作品局部效果如图所示。

《延·衍》系列作品整体尺寸为195cm×91cm，由三幅画面构成，其中每幅画面的大小为65cm×91cm，且每

培养皿倒扣实物图

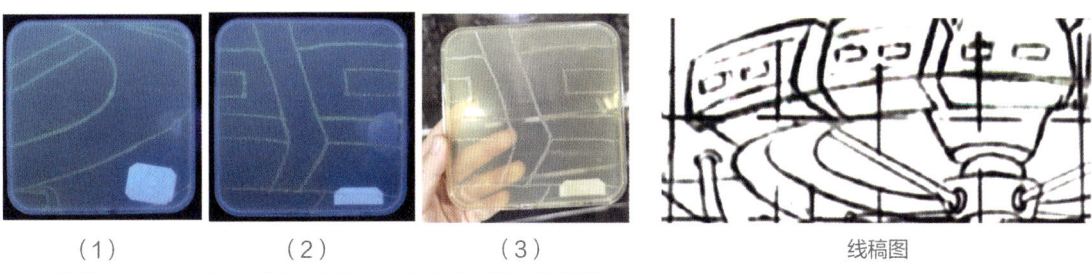

（1）　　　　　（2）　　　　　（3）　　　　　　　　　线稿图

紫外线灯光下［（1）、（2）］及自然光下（3）生长情况效果图

 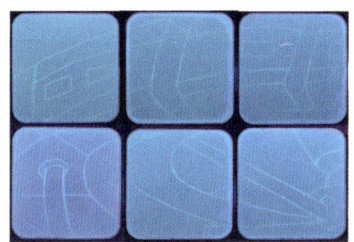 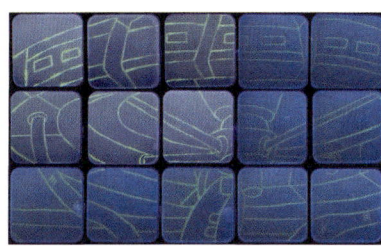

自然光线下的拼接效果　　　　紫外线灯光下的拼接效果　　　　紫外线灯光下多块培养皿拼接效果

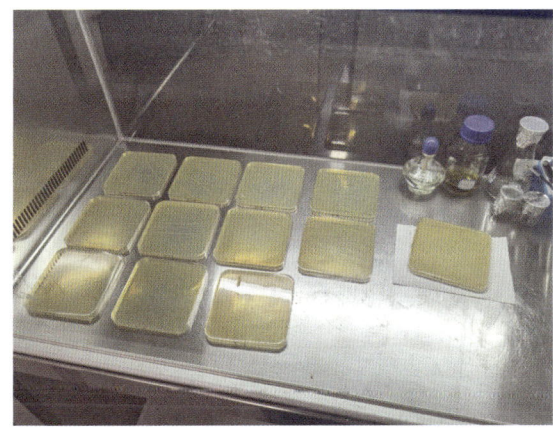 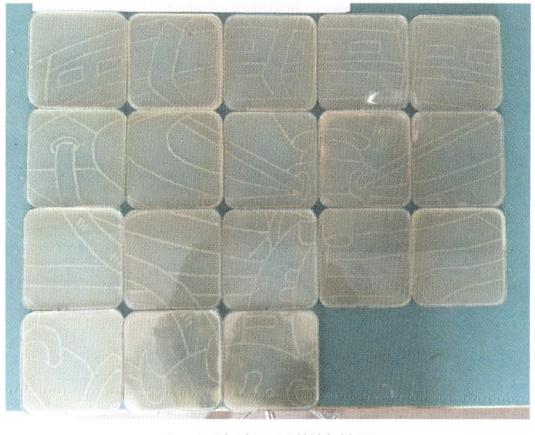

在操作箱内将A、B胶倒入培养皿　　　　A、B胶晾干后拼接效果

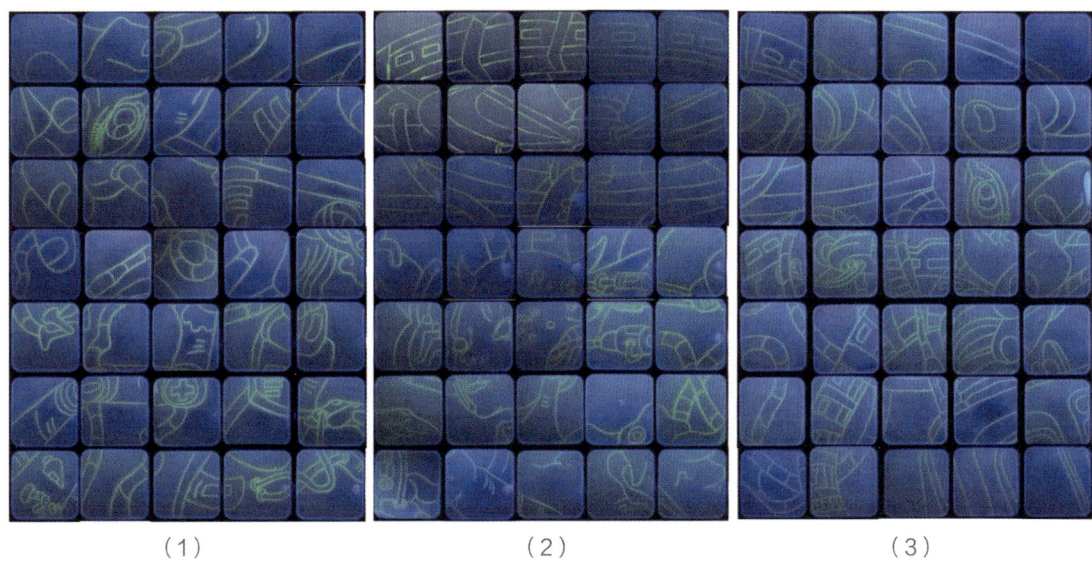

（1）　　　　　　　　　（2）　　　　　　　　　（3）

紫外线灯光下局部效果

幅画都是由35块13cm×13cm的方形组成，共计105块。

作品在37℃培养箱内进行微生物培育，平均一幅画在4d内完成。实验过程初期所用时间较长，主要用在菌种扩培上，其间需确保菌种活性及光稳定性；中期实验为无菌操作，确保无染菌状态；中后期为创作培育阶段，12~16h为菌种生长时间，其间菌种生长较好时，亮度呈现稳定状态。最终作品呈现样态与预期设想一致。实验在失败与总结经验的过程中逐渐完善，创作者收获了很多。在相对应的时间内，大肠杆菌能够按照设计进行生长，最终呈现相对应的图案，并在紫外线灯光的激发下发出肉眼清晰可见的绿色荧光。

作品展现方式为壁挂式。由于荧光蛋白需在紫外线灯光的激发下发光，所以作品展现需在相对较暗的环境并进行一定距离的阻隔，确保紫外线不会对人体皮肤及眼睛造成影响。作品采用超清环氧树脂进行密封处理，其较强的密封性、黏结性及光亮性能够将作品完整地保存下来并能够清晰地展现生物的培养样态，使观者能更加全面和整体的欣赏作品带来更好的视觉体验。

（四）作品成品展示效果图

自然光线下成品展示效果图

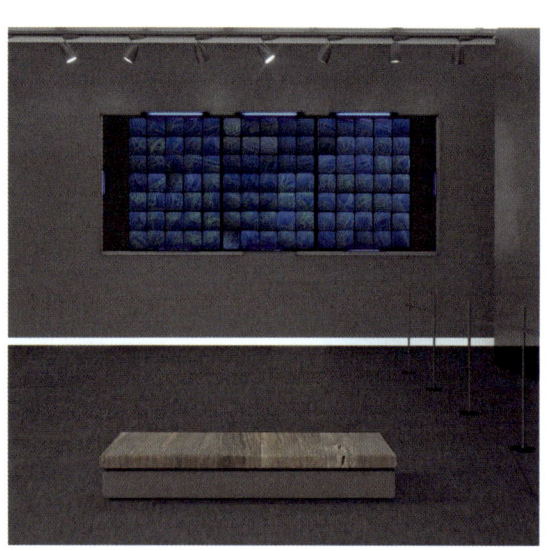
紫外线灯光下成品展示效果图

二、作品《幻物生》

题　　目	《幻物生》	学　　生	王雨欣
材　　料	动物尸体	指导教师	成硕磊

（一）作品题目与概念介绍

幻物生——虚幻之物于空无一物之中诞生。

"幻"通常指的是虚幻、不真实的事物或状态，可以用来形容一种虚假的现象或感觉，也可以指代一种幻想或幻觉，比如"幻想""幻影""幻境"等词，都表示了与现实世界相对应的不真实状态或事物。"物"指客观存在的一切物体和现象；自己以外的人或跟自己相对的环境；事物的内容或实质。"生"本义指生育、出生，也可以指有生命的、不死亡的、天生的。"生"也可以作为名词来用，指生命；还可以继续引申指需要继续生长的、没有成熟的，或者鲜活的、新鲜的。

"幻物"是指的幻想生物，顾名思义就是幻想出来的生物，是人类想象力的产物。在作品中，则是虚空的未来之物，虽是生长于未来之物，却是由过去而生，故为幻物生，意为幻物于过去而（出）生，于未来而生（长）。

（二）媒介生成的技术手段与实验过程

1. 材料

（1）动物尸体　动物自然死亡后被及时冷冻的尸体。

（2）乙醇（Ethyl Alcohol）　俗称酒精、火酒，是醇类化合物的一种，在常温常压下是一种易挥发的无色透明液体，毒性较低，可以与水以任意比例互溶。

（3）冰醋酸　即乙酸，也称醋酸，是一种有机化合物，化学式为CH_3COOH，为食醋的主要成分。

（4）阿利新蓝　为阳离子染料，是显示酸性黏液物质最特异的染料。

（5）氢氧化钾　一种无机化合物，化学式为KOH，是常见的无机碱，具有强碱性，溶于水、乙醇，微溶于乙醚，极易吸收空气中水分而潮解，主要用作生产钾盐的原料。

（6）茜素红（Alizarin Red，AR）　是众多染料中的一种，属于蒽醌类化合物，在各个领域展现出其独特作用，具有较高毒性，是有代表性的染料之一。

（7）甘油　又名丙三醇，化学式为$C_3H_8O_3$，是一种简单的多元醇有机化合物。

2. 技术

采用骨染色技术。

（1）去鳞、去内脏等。

（2）泡95%的乙醇　固定硬化，同时脱脂。

（3）剥皮。

（4）预透明　用0.5%~2%的氢氧化钾浸泡。

（5）软骨染色　冰醋酸30mL、乙醇70mL、阿利新蓝10μL，配制染色液。大约染色半天，待肌肉变蓝，不可过久使用。

（6）硬骨染色　0.5%氢氧化钾水溶液，饱和茜素红乙醇溶液，比例为9：1。夏天染色时间为6~7h，冬季延长。

（7）肌肉褪色　依次用95%、50%的乙醇和清水洗出肌肉中的染色剂。

（8）漂洗　清水浸泡出多余颜色。用3%的过氧化氢漂白半小时（可省略）。

（9）梯度透明（最好去除眼球）　用每25%为一梯度的甘油氢氧化钾水溶液进行梯度透明，素材沉底即可换下一梯度。

（10）装瓶　纯甘油装瓶，可加入一粒百里香酚用来辅助保存。

3. 实验过程

在初期试验阶段，因为不想浪费素材，所以先用小鱼等小型素材进行练习。在实验期间发现小于5cm的标本素材不需要去除内脏，染色6h染色效果最佳。刚死亡的标本形态较为舒展、颜色较为清澈，死亡一段时间后的标本染色效果较为浑浊，且浸泡时间过长时，标本在软化过后容易碎裂。

（1）给动物尸体去鳞、去内脏（部分需要）后泡进95%乙醇中片刻。

（2）给动物尸体剥皮。

（3）将动物尸体再次放入95%乙醇中浸泡。

（4）给动物尸体进行肌肉预透明处理　用0.5%～2%的氢氧化钾浸泡。

（5）为动物尸体调配染色剂

①软骨染色：冰醋酸30mL、乙醇70mL、阿利新蓝10μL，配制染色液。

②硬骨染色：0.5%氢氧化钾水溶液，饱和茜素红乙醇溶液，比例为9∶1。

（6）给动物尸体进行染色。

（7）给动物尸体进行肌肉脱色　依次用95%、50%的乙醇和清水洗出肌肉中的染色剂。

（8）用每25%为一梯度的甘油氢氧化钾水溶液给动物尸体进行梯度透明。

（9）将动物尸体进行组装。材料：鱼钩、鱼线。

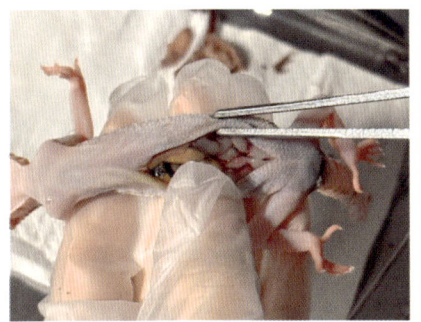
给动物尸体去内脏

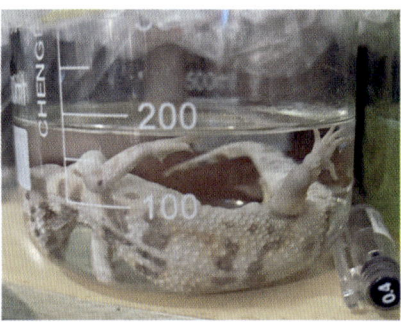
将处理后的动物尸体放入95%乙醇中浸泡

动物尸体（鱼类）剥皮

动物尸体（鱼类）剥皮后效果

动物尸体（蛇类）剥皮

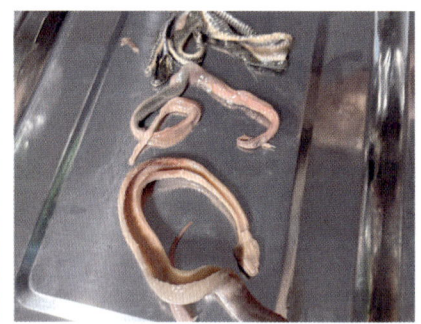
动物尸体（蛇类）剥皮后效果

动物尸体（蛇类）剥皮后放入95%乙醇中浸泡

动物尸体（鱼类）肌肉透明后效果

动物尸体（蛇类）肌肉透明后效果

| 软骨染色剂调配 | 硬骨染色剂调配 | 动物尸体（鱼类）硬骨染色 | 动物尸体（蛇类）硬骨染色 |

（1）　　　　（2）　　　　（3）　　　梯度透明

肌肉脱色后效果图

（1）　　　　（2）　　　　（3）

（4）　　　　（5）　　　　（6）

组装动物尸体

（10）将动物尸体装进纯甘油瓶备用　由于脱色时间各异，大体积的动物尸体还要进行二次脱色。

动物尸体装瓶后效果

（三）作品成品展示效果图

（1）

（2）

作品成品展示效果图

三、作品《问·寻》

| 题　目 | 《问·寻》 | 学　生 | 范　伟 |
| 材　料 | 毛霉菌 | 指导教师 | 李　波 |

（一）作品题目与概念介绍

该作者长期致力于研究人类与生态环境的互动关系，故将霉菌作为一种媒介引入，以辅助深入探索人与生态之间的复杂联系。

作品题目《问·寻》，首先从词源的角度去思考："问"代表一种干预，问的过程本身就是对生命体的一种干预；"寻"可以理解为一种延伸，寻的过程就是探讨地球生命的延续，为人类寻找共同利益、共同价值、生命的意义。作品《问·寻》促使观众以内在的感受去体验一次与不同生命体的相遇。这些生命体源于自然，经由人为的干预后展示出一种全新的艺术样态。作品不仅佐证了"问寻"在时间静默的主题下寻找生态危机的解决之道，并阐明了"问寻"是探寻物质的本质，揭示生命存在的意义，也借其他生物的生命状态和生态特征隐喻人类存在的价值，探讨地球生命延续的同时为人类寻找共同利益、共同价值。

（二）媒介生成的技术手段与实验过程

1. 作品《问·寻》前期媒介生成的技术手段与实验过程

在本次创作的前期阶段，作者进行了培养基制作以及菌种的采集与接种和扩培实验，包括从食品如毛豆腐、柿子，到建筑材料如腻子粉，再到生物培养基液，在木板、麻布、油画布、纸壳等不同材质上进行创新性地尝试和实验。

（1）实验一　培养基制作。

①原材料：马铃薯。

②制作过程：

a. 200g马铃薯去皮切块，用沸水煮30min左右，然后将马铃薯捞出用纱布过滤出液体。

b. 在马铃薯液体中加入葡萄糖和琼脂，然后充分搅拌。

c. 将制作好的培养基装入烧杯中，用锡箔纸包裹烧杯口，然后放入高压灭菌锅120℃灭菌15min，在培养基温度降至55℃时倒入培养皿中。

马铃薯去皮切块

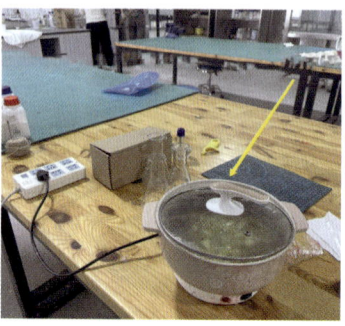
用沸水煮30min

用纱布过滤出马铃薯中液体

为了保证实验结果的准确性，使用电子秤称量

化学药剂和马铃薯汁充分搅拌

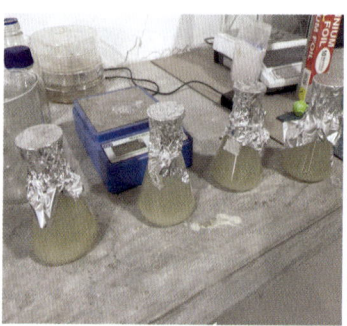
用锡箔纸包裹烧杯口

高压灭菌

将培养基倒入培养皿

（2）实验二　菌种的采集与接种和扩培。

该实验涉及材料较多，过程也相对复杂，进行了较多尝试，有成功也有失败，都记录下来仅供参考。

①第一次实验：

a. 随机采集不同细菌（如宿舍或教室等地方的墙面、地面、洗手池、小便池、暖气、衣服以及作者的手部等）进行培养，因为第一次实验无法把握制作的培养基配比度，所以装了16个培养皿。

b. 培养箱温度设定在35.8℃。培养箱温度的正确设定，能让微生物迅速生长和繁殖。所以应了解不同微生物的生长习性以及它生长所需要的温度、湿度、营养成分，这能帮助我们快速培育出微生物。在此过程中应记录微生物不同生长阶段的变化。培养箱中无法给微生物提供所需的湿度，所以需要放置一个有水的容器，通过蒸发来给霉菌的生长提供必要的湿度，从而来加速菌种的生长。

c. 培养箱培养24h的效果如图所示。

d. 由于培养箱温度过高，培养基全部都干了，霉菌没有长出来，实验失败。

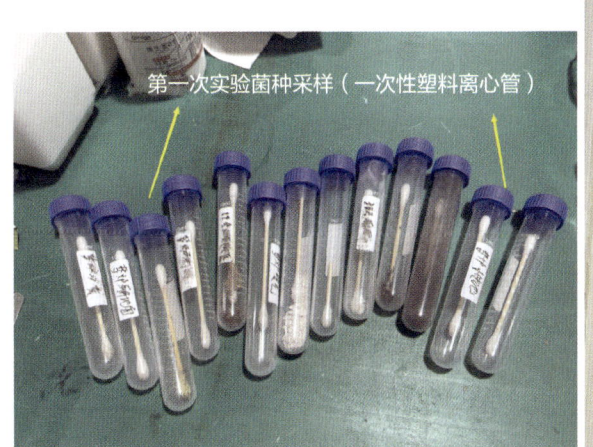

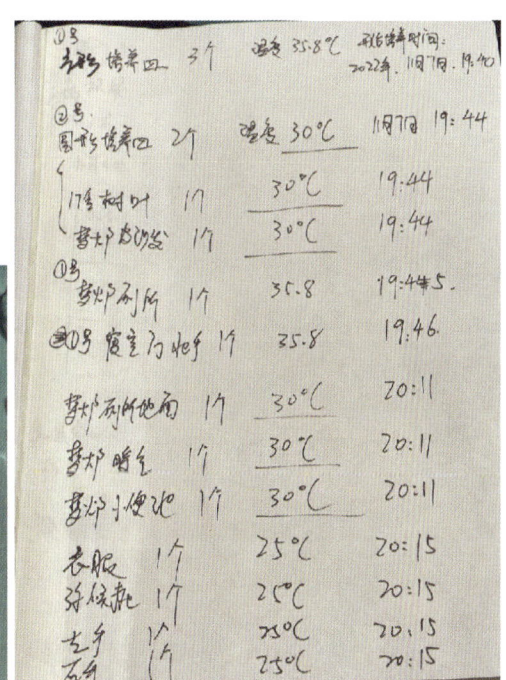

采集16个菌种

分别放入16个培养皿

培养箱温度的设定

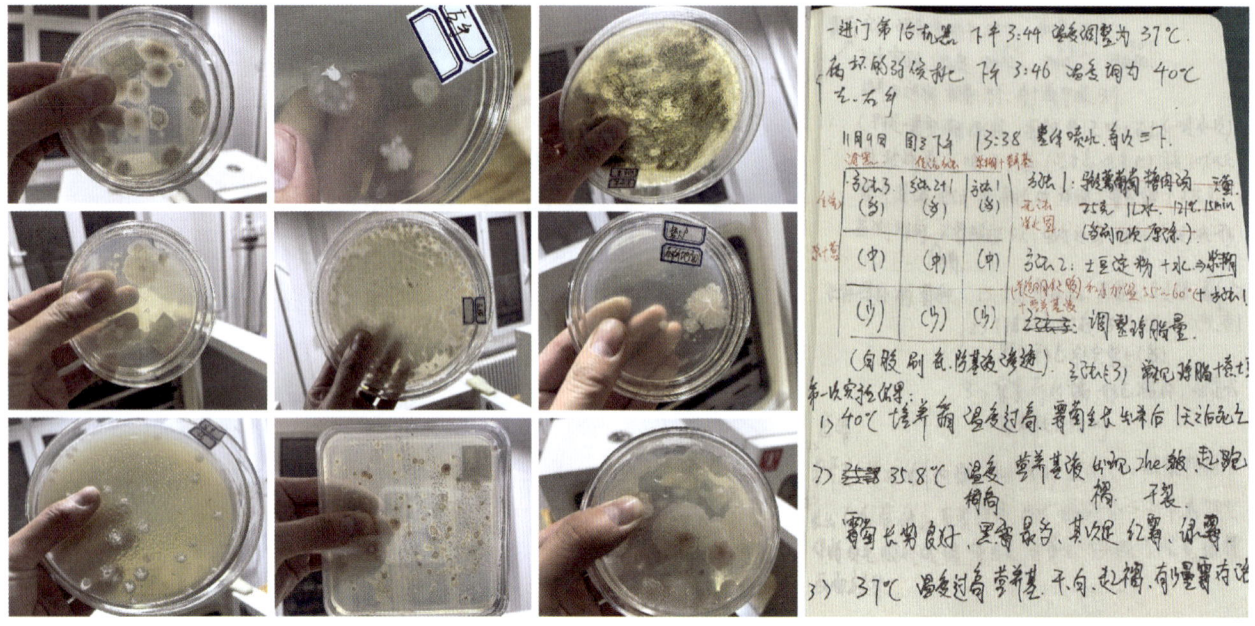

不同菌种培养24h的生长态势记录

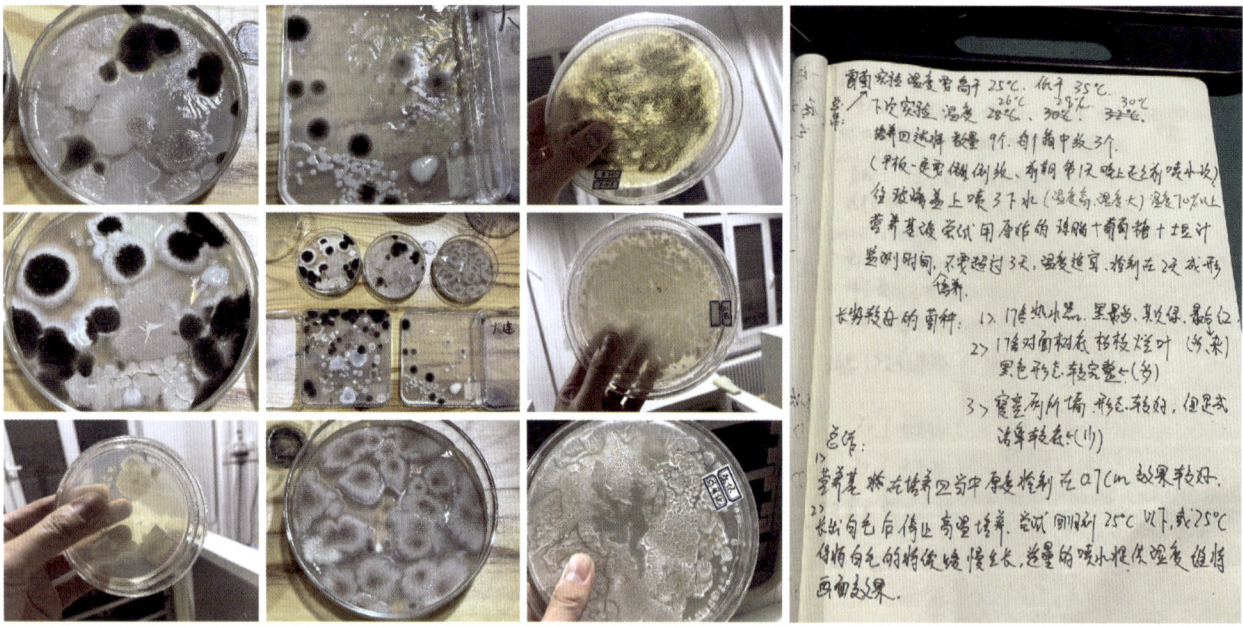

不同菌种在培育2d后的生长结果呈现

②第二次实验:

a. 将腐烂的柿子接种在培养基上,培养箱温度设定为28℃,并适时提供必要的水分和湿度,24h后白毛非常明显。随着时间的推移,这些白色霉菌逐渐完全覆盖整个样本表面。实验过程中,培养皿的盖子被喷水两次,以确保湿度的稳定。

b. 在柿子霉菌培养实验进行的同时,提取米饭中的霉菌,观察米饭中的霉菌扩培生长呈现的样态。

腐烂的柿子

 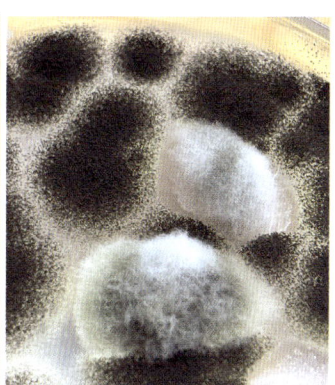
霉菌生长状态

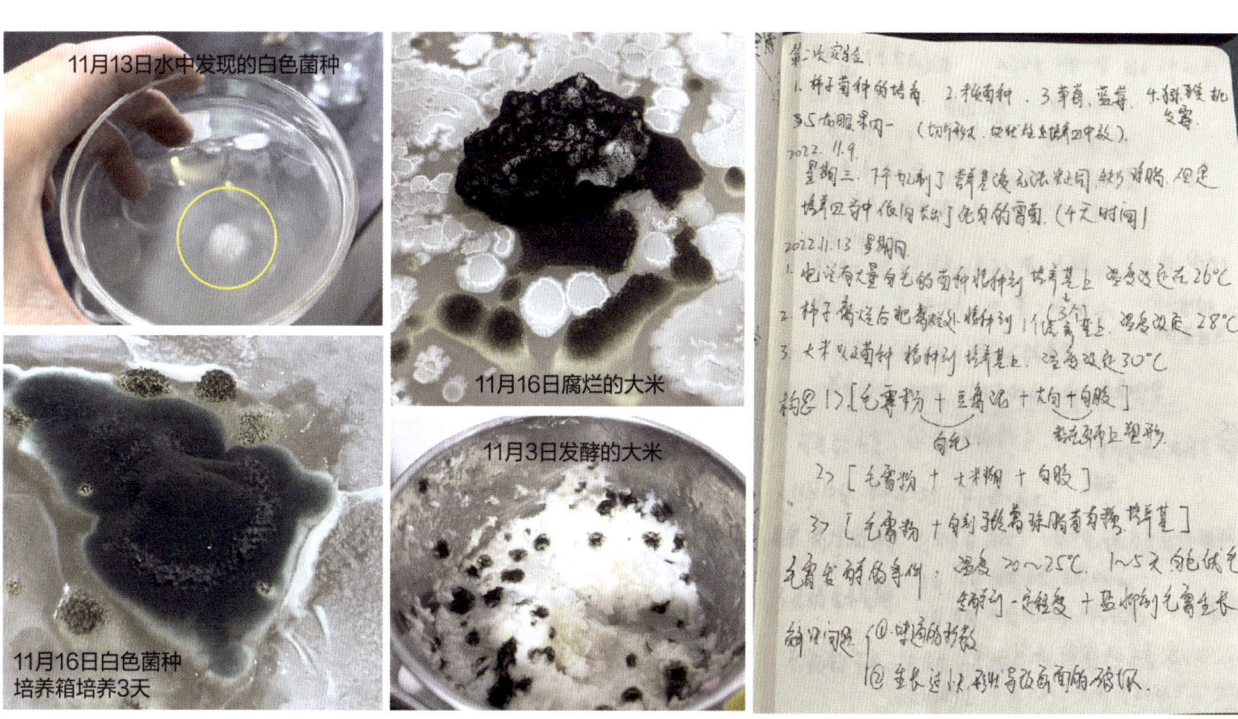
提取大米中的霉菌与水中的杂菌放入培养皿中扩培

③第三次实验：本实验旨在解决两个核心问题，一是如何对柿子上的白色霉菌进行扩培，二是如何确保培养基在麻布包裹的画板上得以保留，从而为霉菌提供一个生长载体。在实验过程中，将培养基涂抹在画布上，由于其厚度过薄，霉菌尚未开始生长，培养基就已经完全蒸发了。此次实验结论就是培养基在画布上要尽量厚涂。

④第四次实验：经过前期实验，作者认为毛霉菌是具备展示出作品《问·寻》造型潜力的菌种，因此后续的实验工作将集中在毛霉菌的培养与优化上。具体实验内容涵盖探究毛霉菌生长所需的时间、湿度、温度等，观察其在不同生长阶段的形态变化，以及研究其死亡后的状态表现。同时还要探讨何种培养基能够为毛霉菌提供最佳的营养环境，以达到最佳的生长效果。

作者尝试使用豆腐进行作品的造型设计。先准备一块适合大小的画布，为了方便造型，作者将豆腐搓成条状，在麻布上铺设好图形之后，然后将毛霉液刷在豆腐上进行霉菌的培育。

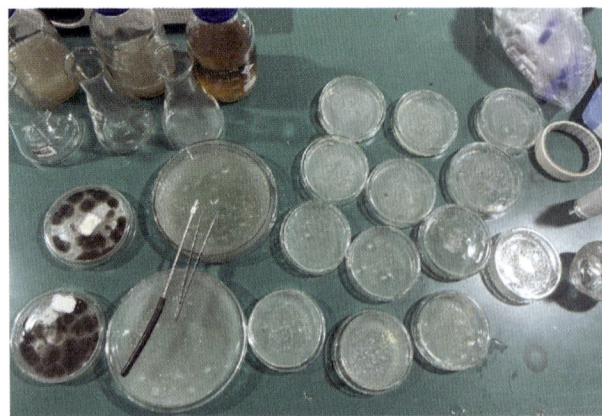

将柿子中提取的菌种放入培养皿中扩培

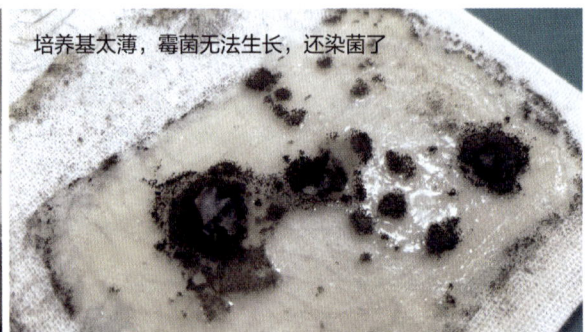

霉菌扩培失败

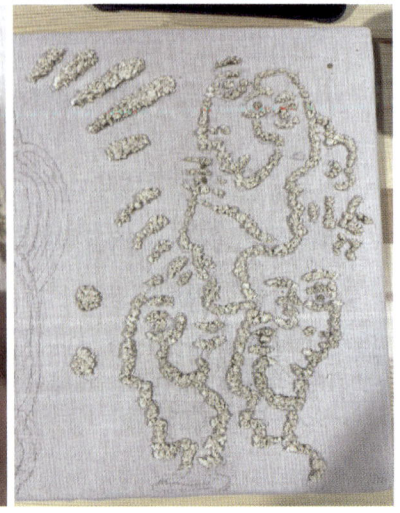

画布上的碎豆腐图案

将带有毛霉液豆腐的麻布放置在通风良好、完全黑暗的环境中，环境湿度为50%RH，温度在22～25℃。等待24 h后，毛豆腐即制作完成，届时豆腐表面将布满白色菌丝，形成一层厚厚的白毛覆盖。这一实验过程充分展示了毛霉菌的生长特性及其在毛豆腐制作中的应用。

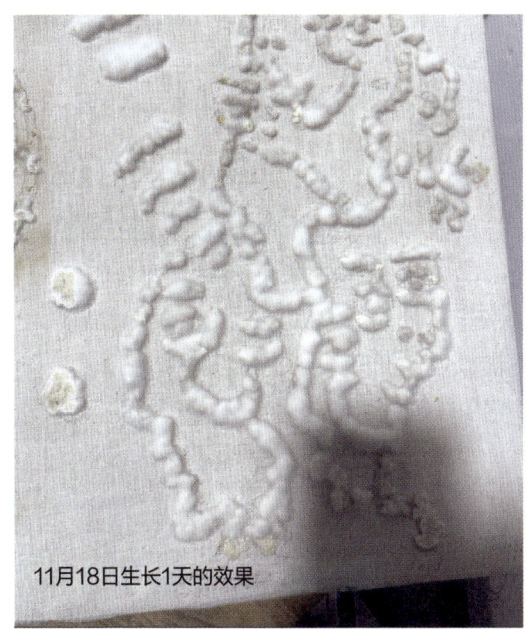

生长24h的效果

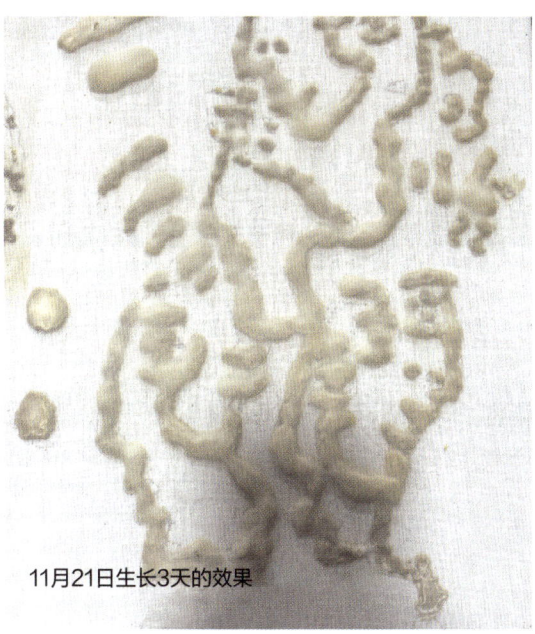

生长72h的效果

⑤第五次实验：在前四次的实验和研究之后，作者成功掌握了毛霉菌的培养技巧，并深入了解了柿子中的某些成分能够有效促进毛霉菌的快速生长。

本次实验的目标是：通过将腐烂的柿子与毛霉菌结合培养，促使白毛生长得更为旺盛、更长、更密集，并达到一定的生长高度。期望通过此次实验，能够更深入地了解毛霉菌的生长机制，并为未来的创作提供有力的数据支持。

在此过程中，作者对毛霉液的使用进行了多种尝试性的实验，例如，将毛霉液与培养基融合在一起，将柿子泡在培养基中，将毛霉液刷在培养基上和将毛霉粉撒在培养基上等，并观察其效果，最终的结果是刷在培养基表层的毛霉菌长势较好。

毛霉液与培养基融合

柿子泡在培养基中

毛霉液刷在培养基上

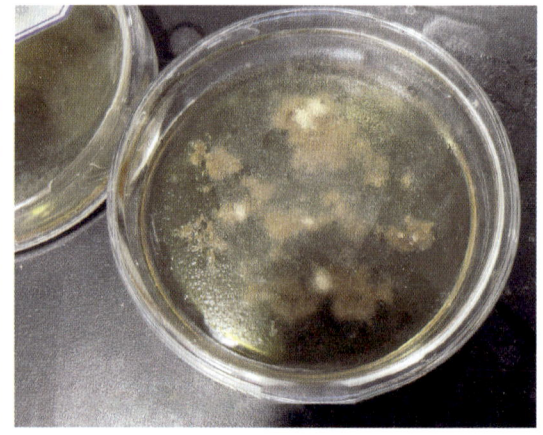
毛霉粉撒在培养基上

进入实验中期阶段的经验分享：首先在开展生物媒介实验的初期需要学习和掌握很多相关内容，这样能够保证在后期持续地开展实验。其次是每次实验做记录，为以后的制作保留参考数据。

实验准备工作：

a. 了解霉菌的培育所需要的营养物质和培育条件。

b. 了解霉菌的属性、种类、生长周期、最终呈现样态。

c. 了解霉菌生长的必要条件，如培养基配制、温度和湿度的把控、生长环境等。

d. 需具备生物课程、化学课程的基础知识，会使用实验室操作台、灭菌锅、培养箱等仪器。

实验记录的内容：

a. 霉菌在不同培养基中在培养箱中生长的样态（培养箱的温度也要通过实验探索好，因为不同温度下霉菌的生长快慢和效果都不一样）。

b. 霉菌在人工提供的温度、湿度、光线明暗环境中的生长样态。

c. 霉菌每一天的变化（从开始实验一直到实验结束）。

小提示：培养霉菌的过程是与细菌建立一种默契和共鸣的过程。要想使其按照预定方向生长，需要经历无数次的尝试与探索才能找到最为理想的解决策略。这一过程，宛若呵护初生婴儿一般，需要我们投入百分之百的精力，悉心照料，并且在每一个生长阶段和关键节点上，都需细致记录，以确保实验的精确性与可靠性。

⑥第六次实验：本次实验的主要目标在于验证培养基在丙烯和水粉这两种不同材质上是否能有效支持毛霉菌的生长，同时明确在作品中，使用水粉还是丙烯能够达到更好的效果。此外还将探究哑光与非哑光表面，哪一种更有利于毛霉菌的生长，并呈现出最佳的效果。

实验初期选择了瓦楞纸板作为基材，分别在其表面应用了水粉和丙烯颜料。实验中，明确区分了瓦楞纸板的上下两部分（上半部涂水粉颜料，下半部涂丙烯颜料）。待晾干以后，先在瓦楞纸板上涂抹一层厚度为1cm的培养基，然后在上面刷上菌液，最后盖上喷过水的盖子以保持毛霉菌生长所需湿度。在室温25℃的条件下，经过24h，瓦楞纸板上的培养基已经完全挥发。实验发现，如果培养基过于稀薄，会渗透到瓦楞纸板内部，从而对画面产生不利影响。

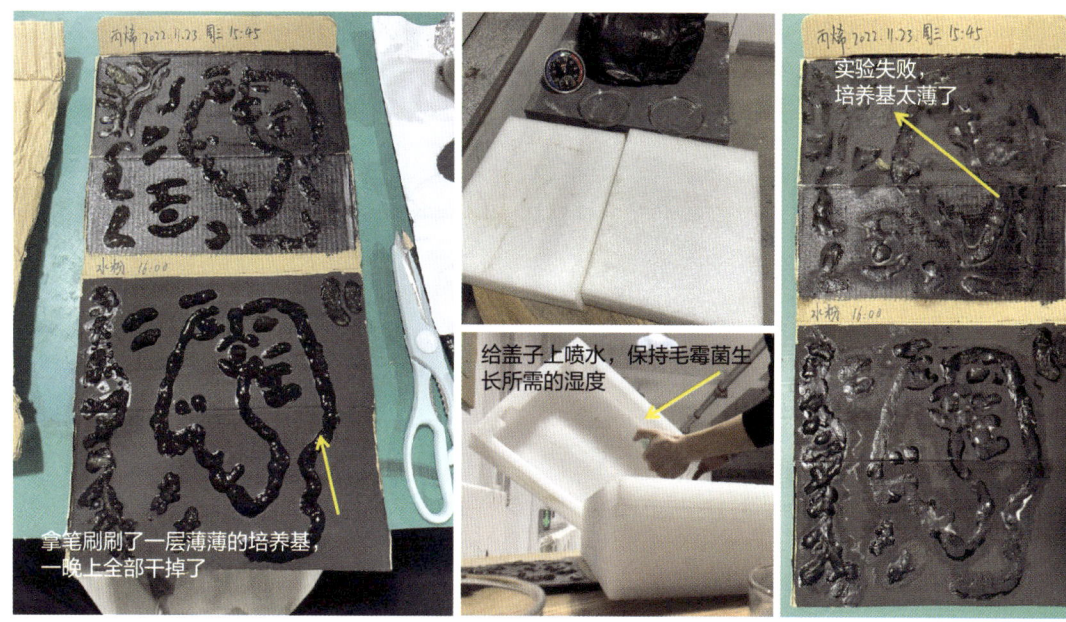

水粉和丙烯上的霉菌生长实验

⑦第七次实验：现阶段所面临的核心问题是关于作品黑色底的选材问题，黑色水粉涂抹的纸板或黑色丙烯涂抹的纸板哪一种更适合。此外，培养基的挤取量及厚度的控制，以及蛋白胨与琼脂的精确配比，均为影响毛霉生长形态的关键因素。

经过对第六次在瓦楞纸板上实验失败的总结，做了以下改进：在瓦楞纸板表面涂抹一层白胶作为防水涂层，以防止培养基的渗透；培养基的浓度不宜稀薄，且涂抹的厚度应提升至约2cm，才能确保其有效性；为确保实验的稳定进行，需维持室温适中，并创造一个干燥、通风且无光照的环境。

经过第七次实验观察，我们发现霉菌在涂有白胶的瓦楞纸板上生长状况良好，白毛生长茂盛，图形表达也相对鲜明。

通过初期的数次实验，制作技术逐步成熟。然而，霉菌生长技术因其内在的不确定性和随机性，显著增加了实验的复杂性和挑战性。因此，在形成作品雏形的过程中，艺术家必须保持对实验的高度专注，持续进行反复实验，保持对菌种培育的热情，并不断调整和优化实验方

在涂有白胶以及黑色水粉的瓦楞纸板上进行实验的结果

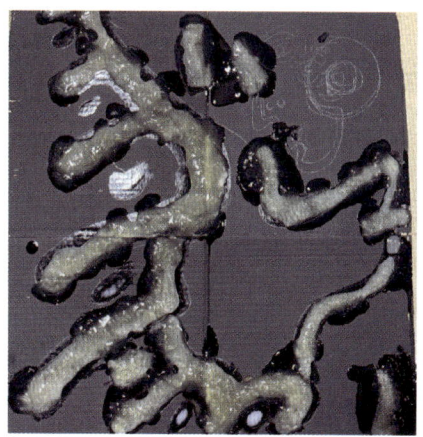

培养基中水分含量高一些霉菌长势更好

法。同时，对实验过程中遇到的难题和困惑进行深度思考，这一过程推动我们更全面地认识并挖掘生物媒介的多样化表达的可能性。

2. 作品《问·寻》制作过程

（1）材料　毛霉粉，蛋白胨，琼脂，木板（1.2m×0.8m），亚克力板[1.2m（长）×0.81m（宽）×5mm（厚）]，亚克力胶，环氧树脂胶，三氯甲烷，密封快干胶（5管），黑色丙烯颜料（3L），透明裱花袋（2个），不锈钢圆头裱花嘴（3个），过滤网。

（2）要点

①培养基配比：蛋白胨10g、琼脂10g、水500mL。

②培养基120℃高温灭菌15min。

③高温灭菌后的培养基拿过滤布滤2次，待凝固后，用破壁机打成细沙状。

④使用不锈钢圆头裱花嘴，将培养基按照图形均匀流畅地挤出，厚度约为1.5~2cm。

⑤毛霉菌液体配比（毛霉粉2g、水40mL），依据画幅的尺度同等比例增加。

⑥木板刷黑色丙烯颜料。

⑦四周粘贴亚克力板。

⑧毛霉全部生长出来之后表面铺一层树脂胶封存。

（3）制作过程

①在木板四周粘贴透明亚克力板，制作一个亚克力外壳，为最后注入环氧树脂胶作准备，用密封胶和三氯甲烷进行黏合和密封，随后开始大批量地制作，放入培养皿中使凝固。

木板周围粘贴透明亚克力板，完全黏合上需要48h

亚克力板与木板接缝处打透明胶密封

大批量制作

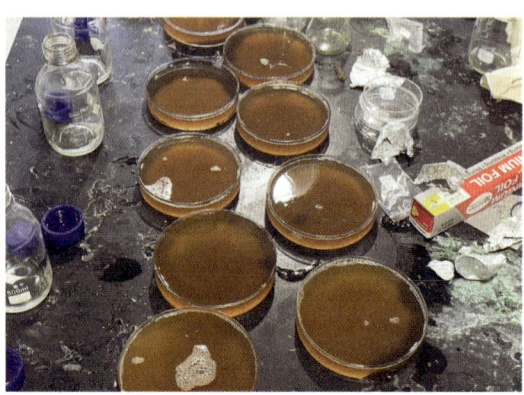

将培养基放入培养皿中使其凝固

②使用破壁机将凝固后的培养基打碎成细砂状,之后进行作品塑形。在木板上按作品线条造型均匀地挤出培养基,在保证线条不断的基础上,覆盖掉线稿,培养基厚度1.5~2cm,保证其受热挥发后依然能给毛霉菌提供充足的营养。

注意:培养基制作完后要立即使用,并且同步开展霉菌的培养。

把凝固的培养基打成细沙状,方便装入裱花袋中使用

使用培养基给作品塑形

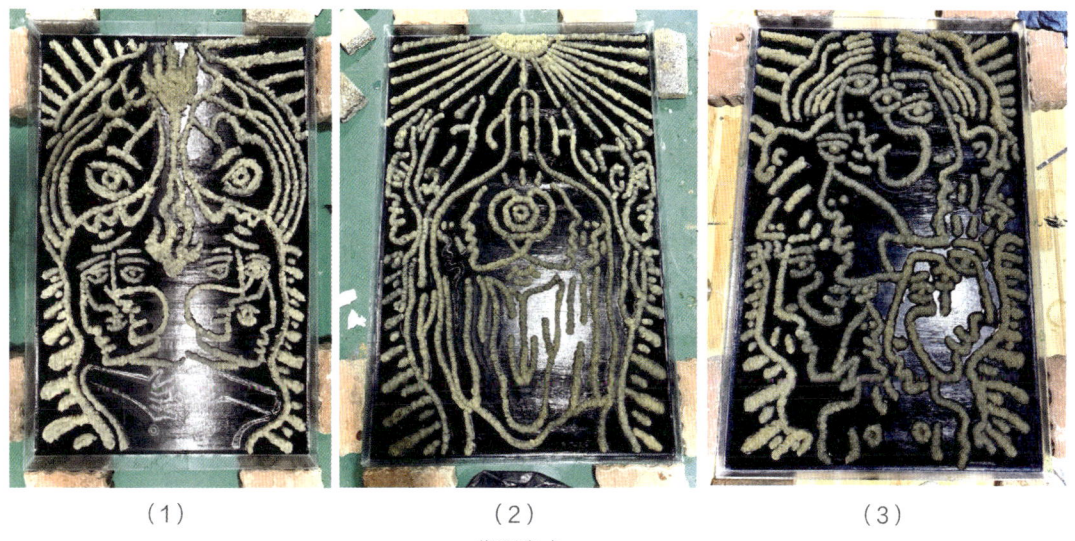

(1) (2) (3)

塑形完成

覆盖黑色塑料

③在塑形完成后的培养基上用刷子刷上扩培成功的霉菌,最后使用黑色塑料布盖住作品让霉菌生长。

④霉菌生长过程如图所示。

霉菌生长过程

（三）作品成品展示效果图

作品成品展示效果图

四、作品《当涌动成风》

| 题　　目 | 《当涌动成风》 | 学　　生 | 李旌弘 |
| 材　　料 | 绿萝 | 指导教师 | 李波 |

（一）作品题目与概念介绍

作品《当涌动成风》是利用植物媒介进行的艺术创作实验，探究生物媒介语言的意义。"当涌动成风"这个短语是一种形象化的表达，其中的意象可以解读为某种势能或力量在积聚和涌动。"当"的意思表示一个特定的时刻或条件，即临界点。"涌动"指的是某种力量、能量或潮流在积聚、蓄势待发的状态。"成风"是成为风潮、风向的意思，指的是力量的涌动形成了一种强大的趋势或潮流。综合起来，"当涌动成风"试图表达事物发展到极端时，就像风潮的涌动一样，必然会引发新的力量和变化。"当涌动成风"暗示着某个时刻，某种力量在积聚和发展，最终形成了一股强劲的潮流或趋势。通过对力量聚集到极端现象的强调，引发人们对在极端之后将出现的对立和变革,即"物极必反"的思考。作品通过这个创作来隐喻一些"物极必反"的社会现象。

(二)媒介生成的技术手段与实验过程

1. 植物媒介的选择确定

《当涌动成风》选择植物作为媒介,植物不仅能够提供视觉上的美感,还能够通过其生长、光合作用等自然过程赋予作品生命感。作者利用植物对光刺激产生电信号变化的特性来进行艺术创作。选择植物时,要结合实验特点对比不同植物的属性,要考虑植物对光刺激的敏感度、电信号变化的明显性以及植物的生长条件和观赏性,这些因素将直接影响作品的互动性和观赏效果。

首先,不同的植物对光的反应各异,一些植物能够迅速并明显地对光变化做出反应。对于艺术创作而言,选择对光敏感度高的植物将有助于增强作品的互动性和动态表现力。其次,植物在受到光刺激后会产生电信号,但不同植物产生的电信号强度和变化模式不同。理想的植物媒介应该能够产生足够强的电信号,以便在艺术作品中能被有效捕捉和展示。再次,植物的生长要求,如光照需求、水分需求、温度和湿度偏好,都会影响其在艺术创作中的适用性。选择易于维护且适应性强的植物将有助于确保项目的顺利进行。最后,作为艺术媒介,植物的观赏性也是一个重要的考虑因素。植物的外观、颜色和形态都应该与艺术作品的整体美学相协调。

作者对以下植物做了调研。

在全面综合考虑以上四个方面,以及对比了多种植物的属性后,最终选择了绿萝作为作品的媒介。首先,绿萝是一种对光变化非常敏感的植物,它能够在光照变化下迅速调整自身的生理活动,产生可检测的电信号。这种特性使得绿萝成为展示光刺激反应的媒介的理想选

秋海棠

发财树

冷水花

无花果

假蒟

鸟巢蕨

滴水观音

龟背竹

择。其次，绿萝在受到光刺激时，能够产生较为明显的电信号变化。这些信号可以通过传感器捕捉并转化为声音、光效或其他视觉表现形式，为艺术作品增添动态元素。再次，绿萝是一种适应性强、易于维护的室内植物。它对环境的要求不高，能够在多种光照条件下生长，且对温度和湿度的变化具有较强的适应性。这使得绿萝成为长期艺术项目的理想选择。最后，绿萝以其优美的心形叶片和攀爬生长的特性而受到人们的喜爱。它不仅能够为艺术作品提供自然美的元素，还能够通过其生长过程创出不断变化的视觉效果。综上所述，绿萝的高光敏感度、明显的电信号变化、易于维护性以及高度的观赏性，使其成为将植物对光刺激产生电信号变化这一原理应用于艺术创作的理想选择。

大型常绿藤本植物绿萝

2. 技术

植物是电活性系统，它们受到生物电化学激发并在组织和器官之间传导这些信号。这种电信号是响应光、重力、机械刺激、温度、受伤和其他环境条件的变化而产生的。植物自身的生物电化学信号，是与人工世界交互的语言。这些反过来又会引发生理变化，例如伸长增长、呼吸和吸湿。在本创作的实验装置中，电极被插入感兴趣的区域（茎和地面、叶子和地面）。然后微弱的信号被放大并发送给机器人以触发向各个方向的运动。这种与人造物的共生相互作用可以通过提供营养、生长框架和新防御机制的外源延伸而进一步扩展。

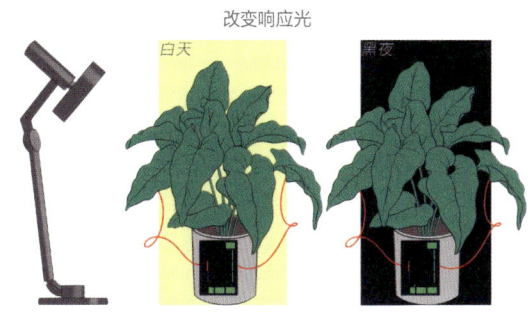

改变响应光

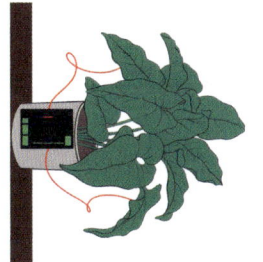

改变重力

实验中绿萝利用自身的内部电信号与一个机器小车扩展接口连接，驱动它进行运动。由于植物是电活性系统，使其可以通过独特的生物电化学信号来表达与外界的互动，这可以被看作是它们与人工世界进行交流的一种方式。电信号的采集可以使用电极夹夹住植物的叶片和茎，也可以将电极插入到茎与地面接触的区域。然后植物产生的电化学信号会被发送给机器人，提供触发向各个方向的运动指令。

改变土壤条件

植物电活性检测

3. 植物机械小车

将植物放置在有驱动器的机械小车上，驱动器控制小车向前或向后运动，或者停止运动。驱动器的运动或停止指令由植物来进行控制（通过检测植物的电信号来控制指令），驱动器用电导线与植物进行连接，植物受光（用模拟太阳光的光源照射植物，植物进行光合作用产生电）产生驱动小车进行运动的电信号，小车承载植物进行向前或向后运动。

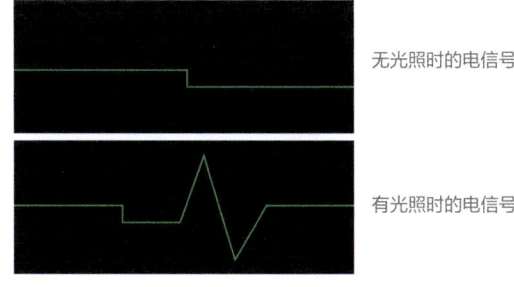

无光照时的电信号

有光照时的电信号

植物机械小车电信号检测

作品前期实验的小型运行装置　　　　　　　作品前期实验的设计图
（植物电化学信号驱动小车向光运动）

4. 前期实验的设计图

整个实验设计为一个自发循环运动装置。前期整个装置的运行仅用到了植物一侧叶片的电信号检测,后期不断对设计方案进行改进和演变,最终的设计方案中植物机械小车前后两侧植物叶片的电信号检测被充分利用,即小车两侧的植物叶片都需要进行受光作用（交替受光）。

5. 前期实验的完整演示

植物的光合作用是植物生长过程中重要的生命活动之一。植物在生长过程中需要利用太阳光能吸收二氧化碳和水释放氧气,并为自身系统运作提供能量和有机物质。将植物机械小车放在一个跷跷板装置的一侧,小车的前后行驶方向与跷跷板方向一致,在跷跷板的中间上方固定

最终设计草图中植物机械小车上前后两侧植物叶片都会受光作用（交替受光）。

作品前期实验的运行效果演示（植物电化学信号驱动小车向光运动）

一个持续发光的光源模拟太阳光照。当小车上前方植物叶片感受到光并产生电信号的变化，电信号传递给小车的驱动器，驱动器接受电信号指令后，向前进行运动。小车越向前越接近光源，植物对光能的吸收就会越强，产生的电信号指令就会越强，驱动器继续推动小车向前运动。当小车驶过跷跷板装置的中间点时，跷跷板轨道受力影响发生变轨，小车此时向前运动的电信号不会立即消失，外加受重力影响，小车会顺着跷跷板轨道向下滑（植物机械小车的前方）。当小车滑到跷跷板的另一侧时，小车上后方的植物开始感受光源逐渐产生驱动小车向后运动的电信号，即小车上植物的前后叶片交替进行受光产生使其向前或向后运动的电信号，小车在跷跷板装置上进行循环运动。

6. 正式开始实验

（1）实验一　植物电活性检测。

在实验过程中，植物电信号的检测是非常关键的。对于该作品，准确来说要检测的是电信号变化值，也就是说要有一个初始相对较低的稳定值，其次环境改变后要有明显的数值变化，这对作品运行的具体环境条件具有极高要求。在具体的实验过程中，将植物处于阳光照射良好的位置，分别使用导电夹夹住植物叶片并将电极插入与植物茎部接触的土壤中，检测植物的电信号值，发现两个部位都可以检测出电信号数值。这说明两个部位在植物生长过程中都会产生可检测的电信号，接下来就要对比哪个部位因环境改变会有明显的电信号数值波动。具体的检验过程是先将植物置于一个相对较暗的环境中检测植物的电信号，尽可能地将植物初始电信号值降到最低，这样环境改变后才会有相对明显的电信号数值变化。然后，使用模拟太阳光的光源分别照射植物的叶片和茎接触的地面，检测其电信号数值。发现两个部位的电信号数值都有增高的变化，但是相比较而言，植物叶片的电化学信号变化要明显一些。所以，作品最终选取检测植物叶片的电信号变化值来触发机械运动。

植物电活性检测——偏暗环境

植物电活性检测——照明环境

下图为植物电活性数值变化图。图中红色波变化表示植物前方叶片的电活性变化；蓝色波的变化表示植物后方叶片的电活性变化。图中红框内表示将植物放置在一个稍微偏暗的环境中，整个植物的电活性都处于一个稍微偏低的平稳状态。红框外表示当把植物从一个稍微偏暗的环境中移动到一个照明条件良好的环境中，发现整个植物的电活性都发生了明显的变化（电活性明显变高）。

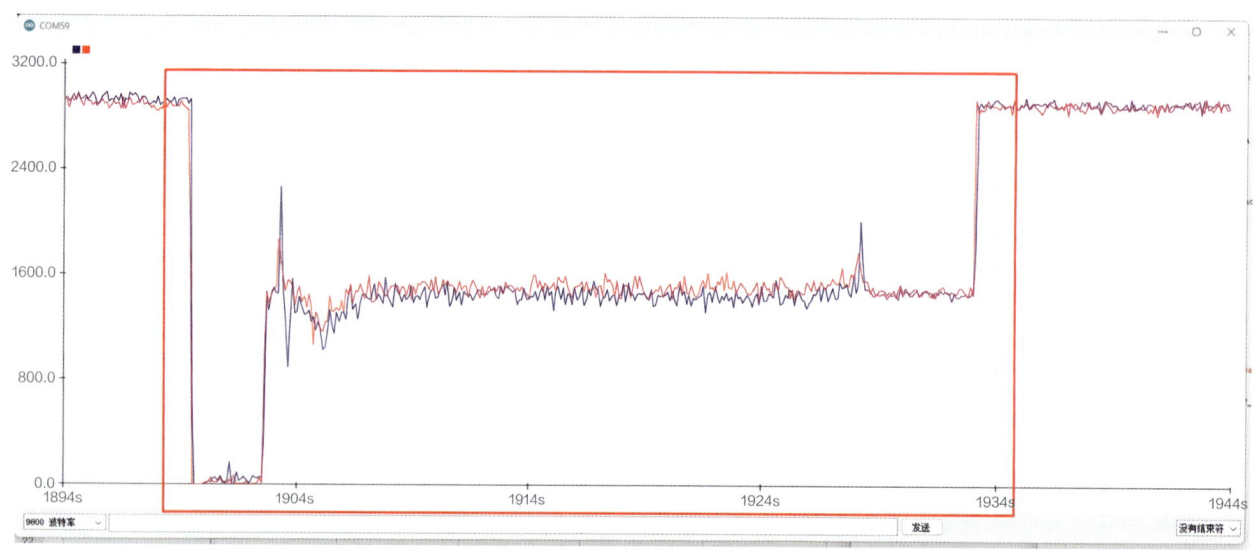

电活性数据图1

将植物后方叶片进行遮挡,用模拟太阳光的光源照射植物前方的叶片,发现红色波的数值明显变高;将植物前方叶片进行遮挡,用模拟太阳光的光源照射植物后方的叶片,发现蓝色波的数值明显变高。

植物电活性检测——用光源照射植物前方

植物电活性检测——用光源照射植物后方

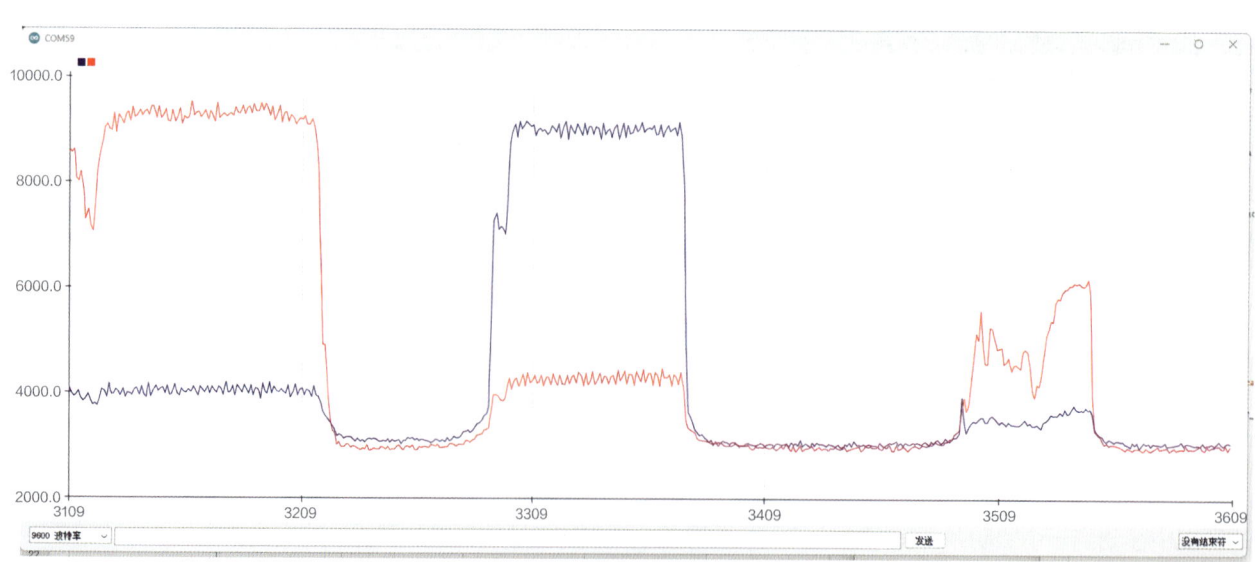

电活性数据图2

第三章　艺术媒介生成实验

（2）实验二　植物受光产生电信号驱动小车运动。

实验中使用的装置是装载植物的四轮驱动机械小车。小车有四个驱动轮，驱动轮可以做向前、向后运动，或者停止运动。驱动轮通过电导线与Arduino开发板、电池等元件进行连接，最终连接到夹取植物叶片的导电夹上，这样就可以通过检测植物电信号变化值来驱动小车进行运动。在实际运行中，当植物前方叶片受光（用模拟太阳光的光源照射植物，植物进行光合作用使电信号发生明显变化）产生的电信号变化值会控制驱动轮向前方光源运动，小车承载植物向前运动；当植物后方叶片受光产生的电信号变化值会控制驱动轮向后方光源运动，小车承载植物向后运动。

```
1
2   #include <CapacitiveSensor.h>                                          // 库文件
3
4   // 植物电检测 ----------
5   int sendPin[2] = {8, 10};                                              // 发送引脚
6   int reveicePin[2] = {9, 11};                                           // 接收引脚
7   CapacitiveSensor Capacitance_a = CapacitiveSensor(sendPin[0], reveicePin[0]);   // 设置实例化对象
8   CapacitiveSensor Capacitance_b = CapacitiveSensor(sendPin[1], reveicePin[1]);   // 设置实例化对象
9   #define getIntervalTime        5                                       // 获取植物电间隔时间【可调 单位：毫秒】
10  unsigned long getDataTime = 0;                                         // 记录阶段获取数据时间
11
12
13  // 光敏传感器 ----------
14  int photosensitivePin[2] = {A0, A1};                                   // 获取光敏数据引脚
15  // ----------
16
17  // 小车控制运行 ----------
18  #define motorOnePin            2                                       // 左轮第一个电机
19  #define motorTwoPin            3                                       // 左轮第二个电机
20  #define motorThreePin          4                                       // 右轮第一个电机
21  #define motorFourPin           7                                       // 右轮第二个电机
22  #define leftPwm                5                                       // 左边两个电机PWM引脚
23  #define rightPwm               6                                       // 右边两个电机PWM引脚
24  #define speedValue             150                                     // 设置运行速度数据【可调 范围为0～255】
25  // ----------
26
27  // 系统参数设置 ----------
28  uint8_t systemRunState = 0x00;                                         // 系统运行状态
29  unsigned long systemRunTime = 0;                                       // 记录阶段运行时间
30
31  #define motorRunTime           (3 * 1000UL)                            // 小车运行时间【可调 设置时间】
32  #define stopTime               (3 * 1000UL)                            // 小车停止滑行时间【可调 设置时间】
33  // ----------
```

（1）

```
50  void loop() {
51      // 获取植物电数据 ----------
52      getPhytoelectricData();
53
54      // 按照不同阶段运行 ----------
55      switch (systemRunState) {
56          case 0x00: {                                   // 判断当前环境光强变化状态
57              // 光照数据获取 ----------
58              int runLightVal[2] = {0, 0};                                // 创建临时变量，用于存储光照数据
59              for (int i = 0; i < 2; i++) {                               // for循环获取
60                  runLightVal[i] = analogRead(photosensitivePin[i]);      // 获取光数据
61              }
62
63              Serial.print(runLightVal[0]);                               // 打印提示
64              Serial.print(",");                                          // 打印提示
65              Serial.print(runLightVal[1]);                               // 打印提示
66
67              // 数据判断看那边数据满足 ----------
68              if (runLightVal[0] < runLightVal[1]) {                      // 如果前面大于后面 往前走
69                  systemRunState = 0x01;                                  // 状态改变
70                  Serial.println("  前进");
71              } else {                                                    // 如果后面大于前面 往后走
72                  systemRunState = 0x02;                                  // 状态改变
73                  Serial.println("  后退");
74              }
75              systemRunTime = millis();                                   // 记录当前时间
76          } break;
77          case 0x01: {                                   // 控制小车前进
78              forward(speedValue, speedValue);
79              systemRunState = 0x03;
80          } break;
81          case 0x02: {                                   // 控制小车后退
82              back(speedValue, speedValue);
83              systemRunState = 0x03;
84          } break;
```

（2）

植物电信号控制驱动轮运动编码——局部

①小车元件连接及组装：用电导线将Arduino开发板、电池和四驱车机械轮等元件按照电路接线图进行连接，再用M3六角双通铜柱螺丝将连接的元件与四驱轮底盘进行组装。植物机械小车尺寸：长25cm、宽15cm、高12cm。

小车在后期实验行驶过程中会与装置结构发生碰撞，由于机械小车的组装材料板是亚克力材质的，在发生了几次碰撞后出现了碎裂，于是将亚克力板替换成了铝合金板，重新组装了小车。

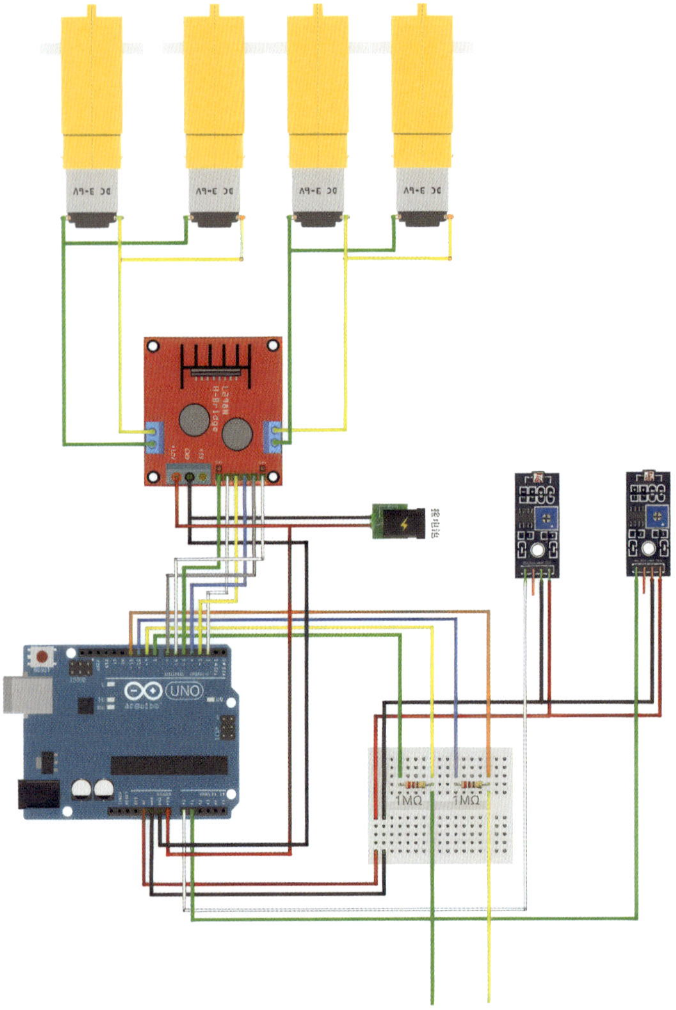

植物机械小车的电路接线图　　　　　　元件连接图

植物机械小车组装图

机械小车元件重新连接（将驱动轮替换成麦克纳姆轮）

植物机械小车二次组装

②植物机械小车运动演示：将植物放置在组装好的机械小车上，用细铁丝将其固定。然后用模拟太阳光的光源照射植物的前方叶片，小车向前运动；用模拟太阳光的光源照射植物后方叶片，小车向后运动。

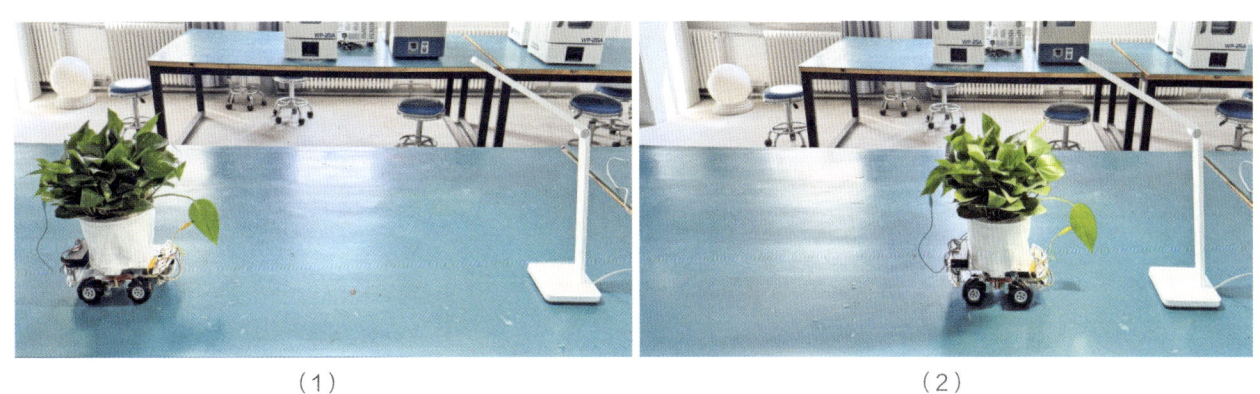

植物机械小车运动演示——从左侧向右侧移动

　　根据前期设计图，植物机械小车应在跷跷板结构的装置上进行循环反复运行。在跷跷板的制作和组装过程中，要根据小车的实际运动动力和重量来决定跷跷板的板长和板中心支点的高度。在编写检测植物电信号变化值控制驱动轮的程序时，预设的执行时间是5s，大概行驶距离是1m，因此跷跷板的板长要做到接近行驶距离的两倍，又不能超过两倍，这样才能保证小车行驶刚过跷跷板的长板中心点时将跷跷板的另一侧压下去。长板的宽度要根据小车的宽度来制作，长板的四周都要有防止小车脱轨的挡板，并且小车左右两侧挡板间要留有约2cm的间距。跷跷板的高度不能过高，要保证在小车行驶动力范围内能成功爬过长板中心点的位置，并能顺利将长板另一侧压下去。最终制作的跷跷板木板长度是1.8m，宽度是0.23m（加上左右两侧的挡板），跷跷板的中心支点的高度是0.2m。材料选择运用家具木板进行制作。

跷跷板组装图

实验装置整体初步搭建

在跷跷板的中间上方固定一个持续发光的光源模拟太阳光照，将植物机械小车放在跷跷板的一侧，当小车上植物的前方叶片感受到光照并产生电信号值的变化，小车的驱动器就会接受向前运动的指令而前进，小车越向前越接近光源，植物对光能的吸收就会越强，电信号值的变化就越明显，驱动轮会继续向前运动。当植物机械小车驶过跷跷板装置的中间点时，跷跷板的另一侧会被小车压下来，小车会顺着跷跷板长板滑到另一侧。当小车完全滑到跷跷板的另一侧时，撞到挡板停止运动，此时小车上植物后方的叶片开始慢慢感受光源产生电信号值的变化，驱动轮会接收到向后运动的指令。即小车上植物的前后叶片交替进行受光，交替产生控制驱动轮向前和向后运动的电信号变化指令，使植物机械小车在跷跷板装置上进行循环运动。

在具体的实验过程中出现了问题，在前一阶段预设小车驱动轮运动3s的距离约是1m，忽视了小车向上运动时的自身重力影响，实际上在向上运动的过程中3s的距离不到1m，所以又重新编写了程序，将预设运动时间修改成了5s，在水平地面上行驶距离约是1.5m，在向上运动时距离刚好约是1m。

```
// 植物电检测
int sendPin[2] = {8, 10};                                                  // 发送引脚
int reveicePin[2] = {9, 11};                                               // 接收引脚
CapacitiveSensor Capacitance_a = CapacitiveSensor(sendPin[0], reveicePin[0]); // 设置实例化对象
CapacitiveSensor Capacitance_b = CapacitiveSensor(sendPin[1], reveicePin[1]); // 设置实例化对象
#define getIntervalTime        5                                           // 获取植物电间隔时间【可调 单位：毫秒】
unsigned long getDataTime = 0;                                             // 记录阶段获取数据时间

// 光敏传感器
int photosensitivePin[2] = {A0, A1};                                       // 获取光敏数据引脚

// 小车控制运行
#define motorOnePin            2                                           // 左轮第一个电机
#define motorTwoPin            3                                           // 左轮第二个电机
#define motorThreePin          4                                           // 右轮第一个电机
#define motorFourPin           7                                           // 右轮第二个电机
#define leftPwm                5                                           // 左边两个电机PWM引脚
#define rightPwm               6                                           // 右边两个电机PWM引脚
#define speedValue             150                                         // 设置运行速度数据【可调 范围为0 - 255】

// 系统参数设置
uint8_t systemRunState = 0x00;                                             // 系统运行状态
unsigned long systemRunTime = 0;                                           // 记录阶段运行时间

#define motorRunTime           (5 * 1000UL)                                // 小车运行时间【可调 设置时间】
#define stopTime               (3 * 1000UL)                                // 小车停止滑行时间【可调 设置时间】

void setup() {
  Serial.begin(9600);                                                      // 设置波特率
  // 初始化设置小车
  pinMode(motorOnePin, OUTPUT);                                            // 针脚输出
  pinMode(motorTwoPin, OUTPUT);                                            // 针脚输出
  pinMode(motorThreePin, OUTPUT);                                          // 针脚输出
  pinMode(motorFourPin, OUTPUT);                                           // 针脚输出
  digitalWrite(motorOnePin, LOW);                                          // 初始化关闭
  digitalWrite(motorTwoPin, LOW);
  digitalWrite(motorThreePin, LOW);
  digitalWrite(motorFourPin, LOW);
  // 打印提示
  Serial.println(F("Start successfully"));                                 // 打印提示
}

void loop() {
  // 获取植物电数据
  getPhytoelectricData();
```

重新编写程序改变驱动轮预设运动时间

(三)正式进行作品制作

在前期实验装置顺利完成演示的基础上,进行最终作品《当涌动成风》的设计与制作,最终作品仍采用绿萝与机械装置结合,通过检测植物的电化学信号变化值来控制机械装置进行交互运动,带动植物进行向光运动。

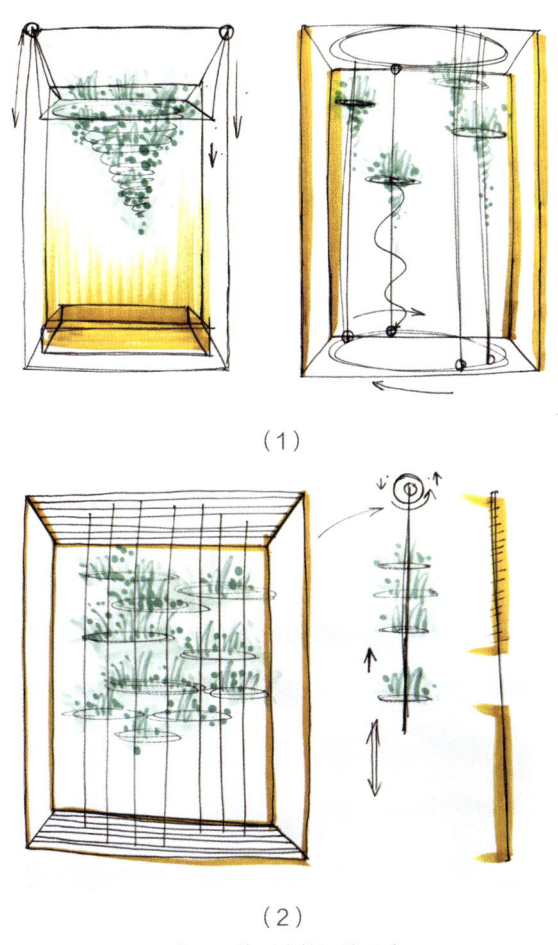

(1)

(2)

作品最终形态的设计手稿

整体设计是一个直立的长方形框架结构,在上部和下部分别放置模拟太阳光照的光源,此光源会交替性地改变上方和下方的光照强度,即当框架上方光照强度变强时,下方光源会变弱;当上方光照强度变弱时,下方光源会变强,进行循环交替变化。光源光照强度的改变会促使植物产生的电化学信号发生变化,进而控制整个装置进行交互运动。在长方形框架的内部结构中,设计有悬挂植物并提供植物进行上下运动支撑的钢架,在钢架上装有可以带动植物进行上下滑动的机械轮,机械轮的上下运动指令由植物的电化学信号变化来提供。装置中的植物设置在中心处,当装置框架上方光源的光照强度变强时,植物上方的叶片感受到强光照,产生明显的电化学信号变化,提供机械轮带动植物向上滑动的指令,植物即向上运动;当装置框架下方光源的光照强度变强时,装置中植物的下方的叶片感受到强光照,产生明显的电化学信号变化,提供机械轮带动植物向下滑动的指令,植物即向下运动,即整个装置进行循环交互运动。

```
1
2   #include <Adafruit_NeoPixel.h>                                          // 灯带库
3
4   // 继电器 ─────────────────────────────────────────────
5   #define relayQuantity               2                                   // 继电器数量
6   int relayPin[relayQuantity] = {                                         // 控制引脚
7     27, 26
8   };
9   #define stateOpen                   LOW                                 // 开启
10  #define stateClosure                !stateOpen                          // 关闭
11  //
12
13  // WS2812 ─────────────────────────────────────────────
14  int pixelsPin[2] = {25, 33};                                            // 控制引脚
15  #define pixelsQuantitys             60                                  // 灯珠数量
16  Adafruit_NeoPixel Pixels_A(pixelsQuantitys, pixelsPin[0], NEO_GRB + NEO_KHZ800);
17  Adafruit_NeoPixel Pixels_B(pixelsQuantitys, pixelsPin[1], NEO_GRB + NEO_KHZ800);
18  Adafruit_NeoPixel Pixels[2] = {Pixels_A, Pixels_B};
19  uint8_t rgb[3] = {255,  201 , 14};                                      // 黄【可调 RGB三元色值】
20  #define DefaultBrightness           150                                 // 默认亮度【可调 0 ~ 255】
21  //
22
23  // 系统参数 ────────────────────────────────────────────
24  uint8_t systemState = 0x00;                                             // 系统运行状态
25  unsigned long runTime = 0;                                              // 记录运行时间
26
27  #define downTime                    (20 * 1000UL)                       // 下保持时间【可调 毫秒】
28  #define upTime                      (20 * 1000UL)                       // 上保持时间【可调 毫秒】
29  //
```

（1）

```
51  void loop() {
52    switch (systemState) {
53      case 0x00: {                                     // 设置下
54        setRgb(0);                                                        // 设置下灯带
55        for (int i = 0; i < relayQuantity; i++) {                         // 遍历
56          pinMode(relayPin[i], OUTPUT);                                   // 针脚输出
57          digitalWrite(relayPin[i], stateClosure);                        // 设置关闭
58        }
59        runTime = millis();
60        systemState = 0x01;
61        Serial.println(F("保持在下"));
62      } break;
63      case 0x01: {                                     // 判断时间
64        if (millis() - runTime >= downTime) {
65          systemState = 0x02;
66        }
67      } break;
68      case 0x02: {                                     // 设置上
69        setRgb(1);                                                        // 设置下灯带
70        for (int i = 0; i < relayQuantity; i++) {                         // 遍历
71          pinMode(relayPin[i], OUTPUT);                                   // 针脚输出
72          digitalWrite(relayPin[i], stateOpen);                           // 设置打开
73        }
74        runTime = millis();
75        systemState = 0x03;
76        Serial.println(F("保持在上"));
77      } break;
78      case 0x03: {                                     // 判断时间
79        if (millis() - runTime >= upTime) {
80          systemState = 0x00;
81        }
82      } break;
83      default: break;
84    }
85    // loop回括号
86  }
```

（2）

最终作品的编码——局部

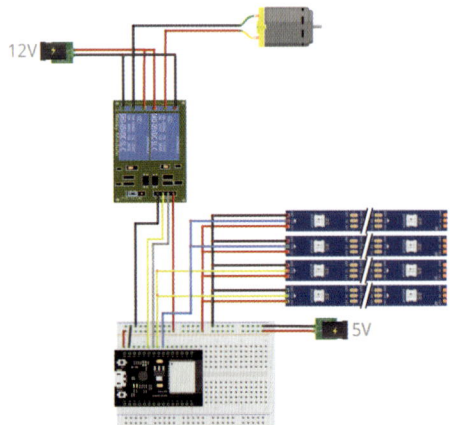

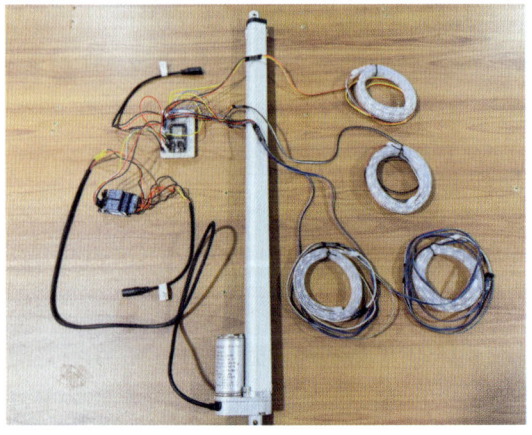

最终作品的电路接线图　　　　　　　　　　　　推杆电机的元件连接

将推杆电机、可编程发光灯带、植物电信号检测开发板等元件通过电导线进行连接。

考虑到铁材质的框架会导电，影响装置运行，所以装置的框架搭建选用的木质框架，整体框架100cm（长）×100cm（宽）×180cm（高）。

将灯带分别固定在装置框架上下位置，并通电检测灯带是否按源程序设定进行上下循环交替发光。

最后是作品初步的整体搭建，提供电信号指令的植物固定在推杆电机上方，将植物电信号检测开发板上带有导电夹的连接线分别夹住植物上方和下方的叶片。

装置的框架搭建

模拟光源的组装与测试

（1）

（2）

（3）

装置的整体搭建与运行

（四）作品成品展示效果图

作品《当涌动成风》通过其独特的表现形式和艺术语言，不仅呈现了生命的美丽和复杂性，也提出了对现代社会的重要警示。在技术日益进步的今天，我们如何在追求物质与能量的同时，保持人类社会的可持续发展以及人与自然的和谐共生，避免走向极端，是每个人都需要思考的问题。

《当涌动成风》最终作品的展示效果图

五、作品《超时计划——能量币》

| 题　目 | 《超时计划——能量币》 | 学　生 | 叶柠 |
| 材　料 | 樱桃 | 指导教师 | 任日 |

（一）作品题目与概念介绍

随着科技的发展，人们的生活品质提高，对于未来的生活方式也有着多样化、定制化的需求。作品《超时计划——能量币》将北方的大连樱桃与南方的普洱茶发酵制作手段融合起来，通过传统的酿造方式来发酵樱桃，实现南北跨地域食物制作联结。通过学科交叉融合，创造和设计一种新型食物，实现可交换且贮藏价值随着时间的变化会更高等特点，为未来食物形态设计和食物方式设计提供一种前沿的思考和探索。作品寻求一种新的"食物"设计，试图探索未来生活方式的多样性以及未来食物存在的可能性实验。

食物价值的单一化可能会变得多样化，贮藏价值、交换价值等也可能提高。首先，作品通过艺术与科技的融合实现跨学科交流。其次，从微观考虑，使用微生物扩增能量，表达了生命的再生与能量的转化，在这里"能量"向着无序化迈进，实现熵增。这样可以实现食物的可永久贮藏，增加货币价值。最后，把所有使用的材料再利用，比如将用来发酵的茶叶烘干，研磨成粉状，添加一些黏稠剂制作成可循环的滴胶挂件，再比如将一些茶叶制作成茶皂，形成可持续设计。

作者挑选了经纬度都和大连相差较大的云南省大理市进行实地调研、访谈，收集相关资料。在调研中发现，南北食物制作手段、可贮藏时间差异大。比如，云南人过年制作的琵琶猪，将其保持完整形态，用佐料腌制后可以保存3~5年，这是在不借助化学物理手段，保存时间比较长久的一类食物。云南省的地理位置比较特殊，处于中国的西南部，属亚热带气候，多地海拔较高，干湿分明，其他地方的暖湿气流被大山阻挡，导致高海拔地区降水少，气候干旱，所以茶叶文化相当普及，有云南一天十杯茶的现象。茶叶的制作过程，是能量不断分解、转化、沉积的过程，茶叶放得越久，味道越陈，茶饼一年一个味道。能量币也具备这样的属性，经过时间的沉积和能量的转化，其价值逐渐增加，类似于普洱茶制作的过程。

（二）媒介生成的技术手段与实验过程

1. 作品媒介

（1）主要材料

①樱桃：作为重构跨越地域、时空的食物生成的实验，辽宁省大连市和云南省大理市是绝佳地理位置选择之一。樱桃是大连的特产，它的加工制作方式较少，为了推动大连市樱桃产业发展，将大连樱桃作为作品的实验对象。

②普洱茶：作品中使用到的普洱茶介绍如下表所示。

大连樱桃

普洱茶种类及其年份

序号	种类	年份
1	云南普洱茶砖	2015
2	云南景迈早春园茶	2008
3	云南普洱茶金奖白菜千年古树班章生沱	2003
4	易武正小乔木野生茶	2018
5	普洱茶生沱——金奖	2003

（2）其他材料　酒曲酵母、茅台固态发酵物、酱香大曲、手工大曲、麦曲、黄酒酵母、红曲霉菌、树皮、废弃蔬菜水果等。

2. 技术手段

云南独特的地理位置造就了当地茶文化的盛行，在普洱茶发酵过程中，通过将散生茶压制成不同形状的普洱来达到发酵风味的不同。散茶是最原始普洱的状态；沱茶更容易冲泡；龙珠方便携带；方茶造型设计是天圆地方的概念；饼茶制作成圆形，方便存贮；砖茶方便运输；碎银子在老茶头的原料上切割而成，方便冲泡；金瓜贡茶形状特殊，压制工艺复杂，原料需蒸软蒸透，才有黏合度，两次塑形，需要松紧适度，让条索间有适度的空间利于后期的转化，常年陈放之后色泽金黄，专为上贡朝廷而制；柱茶外观独特，方便携带和储存；老茶头由于漏堆发酵时，自然卷翘或者纠结成块形成；香菇金茶运输过程遥远，防止霉变，形状有足够的空间散发水分；福禄曼松普洱茶具有传统概念。

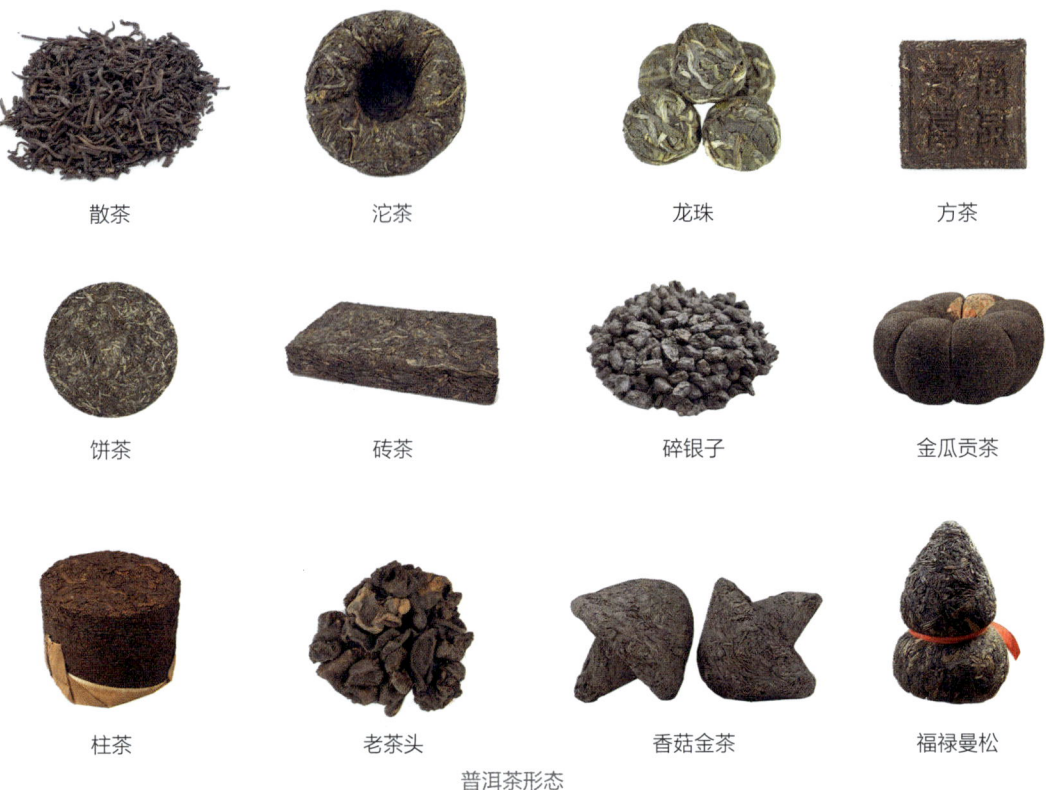

普洱茶形态

将茶叶发酵制作工艺应用到大连樱桃上,根据樱桃的特性,适当地调整设计制作樱桃茶饼的步骤,通过添加合适的微生物来影响、控制大连樱桃茶饼的形态等。

（1）微生物培养（菌液制备）

①配制一定数量的固体培养基与液体培养基。

②酵母菌菌液制备：在固体培养基中培养酵母菌,放置在环境（温度29℃,湿度53%）下7~8d,使用无菌接种环将培养好的酵母菌连续接种3次至液体培养基（200mL）,置摇床（150r/min,30℃）培养7~8d。

③红曲霉菌液制备：在固体培养基中培养红曲霉菌,放置在环境（温度30℃,湿度72%）下7~8d后,使用无菌接种环将培养好的红曲霉菌丝连续接种5次至液体培养基（500mL）,置摇床（150r/min,34℃）培养7~8d。

（2）微生物发酵

①茶样发酵。每种形态的普洱茶设置实验组6组,每组放置200g去核樱桃果肉,每个样品称取30g打散的生普洱茶,分别加入10mL左右纯净水,使茶叶均匀湿润,将实验组放入培养箱,设置温度50℃,每天适当补水,范围大概在5~10mL纯净水。在发酵的第3天,在补水的同时根据实验设定接入红曲霉菌、酵母菌菌液,翻堆15次,翻堆间隔时间根据实际情况而定,每次翻堆前取样,检测微生物成分,使用红外摄像机检测温度,每次提取2g樱桃泡水,观察记录颜色变化,共15天。在第8天,将温度从50℃改为40℃,在第13天,将温度改为30℃,每天记录发酵状态变化。

②仪器与设备。DSX-280B手提式压力蒸汽灭菌锅、SWCJ-2D型超净工作台、烘干箱/培养箱：pH-050A、SKY-210Z摇床、pH测试纸、pH测试机、pHS-3C、雷磁pH计。

3. 作品造型

最终确定了16个形状，包括基础形和特殊变形。后期根据发酵形状再做调整。

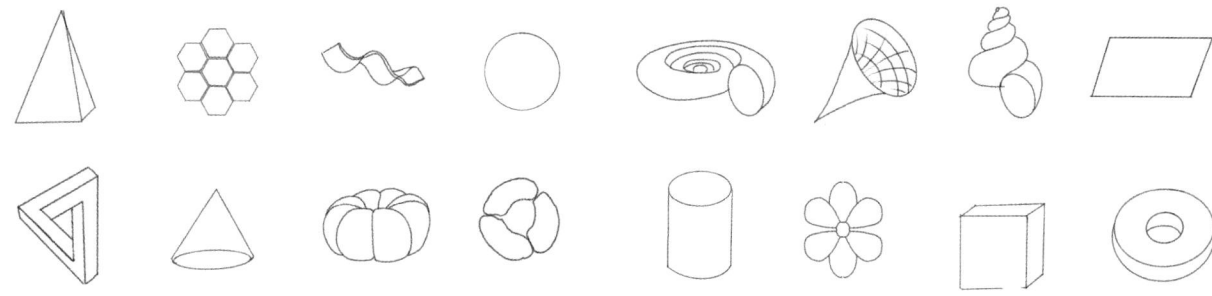

最终作品形状

4. 媒介实验

实验组介绍（将每组实验标记好序号，方便每天观察发酵情况）

实验组

序号	实验组
1组	去核樱桃50g+甜酒曲8g
2组	去核樱桃50g+酿酒酵母8g
3组	去核樱桃50g+红曲米8g
4组	樱桃50g+小茶饼20g
5组	樱桃50g+茶饼20g
6组	樱桃50g+砖茶20g
7组	樱桃50g+沱茶20g
8组	樱桃50g+红曲米发酵8g
9组	霉菌樱桃50g+红曲米发酵8g

下面是随机几天的实验记录实例：

4月27日（第1天）：第一批樱桃（大连樱桃——小果）到达，进行15组实验。

实验统计表1

实验编号	实验日期	温度	pH	培养箱温度	相对湿度	实验步骤	标号
1	4/27	水温12℃	5	28℃	67%	9组实验+100mL蒸馏水	9号
2	4/27	水温12℃	5	28℃	67%	樱桃100g晒干	
3	4/27	水温11℃	5	28℃	67%	8组实验+100mL蒸馏水	8号
4	4/27	水温12℃	5	28℃	67%	3组实验+100mL蒸馏水	3号
5	4/27	水温11℃	—	28℃	67%	樱桃200g去核烘干	
6	4/27	水温12℃	—	28℃	67%	樱桃500g去核烘干	

续表

实验编号	实验日期	温度	pH	培养箱温度	相对湿度	实验步骤	标号
7	4/27	水温12℃	5	28℃	67%	红曲米培养液20%浓度划在琼脂培养基上	
8	4/27	水温11℃	5	28℃	67%	红曲米培养液10%浓度划在琼脂培养基上	
9	4/27	水温12℃	5	常温	67%	红曲米培养液10%80mL+正常樱桃无氧呼吸封口	
10	4/27	水温12℃	5	28℃	67%	红曲米培养液20%+樱桃10g样品备份	
11	4/27	水温12℃	5	28℃	67%	红曲米培养液20%+樱桃10g样品备份	
12	4/27	水温10℃	5	—	67%	测试各个实验pH	
13	4/27	水温12℃	—	—	67%	樱桃大小测量直径2cm	
14	4/27	—	—	—	67%	樱桃烂果拍摄	
15	4/27	—	—	—	67%	樱桃核晒干	

5月1日（第5天）：开始设置茶叶微生物+樱桃实验，观察各个实验组的樱桃状态，记录数据并拍摄。

实验统计表2

实验编号	实验日期	pH	培养箱温度	相对湿度	实验记录	现象
1	5/1	5	50℃	58%	9组实验+100mL蒸馏水	樱桃开始发酵，变黑
2	5/1	5	50℃	58%	樱桃100g晒干	开始缩水
3	5/1	5	50℃	—	8组实验+100mL蒸馏水	樱桃发黑
4	5/1	5	50℃	58%	3组实验+100mL蒸馏水	泡水开始渐渐发黄+带点红色
5	5/1	—	50℃	58%	樱桃200g去核烘干	变干
6	5/1	—	50℃	58%	樱桃500g去核烘干	变干
7	5/1	5	50℃	58%	红曲米培养液20%浓度划在琼脂培养基上	菌慢慢地变多
8	5/1	5	50℃	58%	红曲米培养液10%浓度划在琼脂培养基上	菌慢慢地变多
9	5/1	5	常温	58%	红曲米培养液10%80mL+正常樱桃无氧呼吸封口	颜色变深红
10	5/1	5	—	58%	测试各个实验pH	
11	5/1	—	—	58%	樱桃核晒干	变干
12	5/1	—	—	58%	樱桃烂果拍摄	烂果开始出现多点霉菌
13	5/1	5	50℃	58%	1组实验+100mL蒸馏水12℃	泡水呈浅红色
14	5/1	5	50℃	58%	2组实验+100mL蒸馏水12℃	泡水呈浅红色
15	5/1	5	50℃	58%	4组实验+100mL蒸馏水12℃	泡水呈浅红色
16	5/1	5	50℃	58%	5组实验+100mL蒸馏水12℃	泡水呈浅红色
17	5/1	5	50℃	58%	6组实验+100mL蒸馏水12℃	泡水呈浅红色
18	5/1	5	50℃	58%	7组实验+100mL蒸馏水12℃	泡水呈浅红色
19	5/1	—	—	—	茶叶称重	
20	5/1	—	—	—	调配溶液	

5月5日（第9天）：观察各个实验组的樱桃状态，记录数据并拍摄。实验组变干开始加入蒸馏水，实验组提取樱桃泡水颜色开始变化。

实验统计表3

实验编号	实验日期	pH	培养箱温度	相对湿度	实验记录	现象
1	5/5	5	40℃	55%	9组实验+100mL蒸馏水	樱桃变黑
2	5/5	5	40℃	55%	樱桃100g晒干	慢慢缩水
3	5/5	5	40℃	55%	8组实验+100mL蒸馏水	发黑
4	5/5	5	40℃	55%	3组实验+100mL蒸馏水	泡水呈深棕色
5	5/5	—	40℃	55%	樱桃200g去核烘干	变干
6	5/5	—	40℃	55%	樱桃500g去核烘干	变干
7	5/5	5	40℃	55%	红曲米培养液20%浓度划在琼脂培养基上	菌变多
8	5/5	5	40℃	55%	红曲米培养液10%浓度划在琼脂培养基上	菌变多
9	5/5	5	常温	55%	红曲米培养液10%80mL+正常樱桃无氧呼吸封口	颜色变深红
10	5/5	5	—	55%	测试各个实验pH	
11	5/5	—	—	55%	樱桃核晒干	变干
12	5/5	—	—	55%	樱桃烂果拍摄	烂果出现多点霉菌
13	5/5	—	40℃	55%	1组实验+20mL蒸馏水12℃	樱桃变黑色
14	5/5	—	40℃	55%	2组实验+20mL蒸馏水12℃	樱桃变黄+变黑
15	5/5	—	40℃	55%	4组实验+20mL蒸馏水12℃	樱桃变黑
16	5/5	—	40℃	55%	5组实验+20mL蒸馏水12℃	樱桃变黑
17	5/5	—	40℃	55%	6组实验+20mL蒸馏水12℃	樱桃变黑
18	5/5	—	40℃	55%	7组实验+20mL蒸馏水12℃	樱桃变黑
20	5/5	4.21	常温	55%	提取1组实验+10mL蒸馏水	泡水呈暗红色
21	5/5	4.24	常温	55%	提取2组实验+10mL蒸馏水	泡水呈暗红色
22	5/5	4.26	常温	55%	提取3组实验+10mL蒸馏水	泡水呈暗红色
23	5/5	4.34	常温	55%	提取4组实验+10mL蒸馏水	泡水呈暗红色
24	5/5	4.24	常温	55%	提取5组实验+10mL蒸馏水	泡水呈暗红色
25	5/5	4.56	常温	55%	提取6组实验+10mL蒸馏水	泡水呈暗红色
26	5/5	4.41	常温	55%	提取7组实验+10mL蒸馏水	泡水呈暗红色
27	5/5	4.61	常温	55%	提取8组实验+10mL蒸馏水	泡水呈暗红色
28	5/5	4.43	常温	55%	提取9组实验+10mL蒸馏水	泡水呈暗红色

5月9日（第13天）：观察各个实验组的樱桃状态，记录数据并拍摄。实验组提取樱桃泡水后开始慢慢改变颜色。

实验统计表4

实验编号	实验日期	pH	培养箱温度	相对湿度	实验记录	现象
1	5/9	5	30℃	55%	9组实验+100mL蒸馏水	樱桃变黑
2	5/9	5	30℃	55%	樱桃100g晒干	慢慢缩水
3	5/9	5	30℃	55%	8组实验+100mL蒸馏水	发黑
4	5/9	5	30℃	55%	3组实验+100mL蒸馏水	泡水呈黑深棕色
5	5/9	—	30℃	55%	樱桃200g去核烘干	变干
6	5/9	—	30℃	55%	樱桃500g去核烘干	变干
7	5/9	5	30℃	55%	红曲米培养液20%浓度划在琼脂培养基上	菌变多
8	5/9	5	30℃	55%	红曲米培养液10%浓度划在琼脂培养基上	菌变多
9	5/9	5	常温	55%	红曲米培养液10%80mL+正常樱桃无氧呼吸封口	颜色变深红
10	5/9	5	—	55%	测试各个实验pH	
11	5/9	—	—	55%	樱桃核晒干	变干
12	5/9	—	—	55%	樱桃烂果拍摄	烂果出现多点霉菌
13	5/9	—	30℃	55%	1组实验+20mL蒸馏水12℃	樱桃变黑色
14	5/9	—	30℃	55%	2组实验+20mL蒸馏水12℃	樱桃变黄+变黑
15	5/9	—	30℃	55%	4组实验+20mL蒸馏水12℃	樱桃变黑
16	5/9	—	30℃	55%	5组实验+20mL蒸馏水12℃	樱桃变黑
17	5/9	—	30℃	55%	6组实验+20mL蒸馏水12℃	樱桃变黑
18	5/9	—	30℃	55%	7组实验+20mL蒸馏水12℃	樱桃变黑
20	5/9	4.21	常温	55%	提取1组实验+20mL蒸馏水	泡水呈暗红色
21	5/9	4.25	常温	55%	提取2组实验+20mL蒸馏水	泡水呈暗红色
22	5/9	4.26	常温	55%	提取3组实验+20mL蒸馏水	泡水呈暗红色
23	5/9	4.38	常温	55%	提取4组实验+20mL蒸馏水	泡水呈暗红色
24	5/9	4.72	常温	55%	提取5组实验+20mL蒸馏水	泡水呈暗红色
25	5/9	5.61	常温	55%	提取6组实验+20mL蒸馏水	泡水呈暗红色
26	5/9	4.73	常温	55%	提取7组实验+20mL蒸馏水	泡水呈暗红色
27	5/9	4.71	常温	55%	提取8组实验+20mL蒸馏水	泡水呈暗红色
28	5/9	4.32	常温	55%	提取9组实验+20mL蒸馏水	泡水呈暗红色

通过微生物重组发酵樱桃的实验记录可以观察到，每一天樱桃所产生的微生物都大相径庭，将不同种类的樱桃每天进行泡水1h后观察，发现每天每种类型的微生物发酵培养的樱桃水颜色、浓度、pH都截然不同。由此可以得出，不同形状的普洱茶所蕴含的微生物能量不同，作用到樱桃上使樱桃发酵效果也不同。

随机抽取三个实验组的培养皿拍摄记录：

①去核樱桃50g+甜酒曲8g（实验一组）实验9d培养皿拍摄。

现象：樱桃开始慢慢发棕色，长出黑色的菌和白色的菌，甜酒曲中最主要的作用物质是根霉，常见的根霉有黑根霉（俗称面包霉）、米根霉等，以及毛霉和少量酵母。

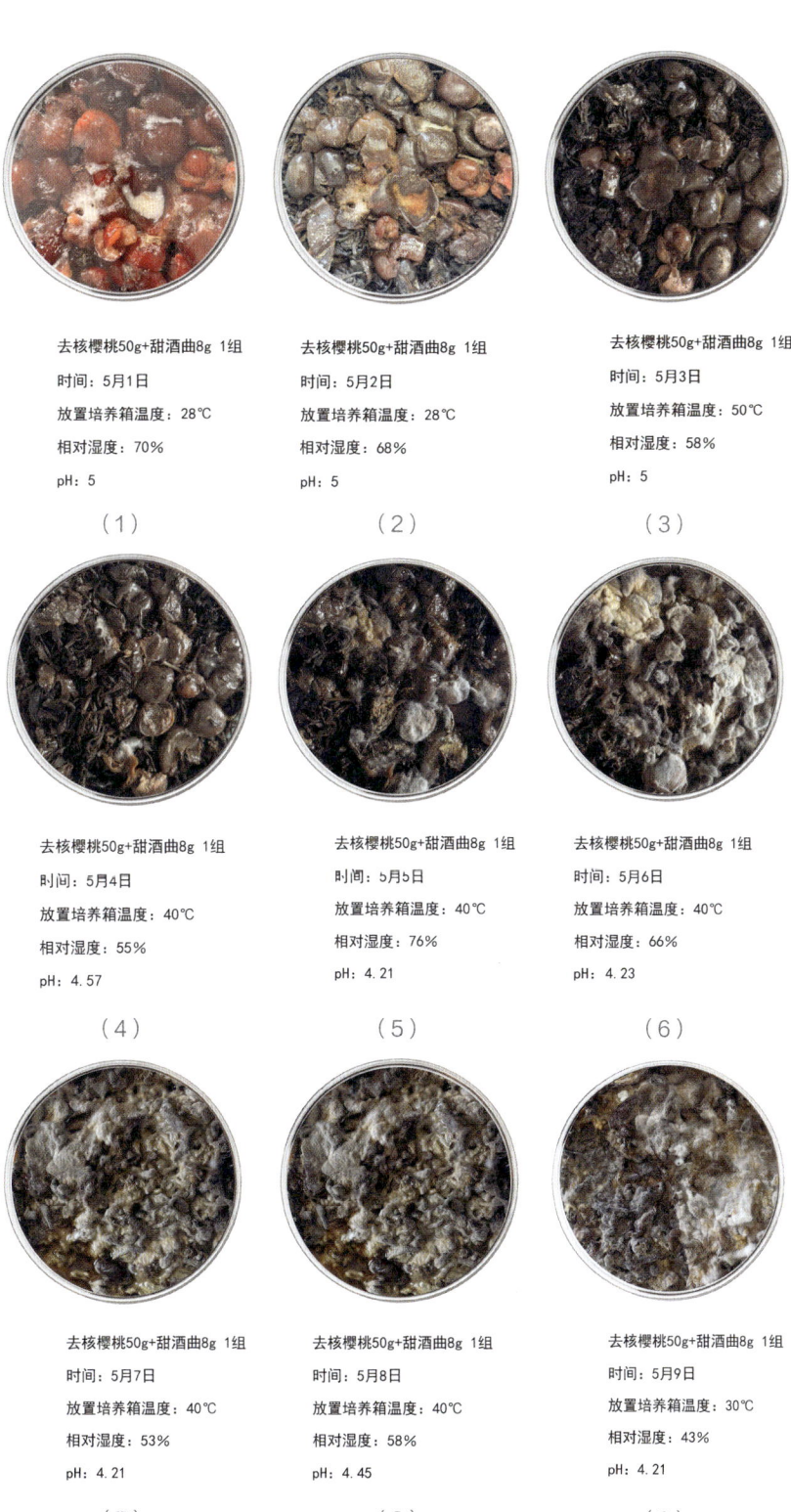

去核樱桃50g+甜酒曲8g实验9d培养皿拍摄

②去核樱桃50g+酿酒酵母8g（实验二组）实验9d培养皿拍摄。

现象：樱桃开始慢慢发黑色，长的菌很少，在生长发酵的第六天开始出现黏液。根据前人研究发现，酵母菌在水果等发酵过程中，起到非常重要的作用，酵母菌把水果中的蔗糖转化为葡萄糖和果糖，再产生乙醇，也可以抑制菌的生长，对发酵风味起到非常重要的作用。

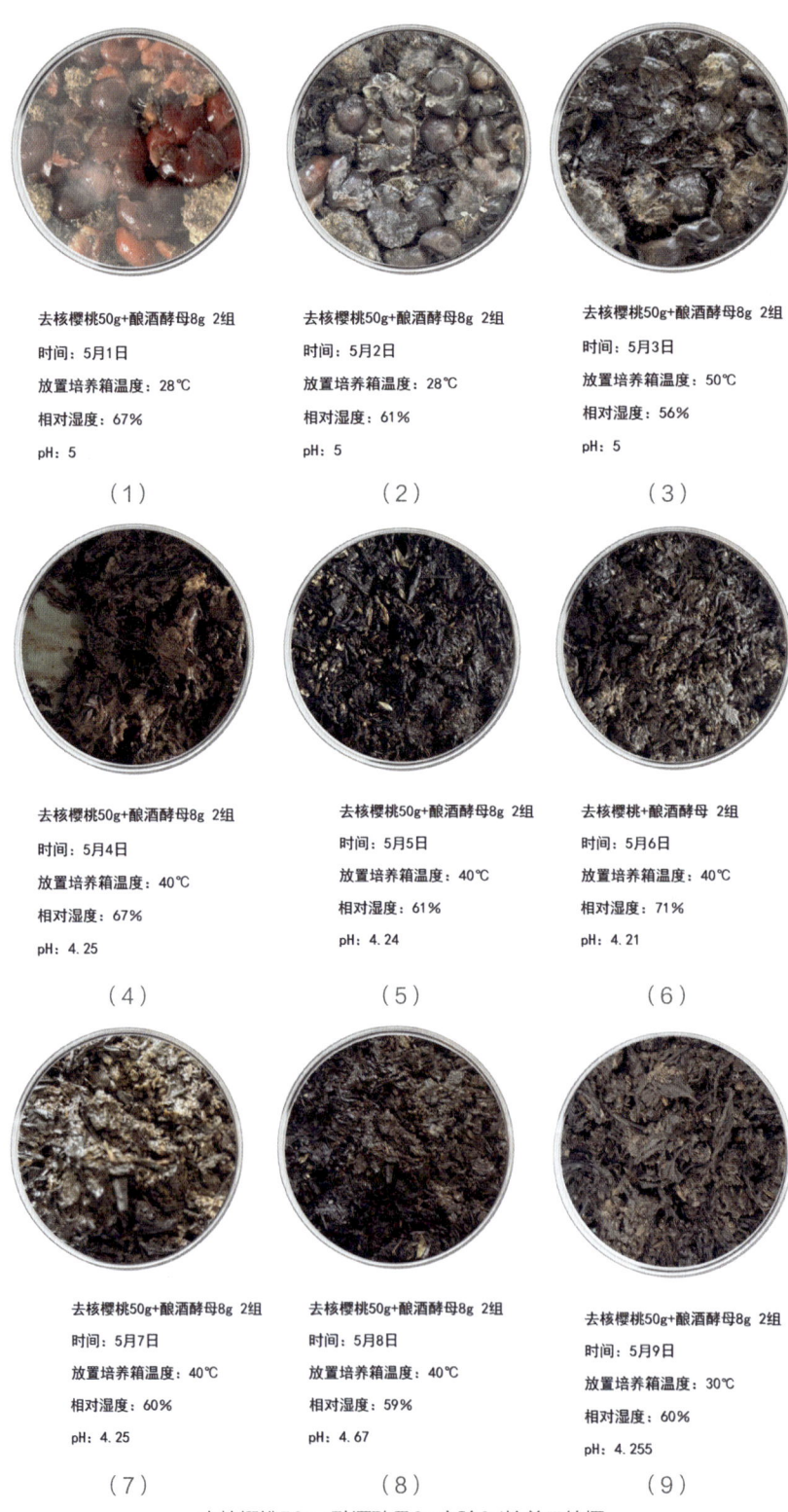

去核樱桃50g+酿酒酵母8g实验9d培养皿拍摄

③去核樱桃50g+红曲米8g（实验三组）实验9d培养皿拍摄。

现象：樱桃开始慢慢发黑色，第四天开始长红曲霉菌，第五天红曲霉菌全部长满，每一天打散之后，第二天继续全部生长白带绿色的菌。红曲霉菌可以保存水分，与酵母菌共同生长。实验后期为检测出发酵微生物的种类、数量等进行提取实验。

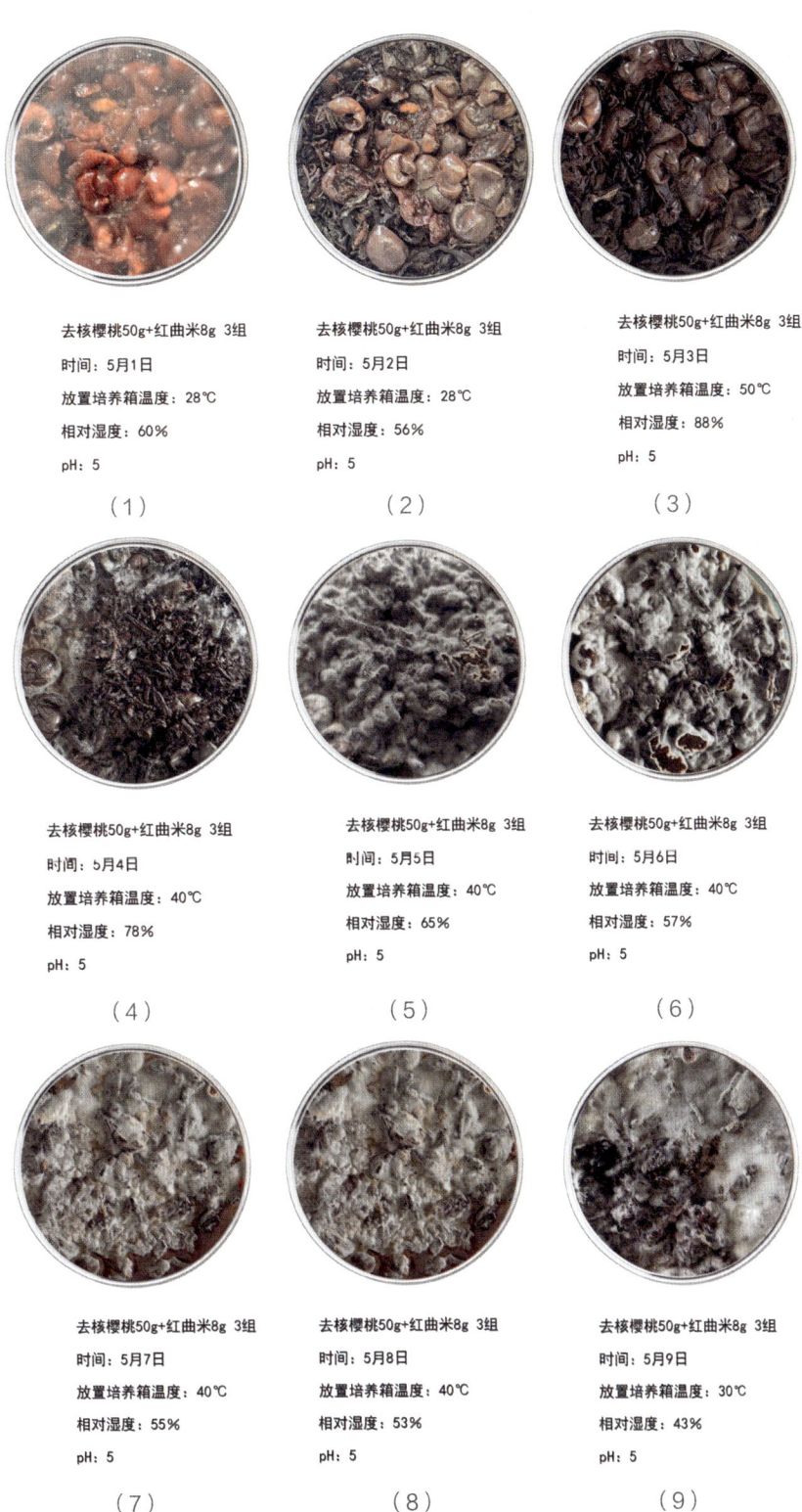

去核樱桃50g+红曲米8g实验9d培养皿拍摄

每个阶段取样品，加水浸泡后观察色泽，通过对不同发酵处理的樱桃颜色进行分析，制作樱桃色谱。

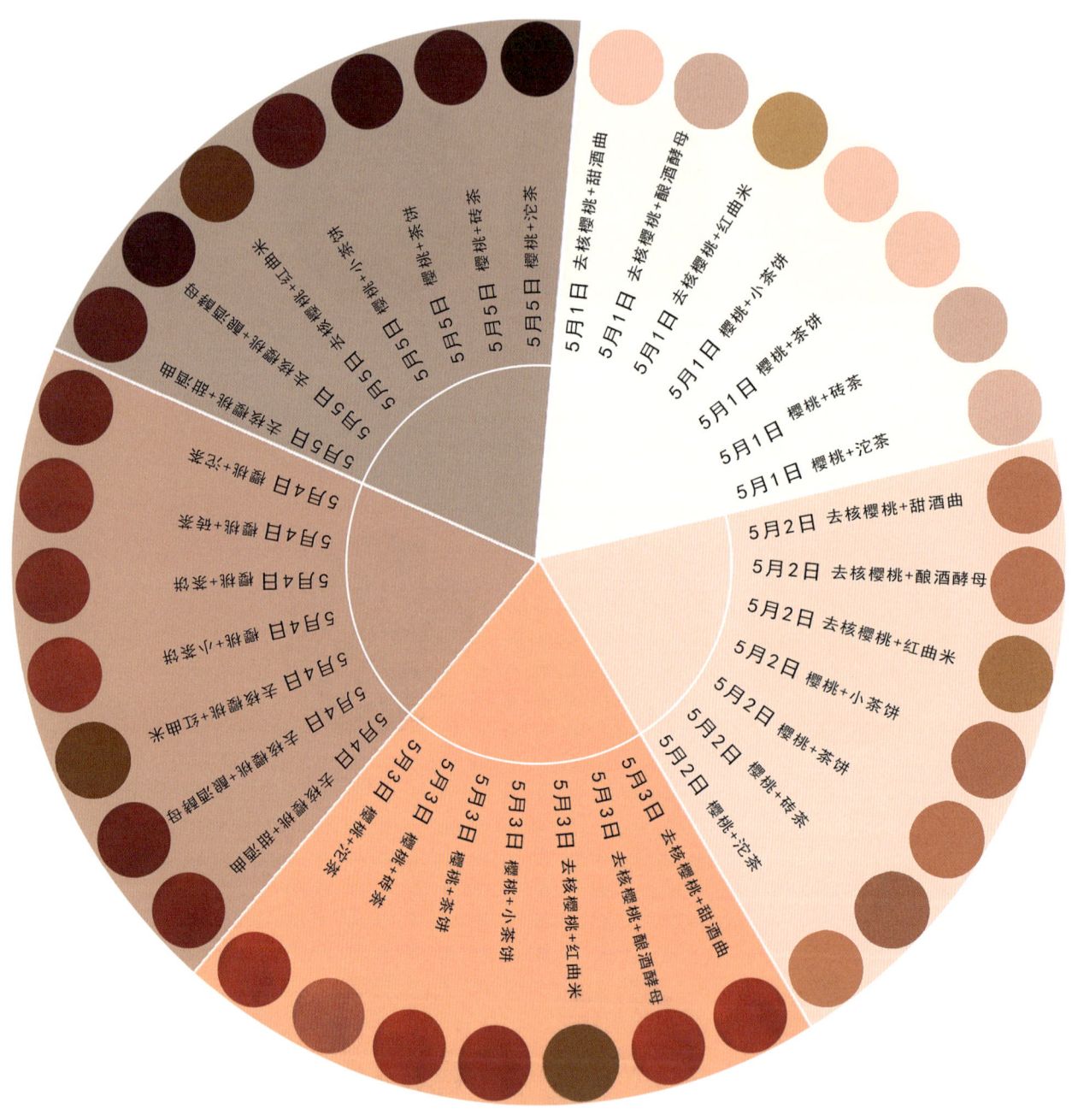

樱桃色谱

5. 制作技术与方法说明

（1）挑选樱桃，清洗樱桃，樱桃去核。

（2）制作实验组。

（3）微生物扩培实验+樱桃烘干实验。

（4）将不同形状的普洱茶制作成散茶。

（5）称量樱桃与散茶克数，配制微生物实验组。

（6）将称量过的樱桃和散茶叶混合，做成多组实验，放入培养箱进行培养。每天取出观察，记录数据。

（7）每天取出实验室樱桃2g泡水观察颜色。

（8）烘干樱桃后为能量币做粉质材料+每天取出观察实验，根据干湿度加水，记录数据现象。

（9）提取实验组，培养检测各个实验组的微生物数量、状态，制作金瓜形态的能量币。买的南瓜模型，喷漆，将发胶喷在南瓜模型上，形成黏性，撒上薄薄的樱桃粉末，等待晾干，在远处喷上发胶，使得粉末黏着在模型上。

（10）制作生物形态的能量币。建模能量币形状，樱桃晒干、磨粉+茶叶磨粉的粉末，通过近处发胶喷在3D打印的模型上，形成黏性，撒上薄薄的樱桃粉末，等待晾干，在远处喷上发胶，使得粉末黏着在模型上，通过打磨刀细化边缘细节。

（11）剩下的茶叶，依据可持续设计理念，制作成肥皂，送给参观者。

樱桃处理

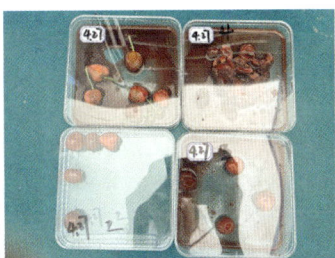

制作实验组

微生物扩培实验+樱桃烘干实验

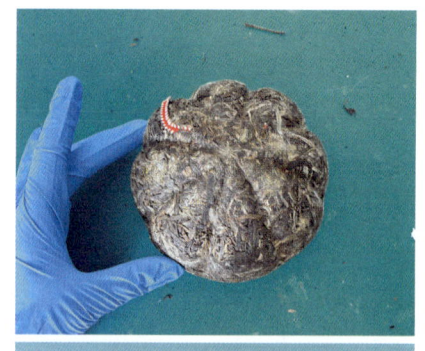

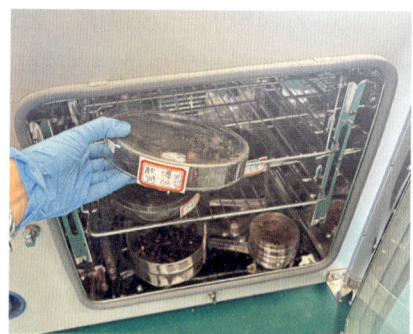

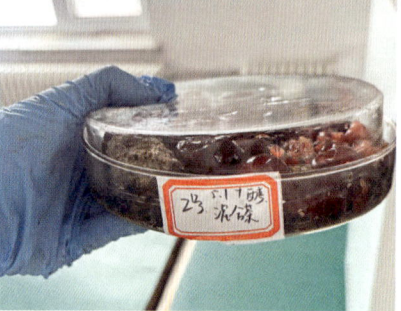

制作散茶　　　　　　　　配制樱桃与散茶微生物实验组　　　　　　去核樱桃和散茶叶混合培养

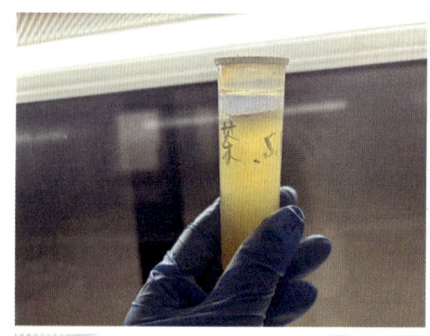
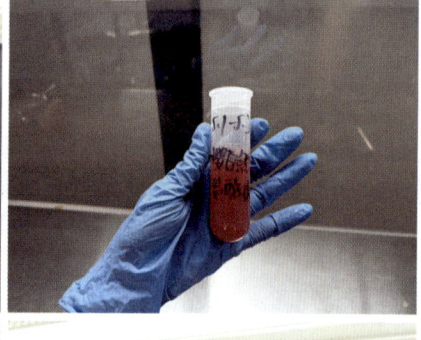
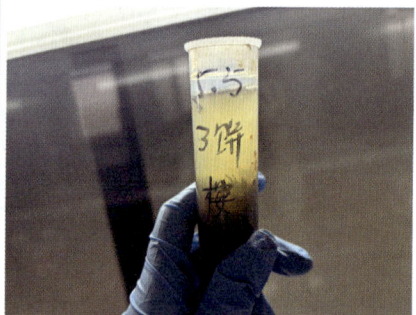

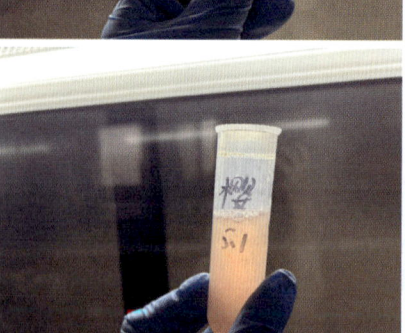

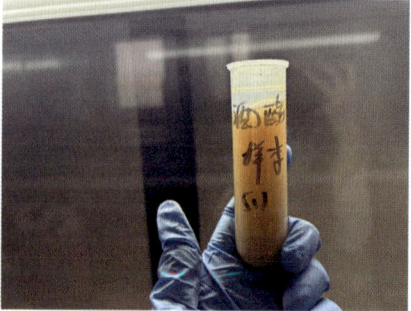

樱桃泡水观察颜色

为能量币做粉质材料+每天取出观察实验　　　　　制作金瓜形态的能量币

制作生物形态的能量币　　　　　　　制作肥皂

（三）作品成品展示效果图

（1） 　　　　　　　　　　（2）

（3）

（4） 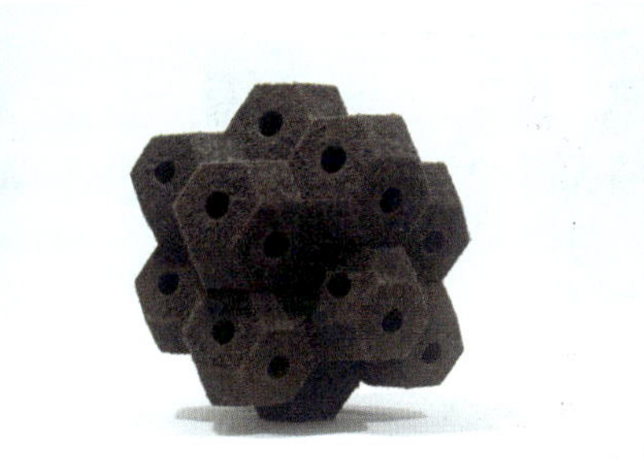　　　　　　（5） 　　　　　　（6）

作品成品展示效果图

第二节
基于化学科技的艺术媒介生成实验

本节注重学生对材料反应机制的观察与利用。学生需掌握基础的化学处理技巧，如酸碱中和、气泡反应、色彩变化、胶化与沉淀等，通过控制化学反应过程生成具有视觉或触觉特征的媒介。

考查学生在实验中对物质状态、比例与时间的控制力，并鼓励其将"过程"视为作品的一部分，强化对"化学变化+表达效果"之间关系的理解。

一、作品《LOVE》

题　目	《LOVE》	学　生	王奇英
材　料	柠檬酸铁铵、铁氰化钾	指导教师	徐微微

（一）作品题目与概念介绍

在平凡且充满烟火气的日子里，满满的爱意包围着人们。虽然每个人对于爱的理解和表达各不相同，但对于作者来说，爱是来自这个世界的礼物，它用一种无形的力量把人们联系在一起，让人们看到了关于爱最好的模样。因此，作者以《LOVE》为题，去探讨爱这个永恒的话题。

"LOVE"中文解释为爱情、喜爱、热爱等，本词并不局限于男女之间的爱，也包括亲情、友情等。爱常常被认为是喜欢的最高境界或表达。

作者想通过作品，将人们情感中的爱进行表达。在作品中通过蓝晒技法把爱这份情感转化为一种新的情感体验，把制作蓝晒的最后一步在作品中呈现出来，让爱这份情感以进行时的方式呈现在我们面前。只要我们热爱，爱便一直存在。镜头在记录着世间的幸福，照片在定格着美好的回忆，而作品也正在呈现着满满的爱意。希望作品在给予观者足够自由感受的空间的同时也可以传达更有感受力的爱。

（二）媒介生成的技术手段与实验过程

1. 材料

棉布、蓝晒液（由柠檬酸铁铵、铁氰化钾配制）、菲林胶片、密封袋等。

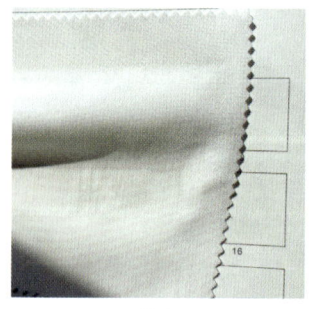
棉布

蓝晒液

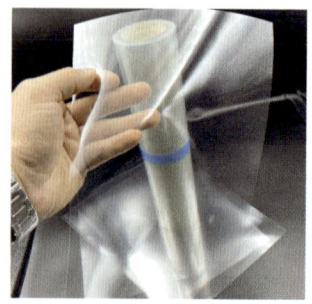
菲林胶片

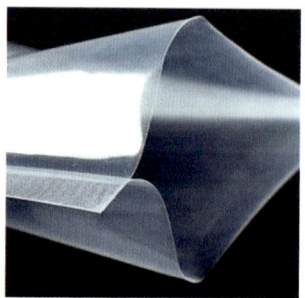
密封袋

2. 技术

蓝晒印相法（紫外线下生成化学有色沉淀），是约翰·赫谢尔爵士于1841—1842年发现许多铁化合物能够感光从而发明的。蓝晒技术是一种基于铁盐在紫外线的照射下生成普鲁士蓝色调物质的传统摄影工艺，其生成的蓝色在常温常压下具有很好的稳定性，色泽鲜艳，着色力强。

（1）实验一　负片制作。

①选择一张像素高、清晰度高的照片。

②点击"图像"模式，再点击"黑白"模式。

③点击"图像"模式，再点击"反相"。

④得到负片，保存成JPG模式。

⑤在喷墨打印机处打印负片。

照片选择

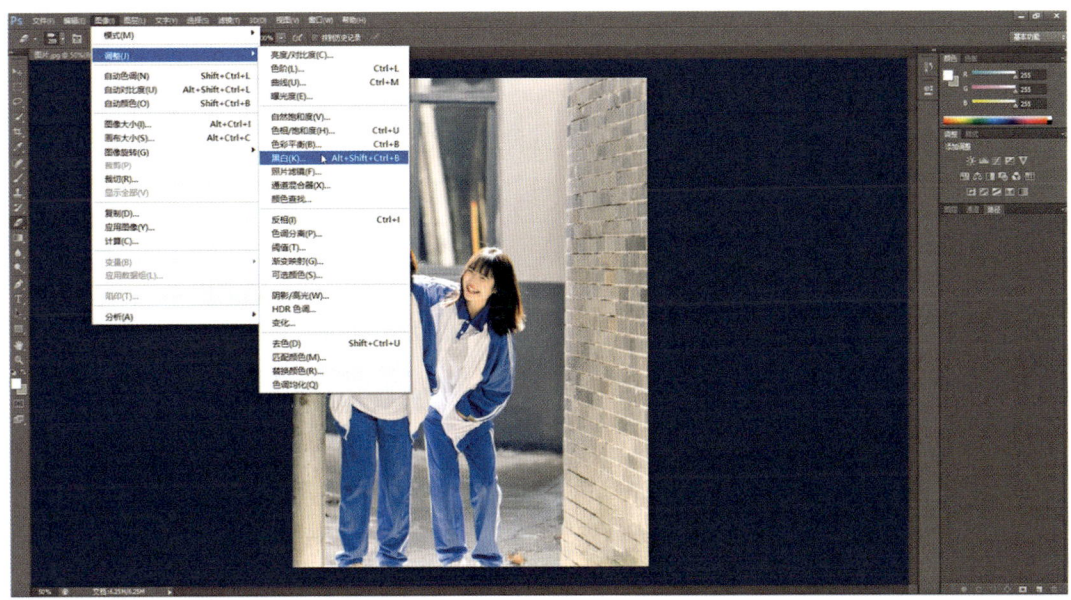

照片"黑白"模式

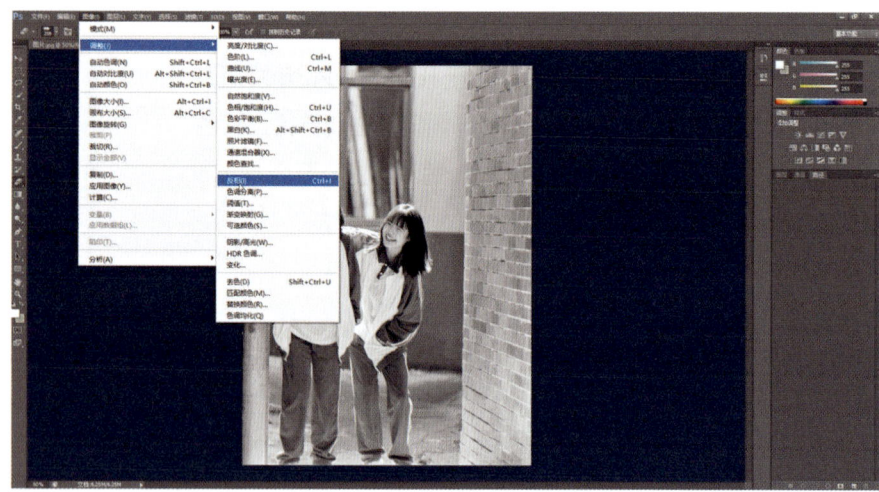

照片"反相"模式

照片"JPG"模式

负片打印

（2）实验二　蓝晒制作方法。

以下步骤①、②、③、④需要在避免紫外线照射下完成，建议室内处于稍暗环境下。

①将柠檬酸铁铵和铁氰化钾两种溶液按照1∶1比例混合（各取1mL，一般可以制作A4纸1张）。

②用刷子将两种溶液混合均匀（混合后立即使用，未用尽的不可二次使用）。

③将混合好的液体刷在画纸上，不需要涂很厚，均匀刷平即可。

④将画纸平铺在避光处晾干，不可接触阳光照射，避免提前曝光，可用吹风机的冷风加速吹干（不可用热风）。

⑤在画纸上放置需要印出的胶片，用亚克力板夹好。在阳光下晒5～20min，晒不同时间颜色会有区别，所用时长也取决于紫外线的强度。

⑥取出晒好的画纸，用水清洗，蓝色会显现出来，清洗到没有黄色液体渗出即可（可在药店购买双氧水，清洗效果更佳），洗完后晾干或用吹风机吹干。

柠檬酸铁铵和铁氰化钾两种溶液按1∶1混合

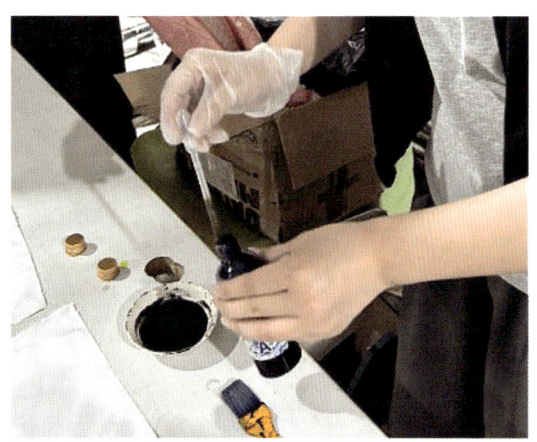

用刷子将两种溶液混合均匀

将混合好的液体刷在画纸上

将画纸平铺于避光处晾干

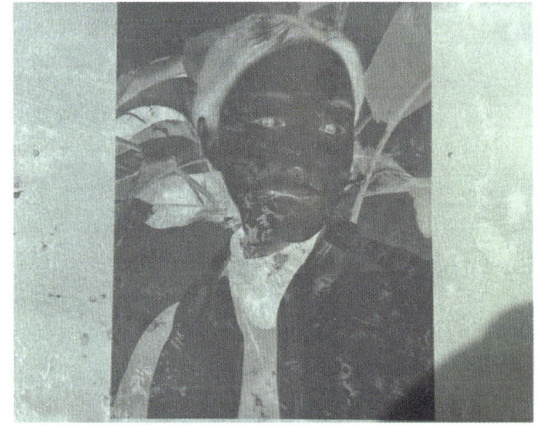

将胶片在阳光下晾晒

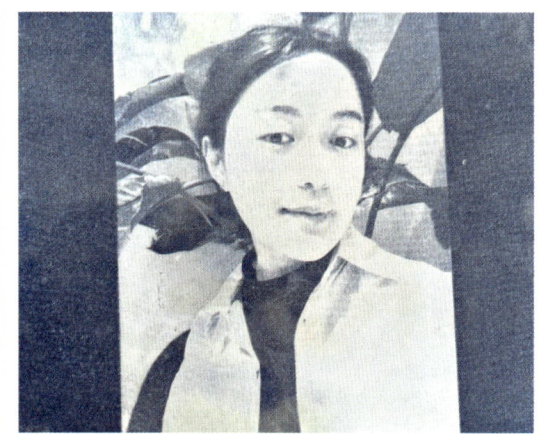

用水清洗后的画纸

（3）实验三　颜色控制。

这一步骤的关键是控制柠檬酸铁铵和铁氰化钾的浓度，浓度越高蓝色越深；反之，浓度越低蓝色越浅。

以白色墙为背景的不同浓度颜色效果如图所示。

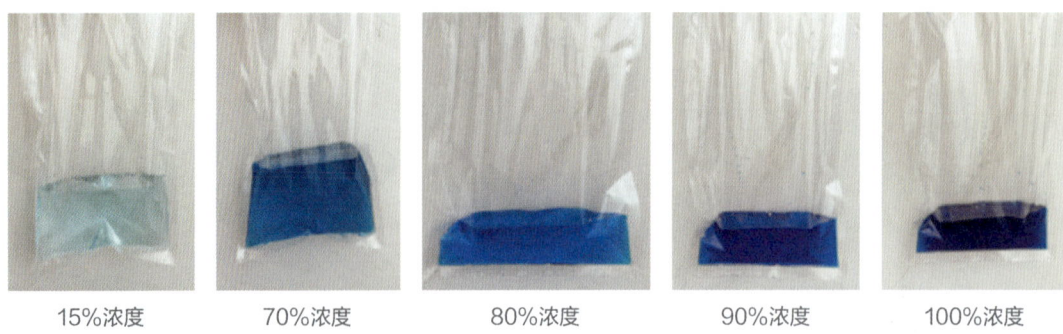

15%浓度　　70%浓度　　80%浓度　　90%浓度　　100%浓度

以户外场景为背景的不同浓度颜色效果如图所示。

10%浓度　　　30%浓度　　　70%浓度　　　100%浓度

不同浓度蓝晒液产生的蓝晒图片效果如图所示（以两组浓度为例）。

不同浓度蓝晒液产生的蓝晒效果图片

3. 正式制作

（1）照片选择与制作　选择了五个年龄阶段，具有象征性的照片（各20张）。

①0~6岁：幼儿园小朋友为主的照片；

②7~17岁：穿校服的青少年为主的照片；

③18~40岁：新婚夫妇为主的照片；

④41~59岁：父母与成年子女以合照为主的照片；

⑤大于60岁：老年夫妇为主的照片。

之所以选择五个年龄阶段的照片，是因为整个作品中间的心形，自上而下，象征着时间的变化，代表着从出生开始以及在此之后我们人生每一个阶段经历着的爱，时间段不同，主体人物的年龄段不同，爱与被爱的表达方式也各不相同。通过五个阶段具有象征性的图片的呈现，让我们更直观地看到爱的多姿多彩。

下图是做好的蓝晒照片（局部），制作过程参照前几个实验。

（1）　　　　　　　　　　　　　　　（2）

（3）

蓝晒照片——局部

（2）塑封。

（3）装订悬挂。

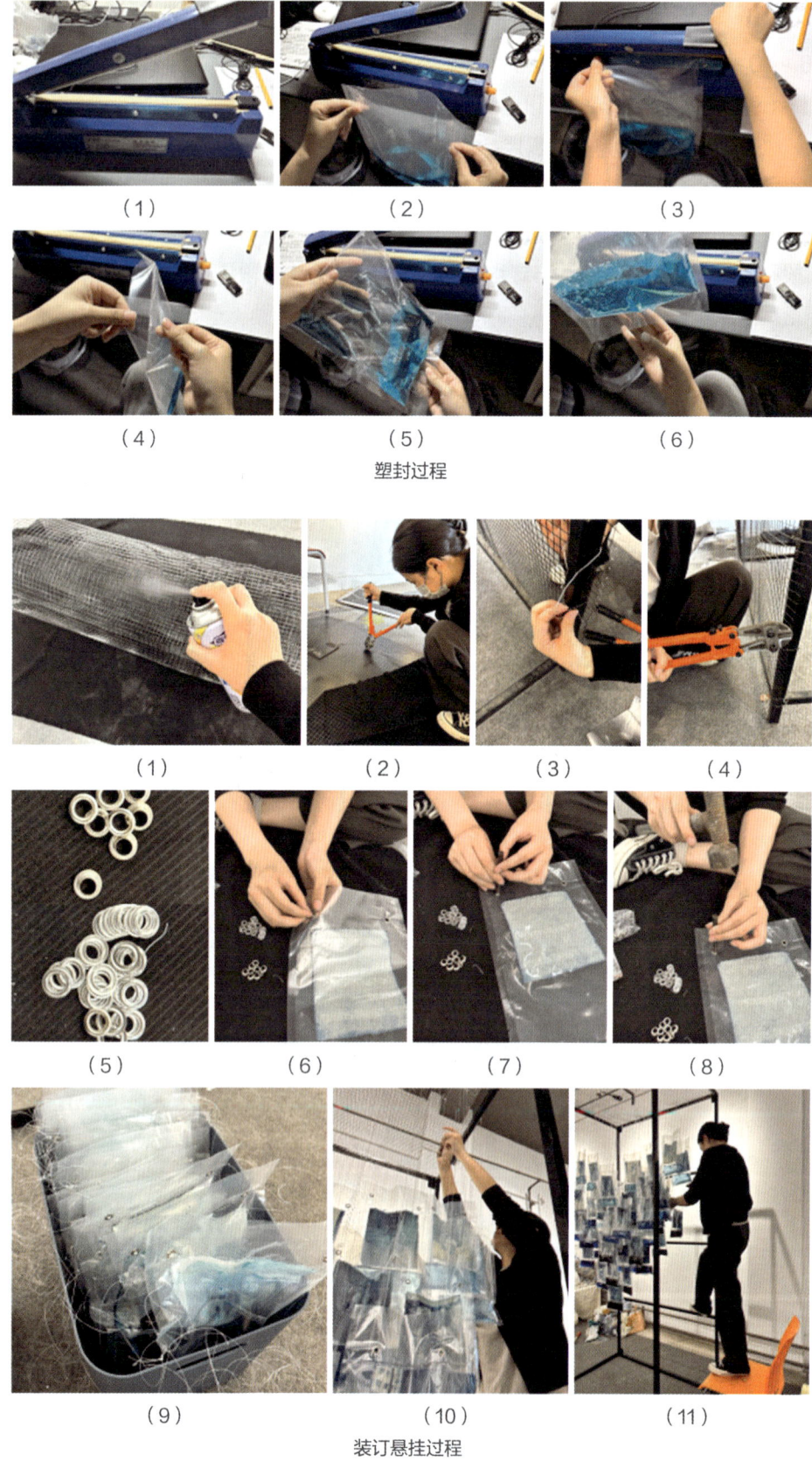

塑封过程

装订悬挂过程

（三）作品成品展示效果图

作品的整体外形由心形构成，悬挂在一个长方形的框架内。心形的造型与作品《LOVE》主题紧扣。心形是由数个正方形的个体通过前后叠加错落的方式构成，而每个正方形又是由真空压缩袋与通过蓝晒技术制成的棉布材质的照片组成。它们代表着一个个与爱相关的故事，数个故事叠加形成一个巨大的心形，综合表达爱的主题，也代表着爱的定格与呈现。

作品使用蓝晒技术与棉布材质相结合的方式呈现，一方面棉布的化学特性适合蓝晒技术的运用；另一方面它所呈现的肌理与材质更贴合作品的主题与效果。

作品《LOVE》展示效果图

（1）　　　　　　　　　（2）

作品局部图

二、作品《胶囊计划——变》

题　目	《胶囊计划——变》	学　生	张腾丹
材　料	土豆淀粉、果胶	指导教师	田　影

（一）作品题目与概念介绍

《胶囊计划》是以食材作为基础媒介，探讨当下和未来食物合成方式可能性的食物设计实验。

整体设计采用胶囊结构，由外壳和内核两个基本部分构成。内核提供食物基本营养元素，外壳则起到视觉呈现和结构支撑的功能性作用。

设计指向两个维度：

（1）当下可食用的食物，构成现场观众体验性的品尝行为。

（2）未来可能性的合成食物，构成对未来人类食物可能的意识塑造。

《胶囊计划——变》作品主要思考食物与人的关系，涉及元素有食物、形状、颜色、人。并提出问题：食物仅仅只是可食用的物质吗？食物、形状、颜色和人这四者的关系是否还能进一步延展？最后得出结论，除了食物本身的可食用性，我们更应该发掘食物对人体的其他影响，既要"食物"，也要"识物"；既要"辨别"食物，也要懂得"变通"，使食物的性质发生"变化"。饮食作为一种文化，对于人的影响的深刻不言而喻。食物不只有食用性，更有观赏性。虽然近些年崭新的食品艺术化现象推动了饮食文化的进步，但在日常生活中，大多数人依旧惯性地将食品固化为"吃的"，从而忽视了食物的观赏性所带来的巨大能量。在我们的日常饮食中，大多数看起来平平无奇的食物，都对我们发挥着超出"食用"这个概念的不同寻常的作用。当今社会，食物除了可食用之外的其他特性确实也被发掘出来，并投入使用。比如大豆精华美白产品、用颜色怪异的食物抑制食欲或进行色彩治疗、改变某种食物的样貌使人们对这种食物产生其他看法等。但这些特性也只是被单个使用，人们并没有真正地去改变这种固定思维，并没有一个更节省、更高效的利用案例。我们不妨将这些特性结合起来，去赋予食品更高层面的概念。

（二）媒介生成的技术手段与实验过程

1. 材料

土豆、水果（任选）、明胶等。

2. 技术

沉淀法淀粉提取技术

3. 具体实验过程

（1）实验一　制作土豆淀粉。

选择紧实饱满的土豆，洗净削皮，切成大约等比例的小块。

将土豆块放入破壁机中，加水打碎。取出打碎的土豆泥，水洗揉搓。

将揉搓后的土豆泥包进纱布中挤压，静置半天后氧化变色，倒出多余的水分，保留沉底的淀粉，将土豆淀粉放置在纱网上晾晒。

取一些晾干后的土豆淀粉，加入约2倍的水搅匀，过滤出杂质后将其倒入锅中，再加入目前体量3倍的水，然后开小火，控制火候，搅拌成黏稠状。

土豆选择及处理

土豆打碎及水洗

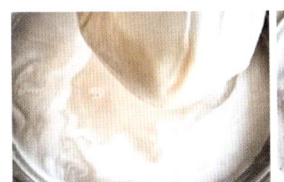   

土豆淀粉提取及晾晒

  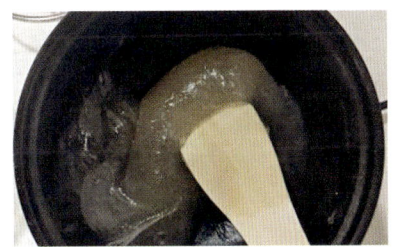

加水搅拌　　　　　　　　　　　　加热至黏稠状

（2）实验二　制作果胶。

将洗干净去皮的水果（任选一种水果）放在石臼中捣烂，加入少许食用明胶成果酱状，烘干后磨成颗粒状备用。

（3）成品制作。

第一次尝试用小块红薯粉皮泡水后粘贴在模具上，粘贴时很牢固，但水干透后粉皮翘边，最后开裂全部脱落，因此定型失败。

第二次尝试用煮成胶状的红薯粉将大块红薯粉皮粘起来，已凝固，但因为所处空间的空气较潮湿，因此未干，失败。

第三次尝试用煮成胶状的红薯粉均匀涂在模具上塑形，由于煮红薯粉时的水分和温度以及涂抹薄厚等因素，导致干透后开裂，但完整的部分韧性较好，硬度较好。

第四次尝试在胶状土豆淀粉中加入果胶，将胶状土豆淀粉糊均匀包裹在模具外，等待风干定型。但由于天气潮湿，下半部分未干变质，但上半部分成型较好。

第五次，先用保鲜膜缠在事先准备好的模具上。将果胶颗粒和明胶混合，并保持在温热状态，将混合胶按估算比例放入加热后的土豆淀粉中，混合均匀后涂抹在模具上。先用喷火枪烤干水分，再用吹风机冷热风交替吹干。以上步骤重复四五次后脱膜。

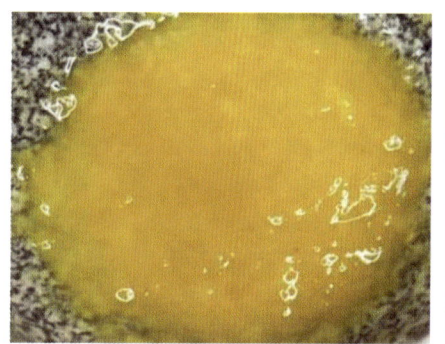
将水果捣烂后加入明胶

将果胶烘干后磨成颗粒备用

第一次尝试失败图

第二次尝试失败图

第三次尝试失败图

第四次尝试失败图

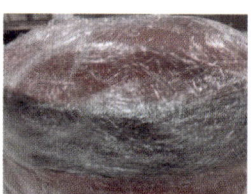
将保鲜膜缠在模具上

将果胶颗粒和明胶混合

将混合后的黏稠液体涂抹在缠好保鲜膜的模具上　　　　　　烘干、脱模

(三)作品成品展示效果图

作品《胶囊计划——变》从颜色和形状与人的关系、食物与人、形状知觉与心理、颜色与心理等多个角度入手,进行分析与研究。作品提出了大多数人将"吃的"固化为食品,从而忽视了食物的观赏性这个问题。该问题在相关专业研究领域中尚未得到充分关注,为进一步反映这一问题,引起人们的思考,《胶囊计划——变》提出了"变"这一核心理念,即转变思路,探索新的领域。

(1)

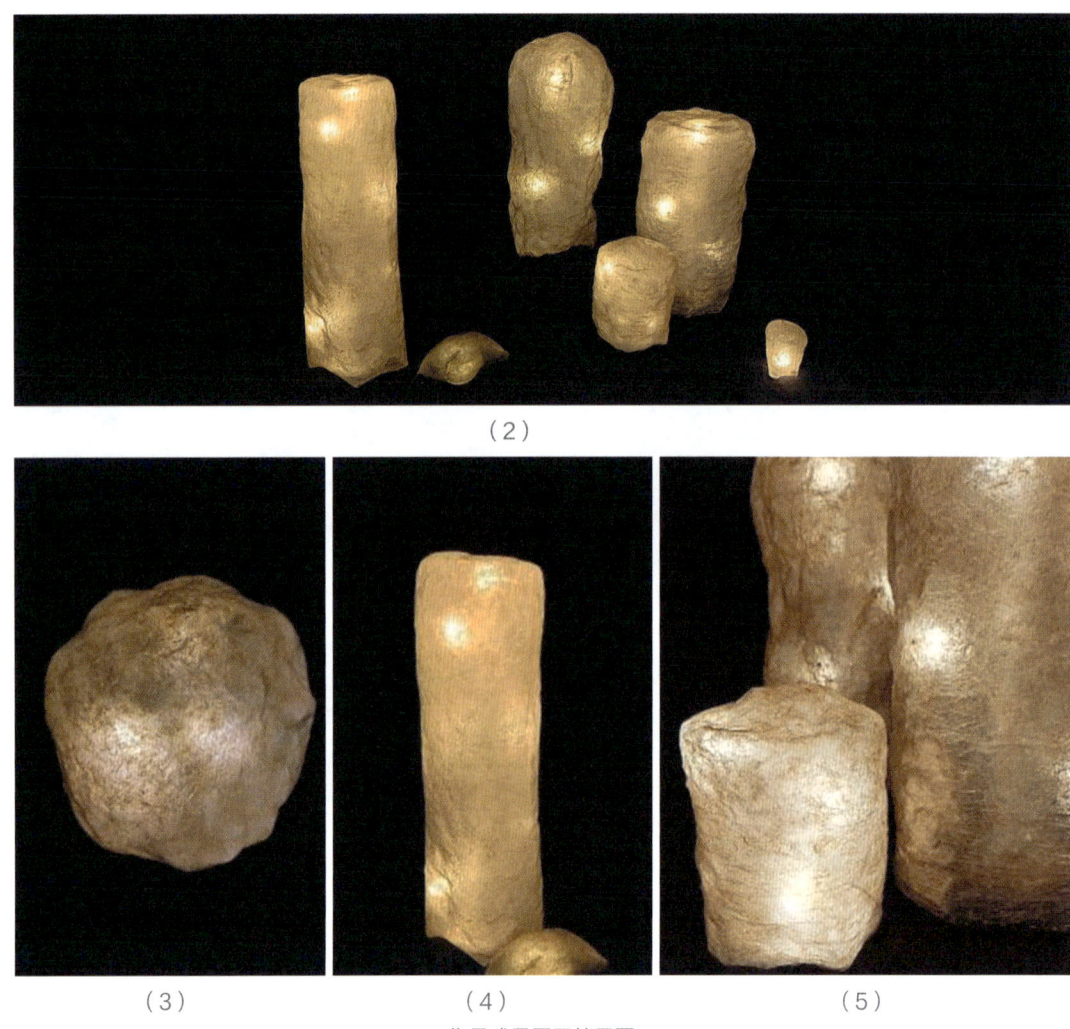

（2）

（3）　　　　　　（4）　　　　　　（5）

作品成品展示效果图

第三节
基于信息科技的艺术媒介生成实验

本节聚焦于学生在虚拟环境与数字媒介中的艺术表达训练。通过使用数字编辑软件，学生创作基于视觉逻辑与行为响应的实验性作品。项目强调感知、交互与环境之间的关系，引导学生在动态媒介中建构多维的观众体验。

考查学生在虚拟图像构建、交互感知设计与叙事结构上的综合能力，尤其关注其在概念构思与技术实现之间的协调能力，以及对数字媒介特性的艺术化运用与再创造能力。

一、作品《东关街·印记》

题　目	《东关街·印记》	学　　生	李若含
材　料	数字投影、互动装置	指导教师	石献琮

（一）作品题目与概念介绍

本选题以大连东关街的历史文化为核心展开研究。随着城市化进程的加速，众多城市的面貌趋同，城市特有的历史风貌与文化逐渐被人们遗忘。如今，人们的目光越来越多地聚焦于旧城的改造与更新，而大连作为一座具有特殊历史背景的城市，其东关街承载着老大连人的记忆，历经百年历史，依然保留着这座城市最初的样貌。

大连建市于1899年，东关街的历史可追溯至1898年，即清光绪二十四年之时。由此可见，东关街是大连重要的组成部分之一，并且鲜明地反映了大连的历史变迁与城市发展轨迹。东关街不仅是大连宝贵的文化遗产，也是中国近代城市发展的重要节点和见证。东关街也承载着几代大连人的集体记忆。

本作品以《东关街·印记》为题，通过"印记"这一手段与符号来表达。作品通过交互行为引导观众探索东关街的历史记忆。东关街作为大连极具时代特色的历史坐标与宝贵的文化资源，值得更多人关注与保护。作品旨在借助现代艺术手法让观众重拾东关街的文化记忆，共同守护这座百年历史名城，推动东关街历史文化街区的可持续发展。

（二）媒介生成的技术手段与实验过程

1. 文献研究

东关街最初名为"小岗子"，在20世纪20—30年代"闯关东"时期达到鼎盛，是"海南丢"们迁徙至大连后最早生活、居住的地方，并在这里度过了他们的一生。作为大连的重要历史文化街区，东关街不仅是一个实质性的城市空间，更承载了当地居民的认同感与归属感。作者通过多种调研渠道，搜集了大量关于东关街的历史资料，这些珍贵的资料也成为作品后期创作中的重要依据与内容来源。

（1）《大连日报》曾多次刊登与东关街相关的报道，内容涵盖了"海南丢历史街区"的保护方案、加快推进东关街改造工作的进展，以及关于东关街"修旧如故"的修缮计划等。此外，报纸还报道了东关街陆续开工改造的多个阶段性进展，为公众提供了详细的信息。

东关街老照片

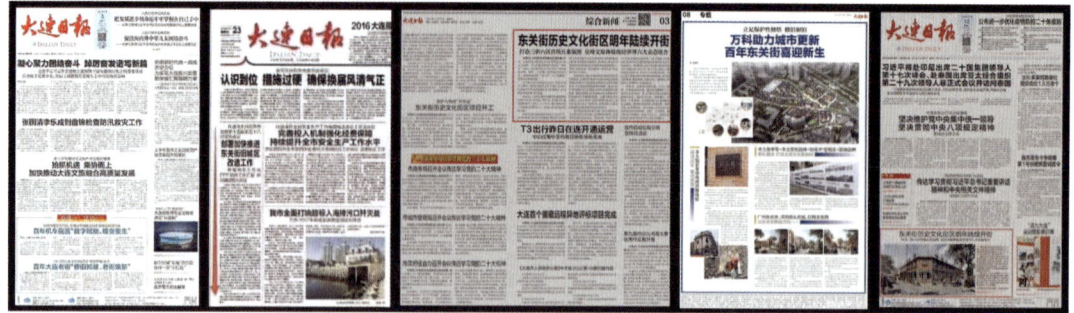

《大连日报》

《半岛晨报》

其他媒体

《半岛晨报》曾多次报道关于东关街的保护与发展的内容。2013年，该报刊登了"东关街保护成为大连重要提案"的新闻；2015年，发表了关于东关街在近代史中的地位和重要性的相关报道。此外，报纸还刊登了将东关街建成文化博物馆的建议，以及东关街正式开工的多篇报道，展示了这一历史文化街区的发展进程。

《大连晚报》曾刊登两份关于"东关街历史街区"的未来效果图。《东北之窗》刊登了"'东关街历史街区'提案"的相关内容。《政协杂志》则刊登了"'关于东关街的保护'提案"。此外，《新商报》报道了"2148封家书"中老大连人对城市建设的建议，其他报刊也发表了"'申请大连东关街为中国历史名街'的建议"，进一步推动了东关街的保护和发展。

（2）书籍　由嵇汝广所著的《记忆大连老街》，是"品读大连"系列的第一季。这本书深入记载了大连城区三十余条老街百年来变迁和传承的历史，其中就包括东关街。作者通过大量的史料查阅和实地调查，试图复原这些老街的故事和它们在城市历史文化发展中的角色。东关街作为大连的一个重要历史街区，它的历史、文化意义以及在城市发展中的角色都在书中得到了充分的展示。

（3）网络报道　新华网、人民网、中国新闻网、扬子晚报网等网络报道围绕"保护文化遗址"展开，重点强调东关街作为承载百年历史的文化街区的重要性和独特性。报道中提到，东关街包含众多不可移动文物，需严格遵循相关规定进行保护，以防止历史遗迹在城市化进程中遭到破坏或遗失，从而确保其文化价值的延续和传承。

（4）论文　作者通过阅读大量相关论文，对东关街的多个方面进行了系统梳理。首先，明确了东关街在大连城市发展中的重要地位及其特殊历史意义，并探讨了其在城市空间中的地理位置。随后，对东关街的形成历史进行了追溯，揭示了其建筑风格和特色。研究中还涉及东关街的改造过程及其现状，分析了东关街在抗日战争时期的作用与影响，并挖掘了其商业发展背后鲜为人知的故事。这些研究成果为后期作品的创作提供了扎实的理论基础和丰富的内容支撑。

（5）图像资料　东关街内的重点建筑（13处不可移动文物建筑的历年照片）、东关街的20世纪明信片老照片（47张）、东关街的各个时期地图（28张）、东关街的纪实人文摄影照片（98张）、东关街的早期（民国时期）实物收集相关照片等（126张）、东关街的未来修缮效果图（20张）、相关商铺。

《记忆大连老街》

相关网络报道

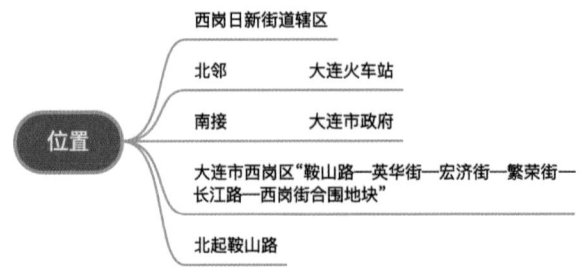

东关街位置信息

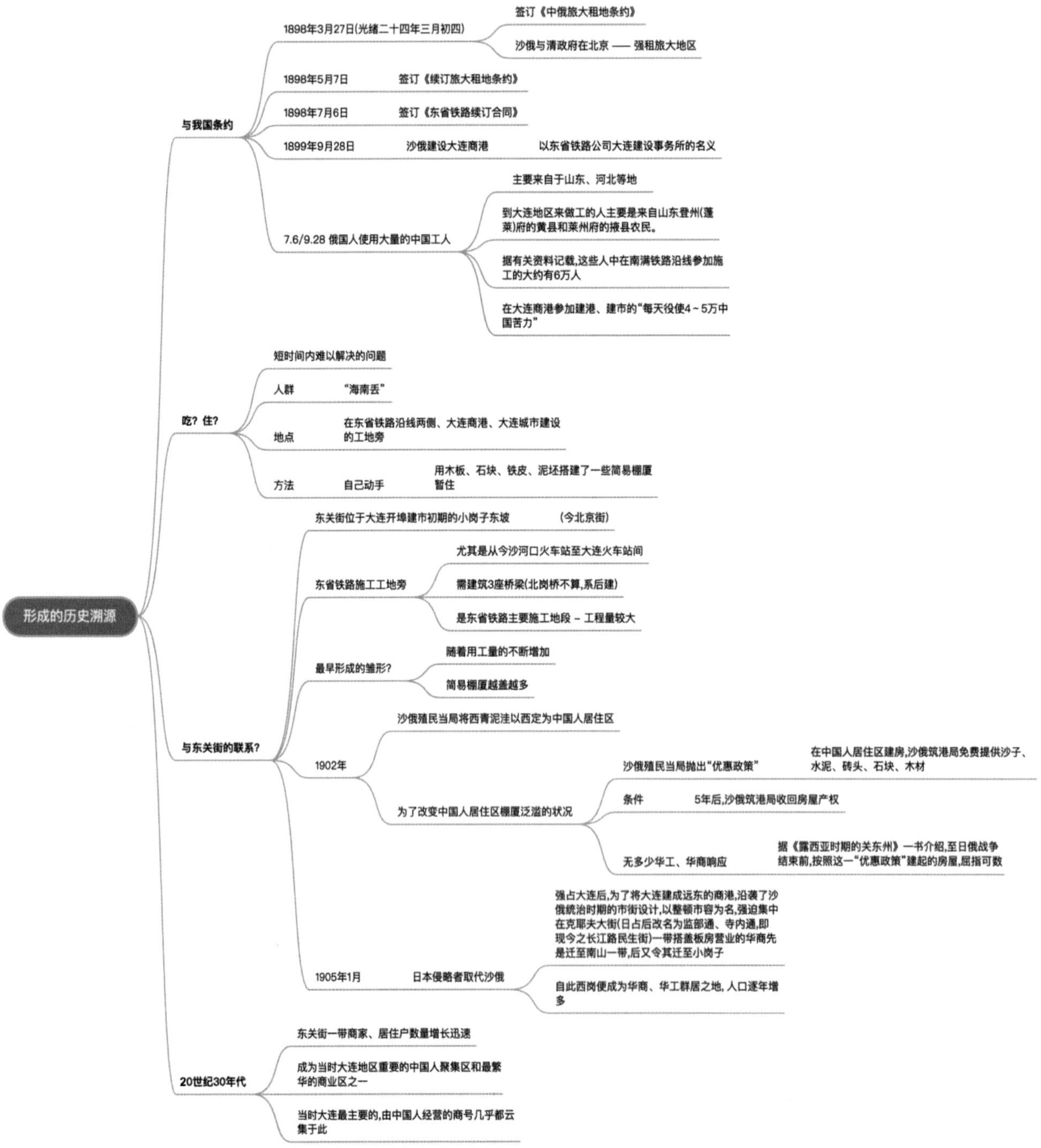

东关街历史溯源

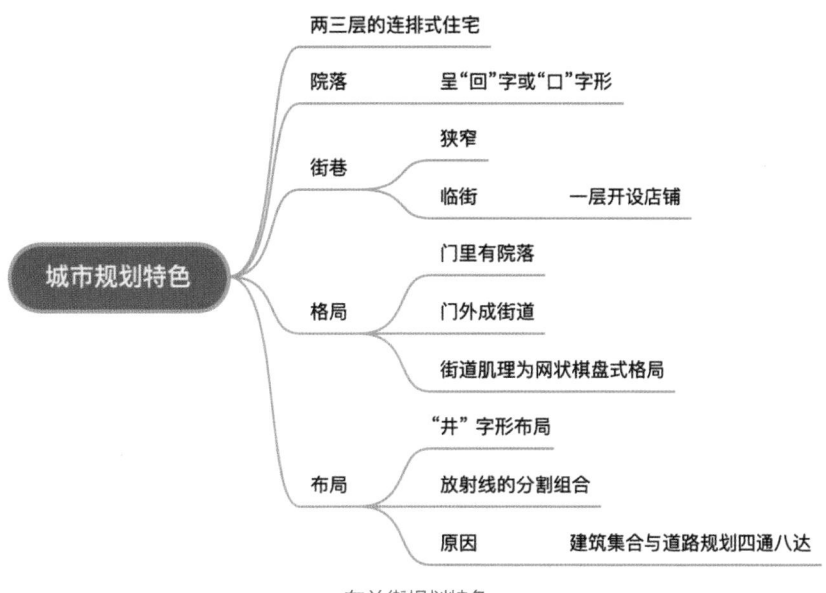

东关街规划特色

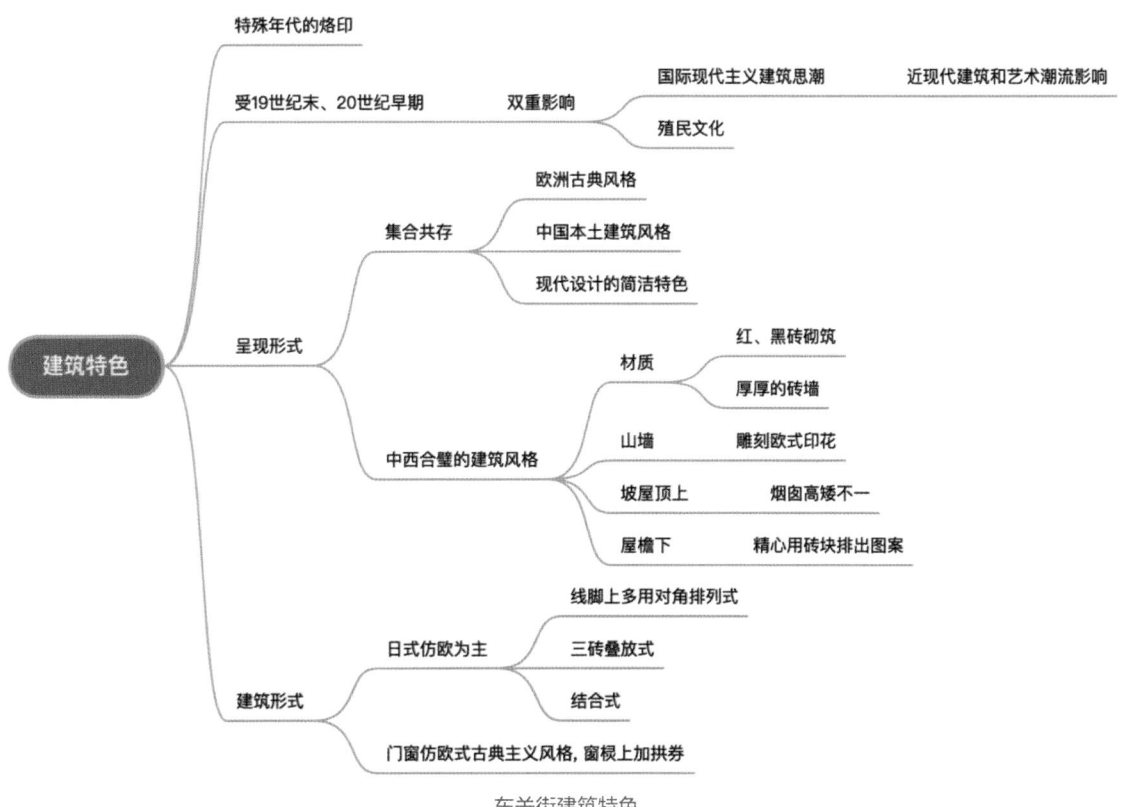

东关街建筑特色

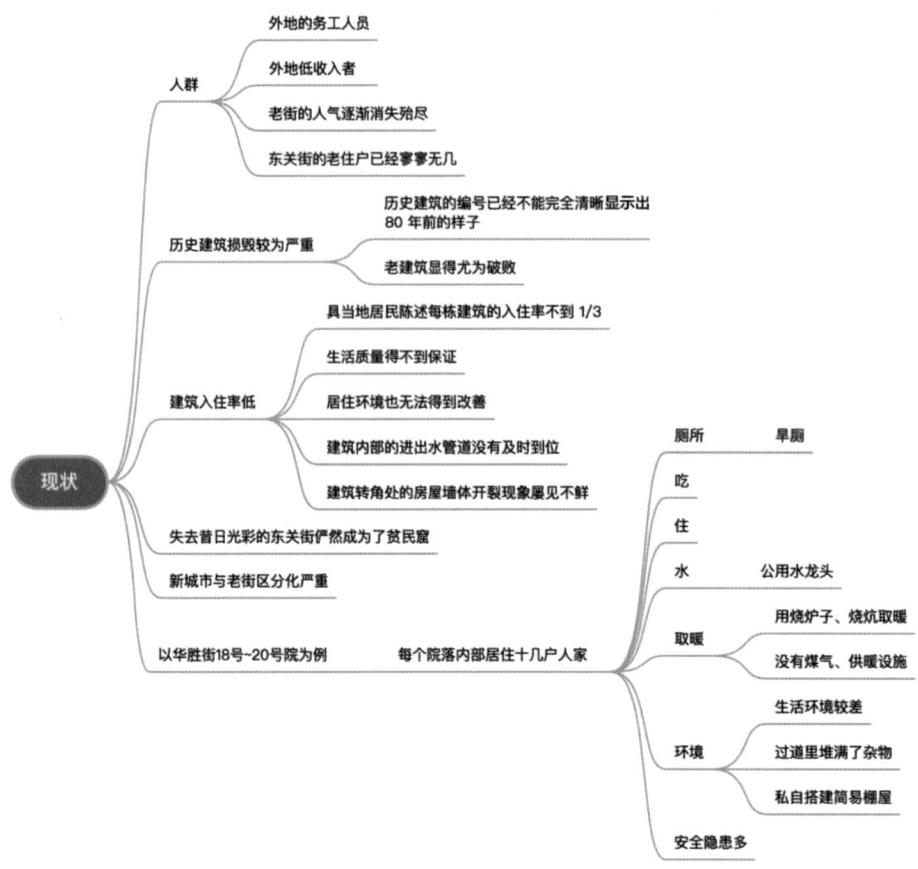

东关街现状

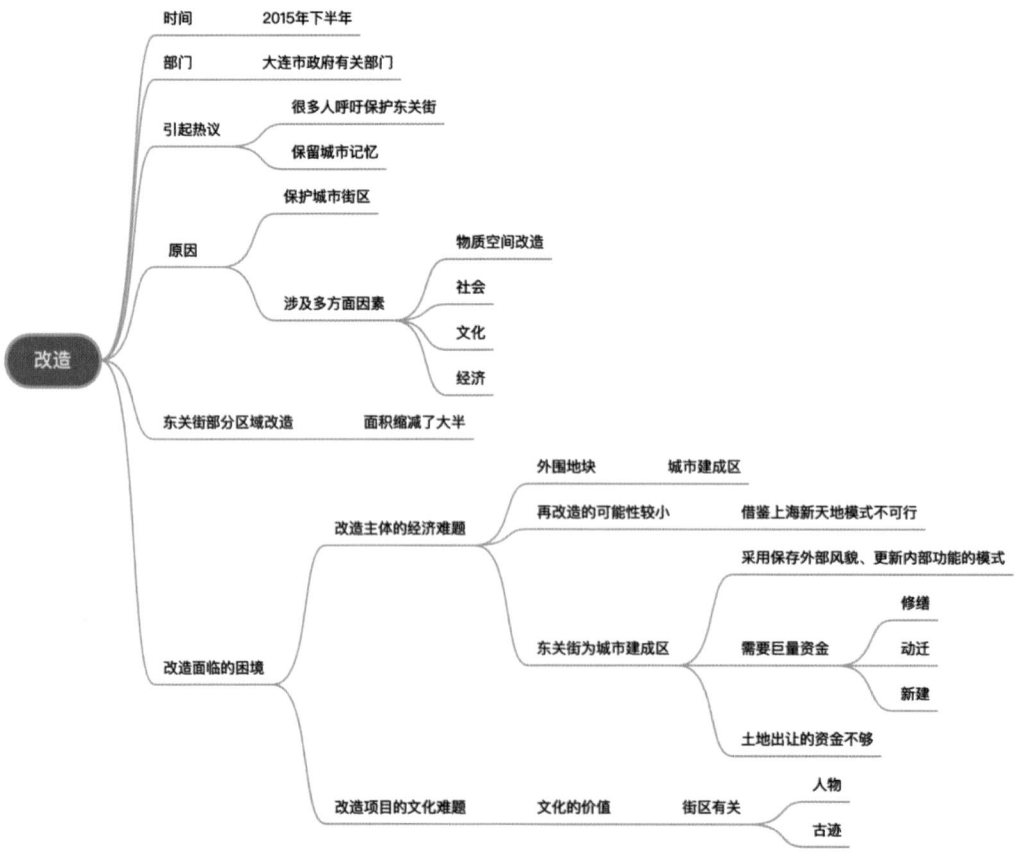

东关街改造各方面总结

2. 实地调研

作者自2022年11月初至2023年5月中旬期间，前往大连市东关街进行现场调研。通过实地勘察，收集大连东关街的现状影像资料，以整体建筑群体、局部房屋细节为摄影主体，从而了解东关街历史文化街区的风貌。拍摄了近3万张照片。

东关街整体建筑群体（各街道、不可移动文物建筑、推荐历史建筑、商铺、住宅、建筑、高楼）

东关街街区内不同风格的门、窗

西岗市场

物华照相馆

华春照相馆

3. 创作思路

作品以数字交互为基础,多种呈现方式相结合,诠释了大连东关街的独特历史文化。作品面临的主要问题是如何以一种更新颖的形式,为观展者创造独特且富有意义的历史文化体验感。为解决这一问题,作者提出了"印记"这一主题。印记不仅代表着时代的烙印,还蕴含着东关街曾经的繁华与如今的变迁。基于前期调研中大量的素材,包括图像、影像以及当地老居民对东关街的回忆等,作品将设置一个交互式场景。当观众进入特定区域时,墙面会随机呈现不同的东关街内容,组成一个完整的历史叙事体系。同时,通过Kinect设备与观众行为的交互,场景将发生动态变化。作品以综合媒介表达历史文化与人文价值,旨在弘扬大连的文化特色,唤起新时代年轻人对东关街这一历史街区的关注与了解,共同守护这座百年历史城市,推动东关街历史文化街区的持续健康发展。

4. 技术手段

在设备的选择上,作者使用雷达感应设备(用于地面)和Kinect动捕设备(用于墙面)两者结合来完成课题。原因在于,Kinect能够很好地识别人体骨骼,适用于墙面交互的需求,但在地面感应上表现不够灵敏,容易误触且反应相对较慢。雷达感应设备因其灵敏度和便捷性更能满足课题的需求,成为地面交互的首选。

整个互动场景基于一张包含大连东关街的地图展开,当观众踩在地面上的某个特定点位时,将触发墙面影像投射,并结合Kinect设备实现与墙面的交互。作品将调研期间拍摄的大量东关街照片素材进行展示。首先,使用Touch Designer设计出能够表达作品语境的视觉效果,随后通过编程完成交互触发的整体流程。这种设计不仅提升了观展者的互动体验,还增强了场景中的沉浸感,使观众仿佛置身于历史老街区之中,从而更加深刻地感受东关街的文化内涵与历史记忆。

  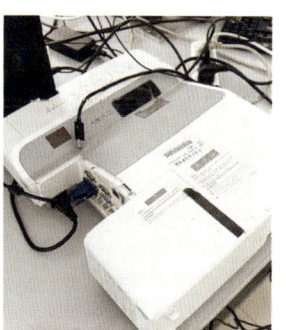

Kinect设备　　　　　　　　雷达设备　　　　　　　　投影仪

想要达到雷达与Touch Designer或其他影像及交互行为相互触发传输的效果,需要在Unity3D软件中来添加TUIO协议。需要用到的软件为Unity3D、Visual Studio、雷达模拟器。

Unity中尝试编写的代码如图所示。

若在Touch Designer中可以直接实现与雷达的连接,整个过程会相对顺利一些。并且在Touch Designer中,可以十分方便地连接Kinect设备。Touch Designer作为一款可视化的编程软件,同时也能够进行非常复杂的异形投影。作者在搜集了网络资料、询问了专业人士后,确定了Touch Designer中可以使用一个雷达组件,名为Lidar Tracker。出于后续的实体展出及调试修改等方面考虑,最后选择了使用Touch Designer来完成整个技术方面的编写。

(1)

```csharp
using System.Collections;
using System.Collections.Generic;
using UnityEngine;

public class apple : MonoBehaviour
{
    Vector2 mousePos;
    Vector2 distance;
    Rigidbody2D rb2D;

    private void Start()
    {
        rb2D = GetComponent<Rigidbody2D>();
    }

    private void Update()
    {
        mousePos = Camera.main.ScreenToWorldPoint(Input.mousePosition);
    }

    private void OnMouseDown()
    {
        distance = new Vector2(transform.position.x, transform.position.y) - mousePos;
    }

    private void OnMouseDrag()
    {
        transform.position = mousePos + distance;
        rb2D.gravityScale = 0;
        rb2D.velocity = Vector2.zero;
    }

    private void OnMouseUpAsButton()
    {
        rb2D.gravityScale = 3;
    }
}
```

(2)

```csharp
using System.Collections;
using System.Collections.Generic;
using UnityEngine;

public class moveToMouse : MonoBehaviour
{
    public float moveSpeed = 10.0f;

    private void Update()
    {
        if (Input.GetMouseButtonDown(0))
        {
            Vector2 mousePos = Camera.main.ScreenToWorldPoint(Input.mousePosition);
            Vector2 balllPos = new Vector2(this.transform.position.x, this.transform.position.y);
            Vector2 direction = (mousePos - ballPos).normalized;

            GetComponent<Rigidbody2D>().velocity = direction * moveSpeed;
        }
    }
}
```

Unity中尝试编写的代码——局部

5. 制作过程

（1）第一阶段　基于自摄图像在Touch Designer中做可视化编程。制作的时候使用到模仿点云效果导入2D图像做出的3D粒子构成元素。

用一张张点状东关街建筑照片（像素块）组成东关街俯瞰图。

在制作过程中，作者尝试通过不同的视觉效果来传达作品主题。其中，一种类似水彩扩散的效果被应用于画面中，呈现出如同时光流逝的视觉感受。这种设计不仅象征着东关街百年历史的变迁，也隐喻了街区在不断变化。后续制作环节主要通过建立不同节点来逐一测试，以确保整体效果能够契合毕业设计的主题语境与艺术表达，从而呈现出符合作品内涵的视觉体验。

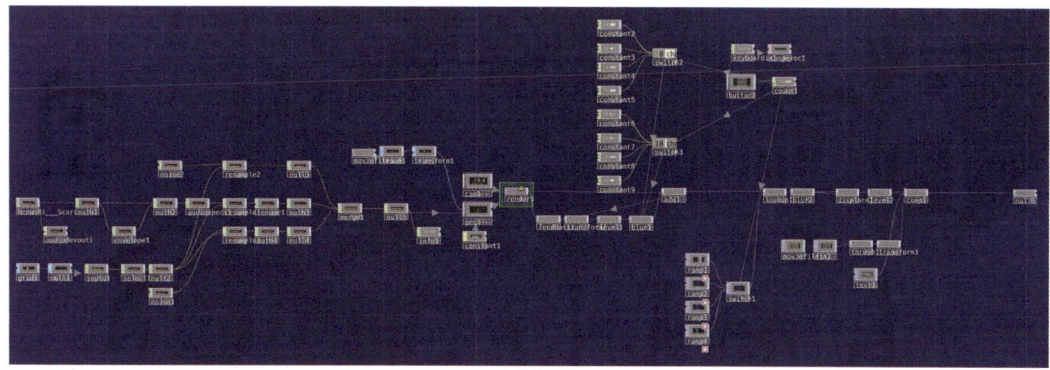

（1）

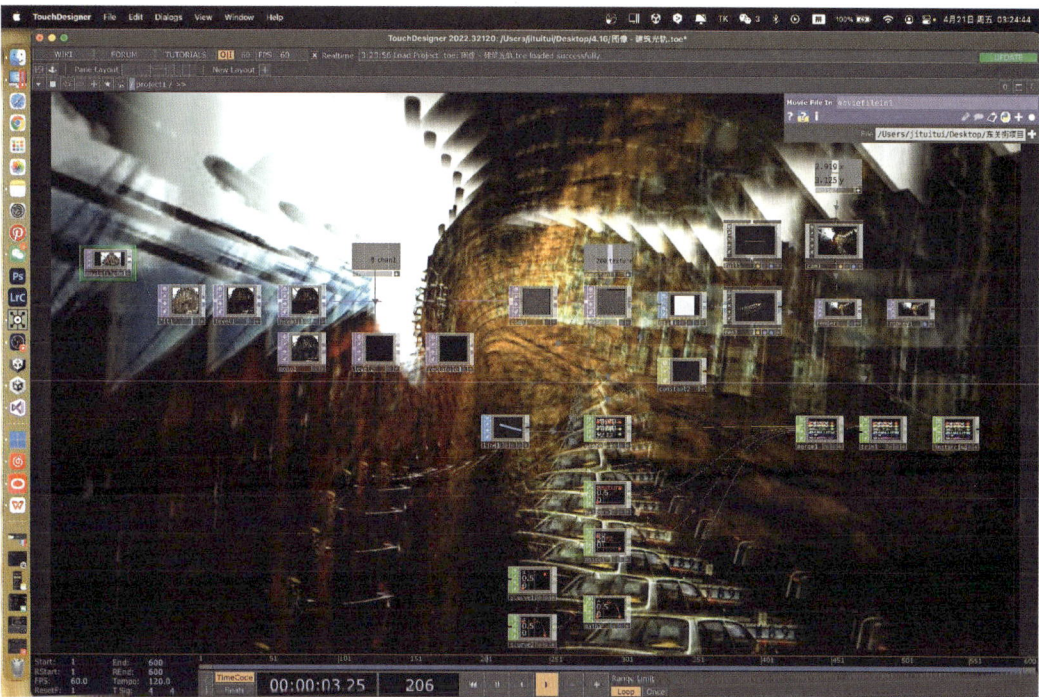

（2）

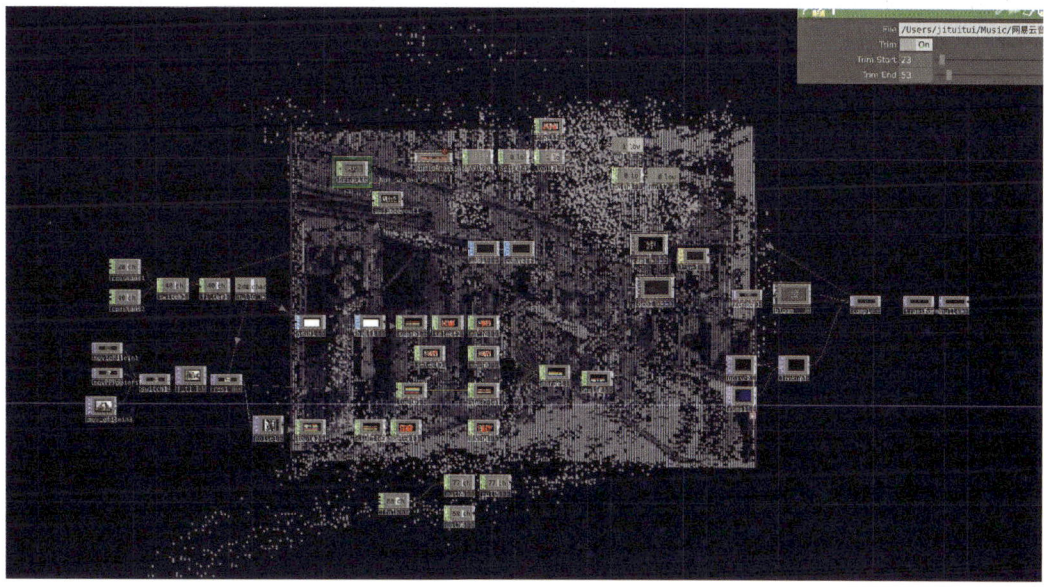

（3）

Touch Designer的可视化编程——局部

（1）

（2）

水彩扩散效果

（2）第二阶段　视频制作。主要针对投影展示中所需的视频部分进行创作，并结合前期拍摄的素材进行剪辑与加工，以呈现东关街的历史风貌与文化记忆。最后一步是整体交互行为的技术实现。通过Kinect设备与场景相结合，完成互动机制的设计与调试，为作品增加动态的交互效果，使观众能够在与作品的互动过程中体验到东关街独特的历史与文化魅力。

（1）

（2）

视频制作

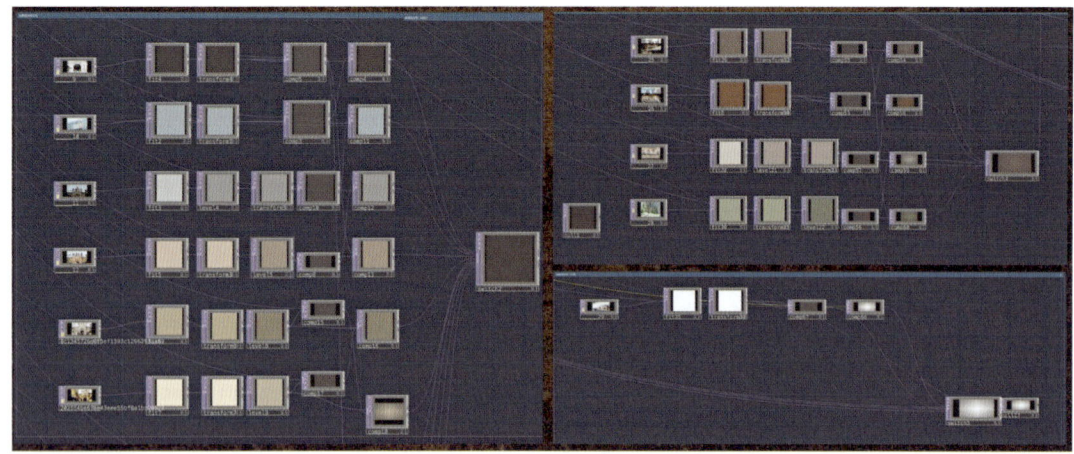

东关街重点保护文物建筑——过去、现在、未来三个时期图像切换

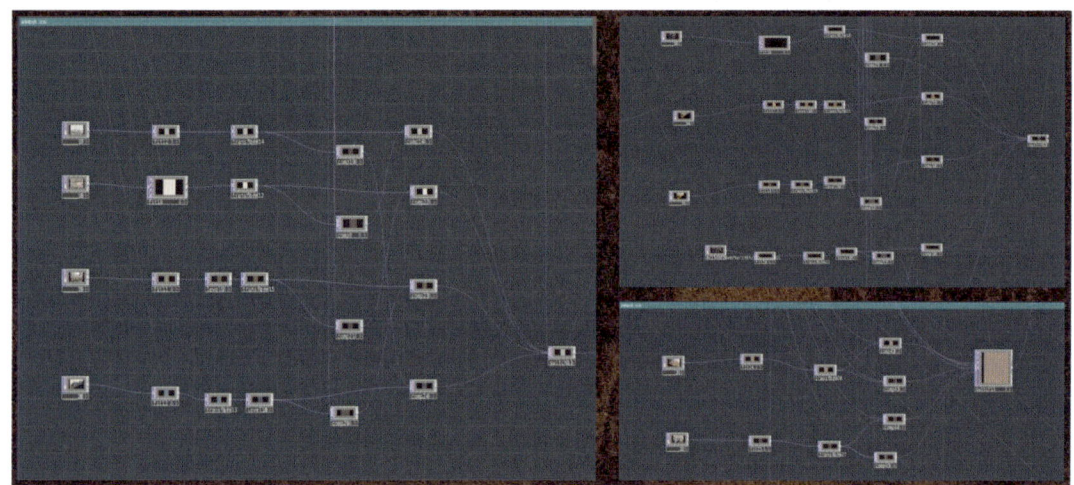

每一个点位由三组节点组成，代表了它的三个时期

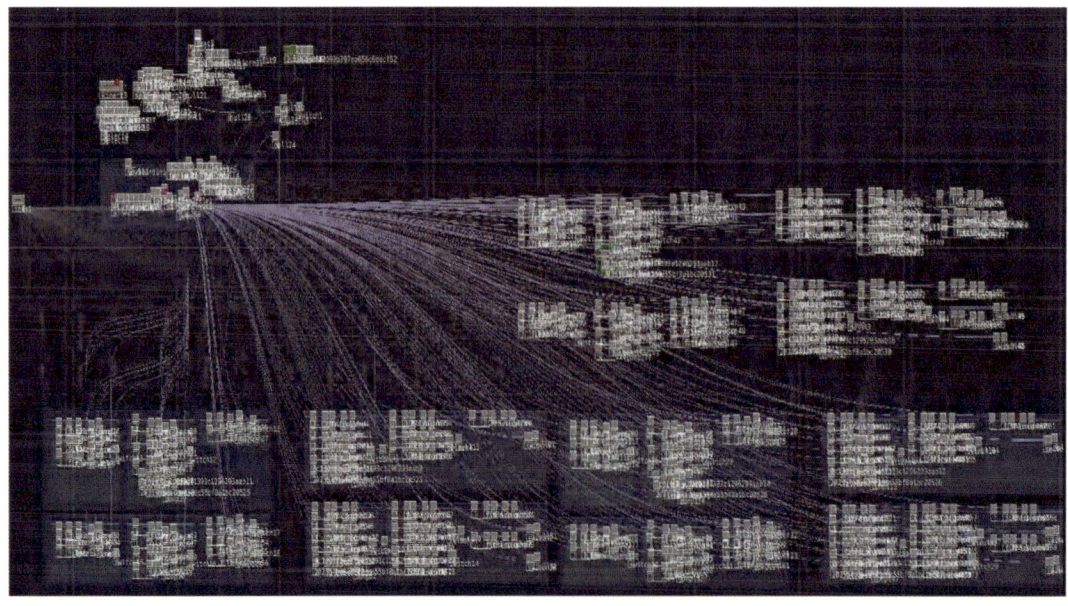

Kinect全部节点

6. 作品展示效果图

作品尺寸为宽2m，高1.7m。

作品展示效果图

（三）作品成品展示效果图

交互过程：首先，在观众进入场景后墙面开始播放视频，对东关街进行初步了解。其次，观众站在地图上用脚步来选取点位，不同点位对应不同的东关街不可移动文物建筑，当地面雷达检测到点位的触发后，随着脚步移动，墙面建筑进行对应切换。最后，在进入具体建筑区域的同时，观众通过手势借助Kinect设备与建筑进行交互，画面会随之进行动态变化。

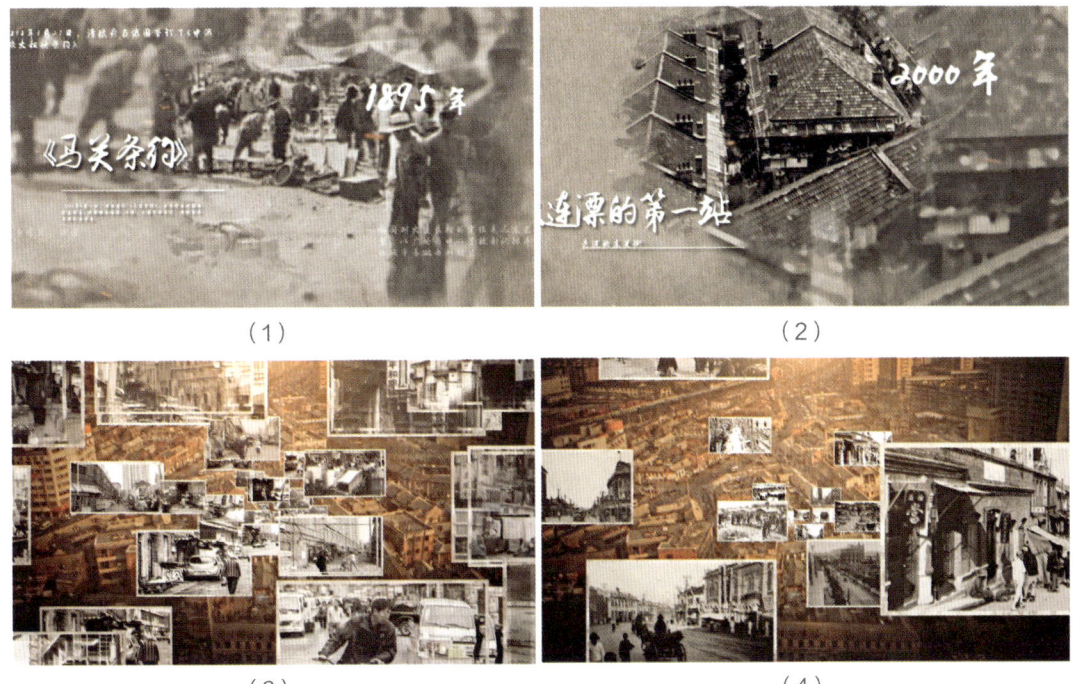

关键帧视频截图

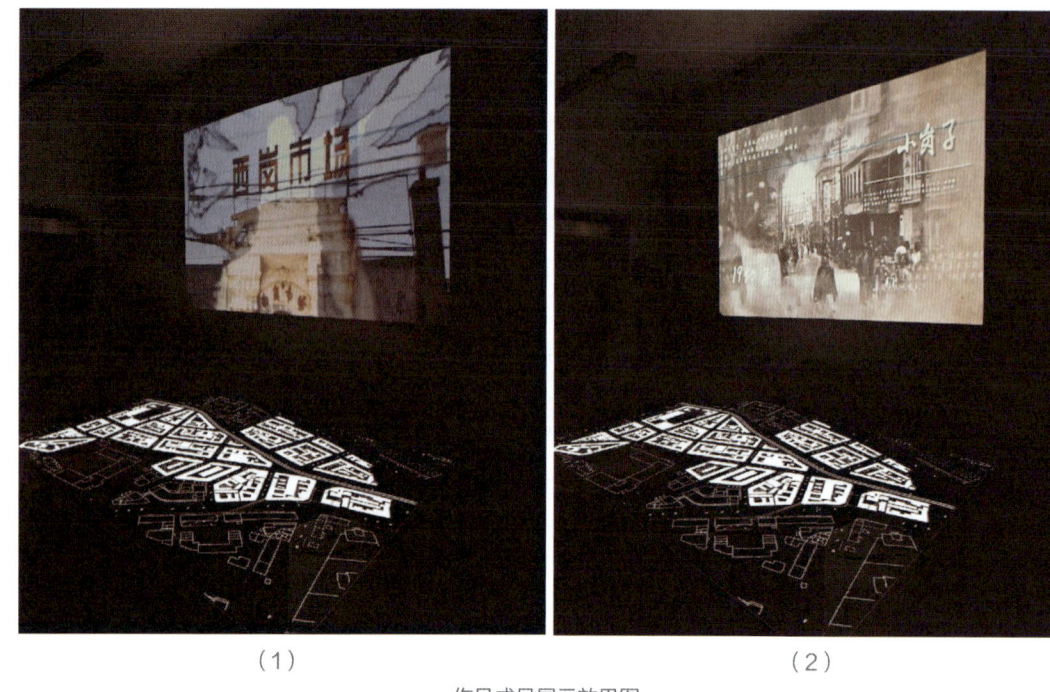

（1） （2）

作品成品展示效果图

二、作品《迷失在404号房间》

题　　目	《迷失在404号房间》	学　　生	岳城屹
材　　料	机械装置、钕磁铁球、钕磁铁块等	指导教师	王朝阳

（一）作品题目与概念介绍

随着人口老龄化不断加剧，阿尔茨海默病患者数量越来越多，在患者脑中，记忆无法调取，永远困在旧事中无法挣脱。这是一种束缚，也是一种迷失。在日常的网络冲浪中，页面时常会弹出"404 Not Found"的字眼。这种情况代表了此网页无法正常显示。在第三次科技革命之前，互联网的形态就是一个大型的中央数据库，这个数据库凑巧就放置在404房间里面。当时的所有请求都依靠人工完成，如果请求者写错了文件编号，或数据库中没有找到相关文件，就会显示"room 404：file not found"。阿尔茨海默病患者的大脑，同样无法调取代码与真实的记忆。于是，创作者把患者的大脑比作404号"房间"，在这个"房间"中，记忆进不来也出不去，一直在不断地绕弯，剩下的回忆被永远禁锢在了那个"房间"中，一直在徘徊。

作品利用滑动机械模组带动磁铁球的循环运动，象征了患者记忆的无尽轮回。磁铁球的反复运动不仅表现了患者生活中的重复性行为，也隐喻了他们记忆力的渐进衰退与混乱。滑动的机械装置通过程序控制步进电机与钕磁铁，使小球在平面上来回移动，传达出阿尔茨海默病患者在思维中循环徘徊的无助感。这种设计不仅在技术上表现了疾病的症状，更在情感层面呈现了患者对现实的隔离与对过去的执着。嵌入LED灯条的装置通过光影变化，增强了作品的视觉冲击力，进一步强化了循环和遗忘的主题。

该作品融合了多种艺术媒介与机械科技，展现了阿尔茨海默病的复杂性。通过LED灯条与机械运动的结合，作品将观众引入到阿尔茨海默病患者的内心世界，使其从感官上直观感受到这种疾病对患者日常生活和情感体验的影响。作品不仅仅是对疾病的展示，更是对现代社会家庭责任与人性关怀的深刻探讨。通过作品，作者希望引发更多人对阿尔茨海默病的关注，唤醒社会对老年人尤其是患病老人的深切关怀，促使人们以更温暖、耐心的态度去面对这逐渐淡去的"记忆之光"。

（二）媒介生成的技术手段与实验过程

1. 技术支持

经过方案的确定，作者总结了一张关于相关技术的列表，发现作品的展现形式需要用到双磁铁和可以在平面上进行 x、y 轴平移的机械装置。因此，需要考虑磁力大小是否可以支撑下一步的实验，以及机械装置的承载能力。首先，作者调研了影响磁铁之间磁力大小的因素。磁力是磁场对物体的作用力，是磁铁的重要性能之一。磁力的大小与磁铁球的直径和长方形磁铁的厚度有着密切关系。当磁铁的直径增大时，磁力也会随之增大。这是因为直径增大后，磁场的面积也会随之增大，从而使磁力增强。因此，如果需要增大磁力，可以通过增大磁铁直径来实现。其次，磁铁的厚度也对磁力的大小有着重要的影响。当磁铁的厚度增大时，磁力也会随之增大。这是因为磁铁的厚度增大，磁场的强度也会随之增大，从而使磁力增大。因此，如果需要增大磁力，可以通过增大磁铁的厚度来实现。最后，磁力的大小还与磁铁的材质、磁化方式、磁场的方向等因素有关。因此，在实际应用中，需要综合考虑多种因素，才能得到最优的磁力效果。

作品的机械装置名为双轴步进模组。步进电机是一种将电脉冲信号转换成直线或角位移的执行元件，分为单轴模组和多轴模组，单轴步进电机控制比较简单，使用的场景相对局限，比如自动门的开关闭合、CNC机床等；而双轴步进电机转动配合，可以处理更加复杂的工作内容，适用的场景也就相对广泛，比如航天航空、机器人等专业领域。在作品中，为了实现小球跟随滑块平面移动这一目的，作者使用双轴步进电机模组，控制滑块在 x、y 轴自由移动，通过钕磁铁的强大吸引力，带动磁铁上方的铁质小球运动。对于机械装置的调研，发现其购买渠道较少，1m×1m的滑动模组难以移动作品，只能固定在一个地方，所以考虑小尺寸的模组。虽然模组小，但完全可以实现 x、y 轴移动，也能带动磁铁。

通过编程使机械装置能初步达到设想的运动状态，铁球被下方磁铁吸引，可以在平面上按照给定的程序进行位移，往复运动，永不停息，并且不会掉到地上。铁球不会将平面上的装饰物破坏，且可以较为平稳地移动。

人们可以在作品中看到平面上徘徊的铁球，在铁球的移动范围内贴满了便利贴和黑白照片，而在这范围之外的图片都是彩色的，它预示着阿尔茨海默病患者难以触碰到正常的生活，在他们的世界中，一切都是灰色的。该作品希望用这种方式让观众们提高对阿尔茨海默病症状的认识和理解，并让社会对此病症加以关注。

2. 媒介选择

作品为模拟出阿尔茨海默病患者在日常生活中的状态，需用到两块磁铁，一个是铁球，一个是与之吸引的长方形磁铁。磁铁使用钕磁铁，寻常的磁铁无法实现预期效果。另外需要一套控制长方形磁铁移动的双轴滑动模组。滑动模组由直接模组、支撑座、电机座、步进电机、限位器、传动轴、光电感应开关和西门子PLC编程控制模组构成。经过调研，西门子的PLC分为两种，继电器输出和晶体管输出，相较于继电器输出来说，晶体管的响应时间较

钕磁铁　　　钕磁铁球　　　双轴滑动模组　　　限位器

西门子PLC　　（1）　　（2）　　（3）

启动按钮、暂停按钮、复位按钮

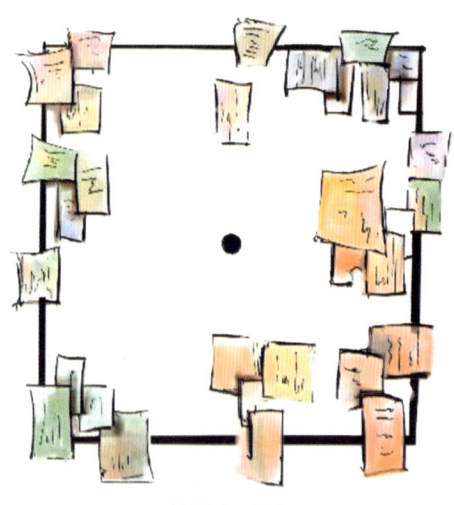

草图（顶视）

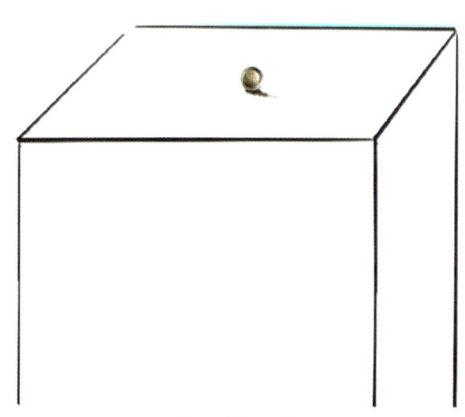

草图（前视）

快，为0.2～0.5ms，且晶体管输出驱动电流小、频率高、寿命长，适用于控制伺服与步进电机。滑动模组承重在10kg以上，模组精度是0.1mm。步进电机选择42的型号，有效行程是400mm×400mm，还有三个按钮控制程序启动、暂停与复位。另外需要几种辅助材料：彩色卡纸、白色木板、四块可吸音的板子（从四方吸音，方便减少电机发出的噪声）。

注意：钕磁铁需要与电子器具保持一定距离，防止其损坏电子设备。

3. 设计草图

建造一个大小为50cm×50cm的平面，并在平面上贴上便利贴，上面写上一些话，然后让球在平面上滚动，不断地以作者所给的指令做运动。磁铁球在平面上可以按照给定的程序进行移动，在平面中往复运动，但不会掉到地上。让人们可以在作品中看到徘徊的铁球，用一种简单的视觉效果表现出阿尔茨海默病患者脑中迷失的状态。

4. 媒介实验

材料准备：一套双轴滑动模组，两个42型号步进电机，100m长的BVR软线，一块长、宽、高为5cm×5cm×3cm的钕磁铁，一个直径为3cm的磁铁球，220V转24V的开关电源，一根电源外接线，西门子s7-200SMARTPLC（小型可编程逻辑控制器），一套方便贴，老旧报纸，六张长、宽和厚度为

45cm×45cm×1cm的白色喷漆木板，以及搭建作品框架所用的木板：两张长、宽和厚度为50cm×50cm×2cm的白色木板，四张长、宽、高为70cm×50cm×1cm的木板。

（1）实验一

①探究方向：铁球能否跟随磁铁的移动而进行滚动，以及合适的隔层厚度是多少。

②实验道具：1cm厚度木板×8、正方形钕磁铁×1、铁球×1。

③实验简述：将铁球放在一块木板上方，磁铁则在木板下方并贴紧木板。手拖动磁铁发现铁球可以跟随其运动，但却未滚动，且将木板划出一道痕迹，未达到理想效果。于是逐渐在两磁铁之间添加木板，添加至4层时，移动磁铁，发现铁球可以跟随滚动，但吸引力还是较大，铁球运动轨迹生硬不够灵动。将中间隔层添加至6层时，平行移动磁铁，发现铁球能够移动，并且有时会原地旋转，基本可以达到作品呈现的理想效果。

④实验结论：磁铁在木板下方移动，铁球可以实现在上面滚动的效果。距离太近会导致破坏平面上的装饰物，距离太远将不会有影响，最终发现隔层距离为6cm时，呈现效果最好。

（2）实验二

①探究方向：使用西门子PLC对滑动模组进行编程。

②实验道具：西门子PLC×1、双轴步进电机模组×1、24V开关电源×1、步进驱动器×2、100m BVR电线×1。

③实验简述：首先将滑动模组组装好，然后将开关电源的火线、零线和接地线连接好。通上电后，检查电源右下角指示灯是否亮起绿灯，发现是绿灯无误后，断电。断电后，开始连接开关电源和步进电机驱动器，"DIR±"代表控制步进电机的方向，"PUL±"代表发出的脉冲。先用电线将"DIR-"口与"PUL-"口并联起来，然后连接到开关电源的"24V-"。GND口接开关电源"24V-"，VCC口接"24V+"。然后打开电源检查是否接错线，发现驱动器发光后，断电。

原点1、前极限1、后极限1、原点2、前极限2、后极限2皆属于输入点位，用黑线接PLC输入点I0.0、I0.1、I0.2、I0.3、I0.4、I0.5。

然后接开关、暂停、复位按钮，所有开关的23常开口接"24V-"，24常开口分别接I0.6、I0.7、I1.0。接开关电源后，按各自按钮发现PLC输入端对应端口开关点亮，连接成功。组装好双轴模组，然后安装限位器并引出电线。

将步进电机的黑、绿、蓝、红颜色的线分别接驱动器的B-、B+、A-、A+端口，具体接线如图所示。

铁球实验

步进电机驱动器

PLC连线

PLC通电检查

限位器蓝棕黑线

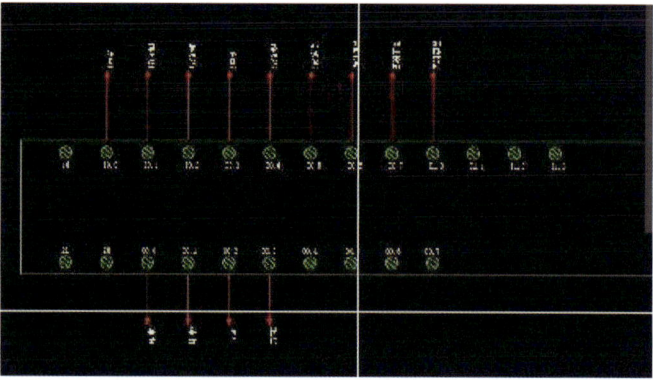
具体接线图

　　用网线将PLC与电脑串联，再使用软件进行编程。在PLC的控制系统下主要包含三个方面的程序，即初始化程序、方向控制程序、包络表程序。打开编程软件，点击工具栏，建立轴组0，设置PLC启动模式为run。然后，输入电机脉冲参数以及电机转一圈滑块移动的距离，42型步进电机转一圈需要200脉冲，滑台丝杆螺距是4mm/圈。要实现小球的平稳移动，需降低步进电机加速度，加速度越小则冲击越小，动作越平稳。接下来设置前极限1和后极限1的位置，调节最大电机速度为1999.98mm/s，电机的启动/停止速度为0.4mm/s。

　　由于购买的双轴步进模组尺寸较小，所以滑块移动的数值不能设置太大，而且需要找参考点，设置参考点即原点1，设置寻找参考点的初始速度10mm/s，找寻到原点位置后会进行降速，速度为0.4mm/s，滑块会来回移动，直到找到原点。分别建立初始化轴组中的运动轴0和轴1，当建立之后，可以打开运动栏进行定义，不建立则无法打开。

　　首先建立手动功能块AXIS0_MAN，手动测试电机0的正反转。其次建立AXIS1_MAN，手动测试电机1的正反转。建立AXIS0_RSEEK和AXIS1_RSEEK，控制电机0与电机1回原点操作。设置程序当双轴电机检测并回到原点后，进行自动循环。建立滑块移动的坐标系与行程段轴组GRPO_MOVEPA～。第一段轴组设置名称为"0"，第二段轴组设置名称为"1"。分别调整x、y轴移动距离和电机移动速度。建立GRPO_RESRT模块，控制轴组复位。建立GRPO_STOP控制双轴停止运动。点击上方栏目工具—运动—路径规划—路径1，设置点位1，速度2，x、y坐标为（7，7）；点位2，速度3，x、y坐标为（-7，5）；点位3，速度4，x、y坐标为（-5，7）；点位4，速度6，x、y坐标为（7，-3）；点位5，速度5，x、y坐标为（-6，-3）；点位6，速度2，x、y坐标为（-8，-6）；点位7，速度4，x、y坐标为（-2，-8）；点位8，速度3，x、y坐标为（7，2）。

　　④实验结论：电机的电脉冲数量越多，控制步进电机的角位移就越大，二者之间呈现正向比例关系。PLC可以对滑动模组编程，运动轴组添加两组，而每个运动轴组添加四个坐标，滑块一次性运动八个点位，做一个循环来形成最终效果。观众可以在作品平面上看到一个铁球，此铁球能够按照给定的程序进行位移。

5. 制作过程

　　滑块上绑有一块钕磁铁，吸附铁球跟随滑块移动，达到铁球在台面移动的视觉效果。将模组放入展示台中（制作过程见实验一与实验二），然后构造黑色区域与彩色区域。

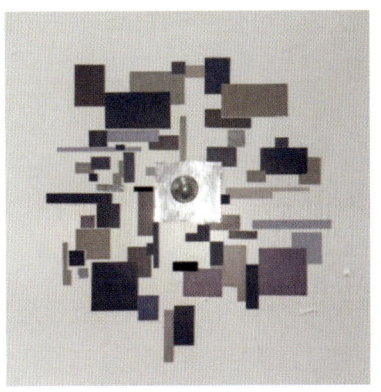

| 滑动模组放置后的效果 | 粘贴黑色调区域 | 粘贴彩色调区域 |

（三）作品成品展示效果图

（1） （2） （3）

作品成品展示效果图

三、作品《愿望之光》

| 题　　目 | 《愿望之光》 | 学　　生 | 刘昱彤 |
| 材　　料 | LED灯条、交互装置 | 指导教师 | 郭靖雅 |

（一）作品题目与概念介绍

作品的灵感来源于电影《魔发奇缘》。影片中的公主自幼被后母关在高塔里，与外界隔绝，日复一日地过着单调乏味的生活。她对外界的唯一向往，是每年生日那天飘在空中的成群天灯。她最大的心愿是有朝一日能走出高塔，置身于满天飞舞的天灯之下，而不是透过狭窄的窗户观望那微弱的光亮。最终，公主逃离了高塔，克服了重重困难，战胜了邪恶的后母，终于亲眼看到了那些象征愿望的光芒。

电影中的高塔，仿佛现实生活中的舒适圈，而天灯则象征着内心的愿望。公主的后母，如同人们内心的惰性，控制着使人自我放任和不作为，将个体禁锢在狭小的舒适区中。在现实生活中，许多人正如公主般被困在自己的"高塔"里，封闭自我、逃避挑战，任由内心的惰性驱使，最终将那些本该追逐的愿望埋藏。

作者希望通过这个比喻，让每个人都能像公主一样，不要忘记初心和梦想，勇敢地追逐心中所热爱的目标。最终，每个人都能战胜内心的束缚，走出自己的高塔，亲眼看到那属于自己的"愿望之光"。

（二）媒介生成的技术手段与实验过程

1. 媒介选择

在本次设计中，媒介的选择对于表达主题和营造氛围起到了至关重要的作用。作者选择了LED灯条作为主要的媒介元素，意在通过其独特的色彩和动态变化传达情感与愿望。LED灯条的颜色在色彩学中属于原色，无法通过其他颜色混合得到，且每种颜色都承载着深刻的象征意义。红色象征热情、活力、爱情与勇气，作为最具冲击力的颜色之一，能够引发强烈的视觉关注和情感反应。黄色代表着快乐、希望、光明和温暖，这种明亮的颜色能够激发积极情绪，传递乐观态度。蓝色则象征平静、稳定、忠诚与信任，带给人宁静、放松和安心的感受。

水作为一种柔软而温和的元素，象征着人们的舒适圈与安逸感。水既可以让人们感受到放松与享受，同时也可能成为阻碍个体成长和面对挑战的无形屏障。作品特别将LED灯置于水中，传达出内心情感与外在环境之间的张力，让观者在视觉体验中思考自我突破与成长的意义。

为了增强作品的互动性，作者在技术上选择使用了手摇发电机作为能源的提供方式。手摇发电机是一种通过人力摇动产生电能的设备。在这一设计中，LED灯条根据颜色分组，并分别连接到三个独立的手摇发电机上。观众通过摇动发电机使灯光亮起，不仅赋予了自己的行动实际意义，还能直观地体验到能源的转换和传递过程。

手摇发电机在这个设计中不仅仅是一个技术元素，更象征着通过努力和行动才能使愿望得以实现的理念。观众的每一次摇动不仅是点亮灯光的物理行为，也代表了他们为实现心愿所付出的努力和动力。这样的互动方式加强了作品的参与感，同时也将技术与艺术理念巧妙结合，使观众能够更深刻地感受到作品所传递的象征意义。

2. 设计草图

作者最初的想法是用光在玻璃碎片上折射出波光粼粼的效果代表"愿望之光"，但缺乏交互，没有扣到主题中的"躺平"，还缺少技术含量，放弃。

改进后的想法是在玻璃容器里放上小灯泡。但效果单一，灯泡无法固定在正中央，做出效果图后无美感且难以实现，放弃。

最终的设计方案是在一个正方体的玻璃容器内注满水，并将LED灯条以错落有致的方式交叉放置在水中，连接到手摇发电机。观众靠近后，必须通过手摇发电的行为才能点亮灯光。整个设计共包含三个互动装置，允许多位参观者同时参与互动，每个装置控制一组单色灯光。只有当三个人同时手摇发电时，所有灯光才会被完全点亮。

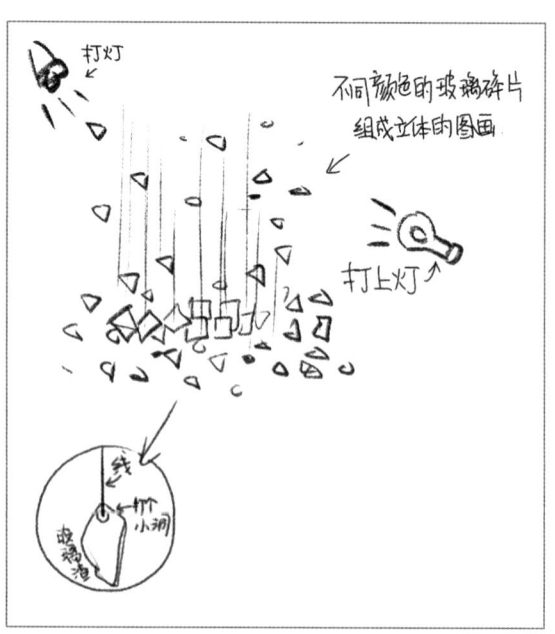

缺乏交互和技术含量的失败图

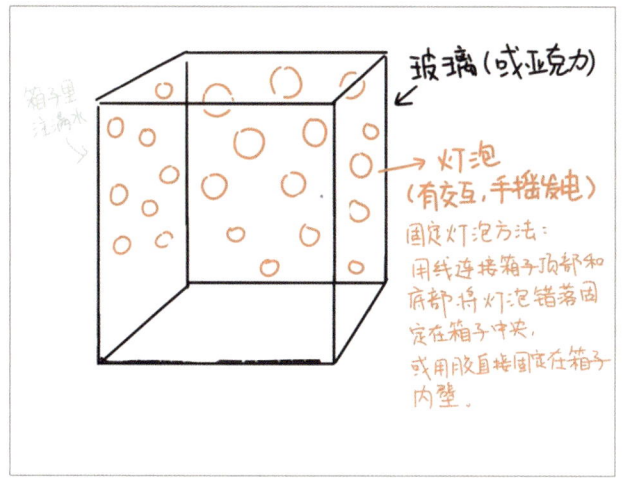

草图

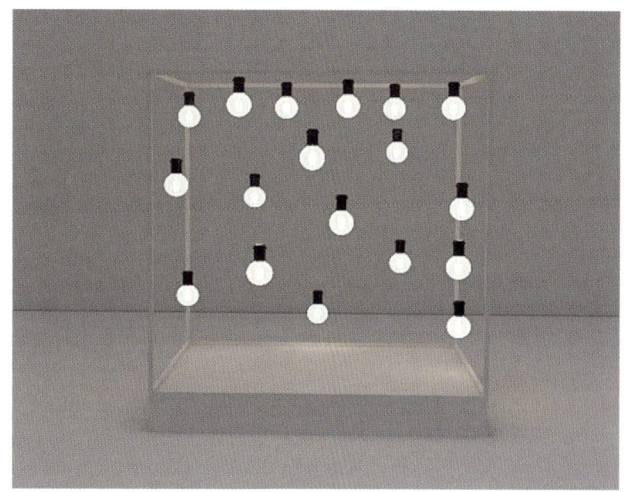

效果图

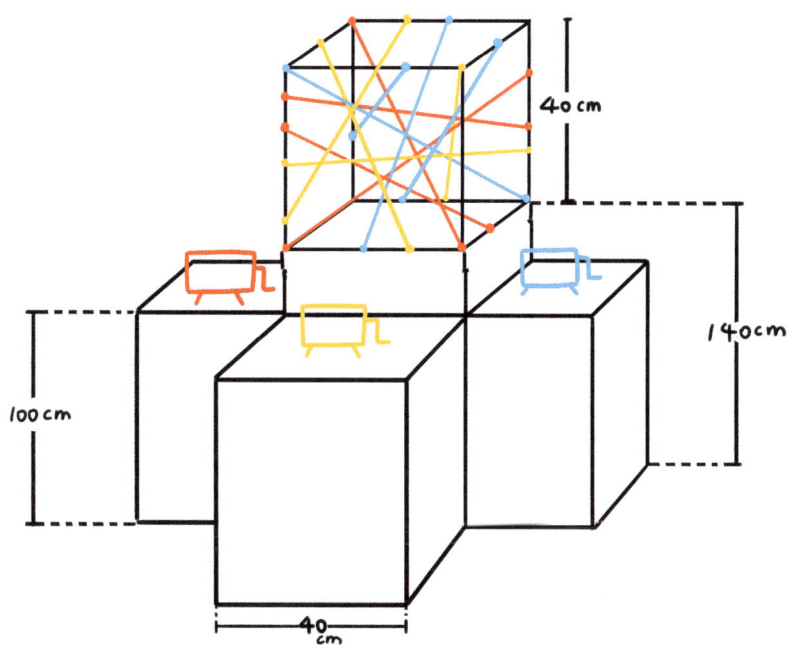

最终设计方案尺寸图

这种设计方式不仅增强了互动性，还通过强调协作的重要性传递出深刻的社会寓意。在追求理想和为理想奋斗的过程中，作品通过互动的方式提醒人们，个人的力量固然重要，但合作和共同努力同样是实现理想的关键。灯光的点亮象征着集体的力量，只有通过彼此的协作，才能让愿望真正得以实现。

3. 作品制作过程

（1）材料准备　作品所需材料包括LED灯条、手摇发电机、展台以及正方体玻璃缸等。

①LED灯条：最初选择的是2.3mm的细霓虹灯线，需要连接驱动器才能使其通过手摇发电机发亮。但不能裁剪，并且亮度不够。

最终使用的是12V的LED灯条，分别有红黄蓝三种颜色，可直接连接手摇发电机从而达到发光的效果。置于水中的一端用胶带包裹并涂有防水涂料，缺点是只有一面发光。

②手摇发电机：手摇发电的原理主要涉及动能和电能之间的转换。手摇发电机内部包含有

2.3mm的细霓虹灯线

LED灯条顶部

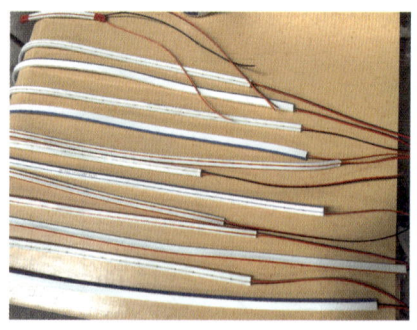
LED灯条尾部

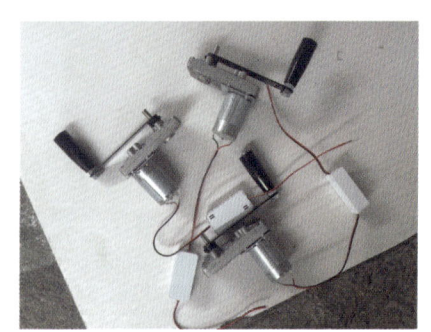
12V的手摇发电机

展示台设计效果图

展示台制作完成

磁场和导体线圈，当导体线圈在磁场中旋转时，线圈中会产生感应电动势。通过人力使发电机内部的旋转部件产生动能，然后利用电磁感应将动能转换为电能。

作品用到的是三个12V引线输出的手摇发电机，全金属电机和变速箱，钢制手柄配合长轴电机适合安装固定，稳压电源有过压吸收电路，整体配合更结实耐用，采用的对插接头简单方便。顺时针方向摇动可工作。

③展示台设计与制作：木制展示台，用于抬高玻璃缸和手摇发电机至便于观赏和操作的高度。由于本作品适合在平视和仰视的视角观看，所以中间放置作品的木架高140cm。周围三个用来放置手摇发电机的木架高100cm，让观众不用弯腰就可以进行操作。四个木架相互连接固定，相当于整体展示台底座更大，更具有稳定性。

④其他材料：电线，防水胶，防水涂料与胶带，长、宽、高均为40cm的定制玻璃水缸。

在准备阶段，需要将LED灯条与手摇发电机进行连接，并使用防水胶水将灯带固定在水缸的内壁。为了确保灯条牢固地粘附在玻璃缸内，最初使用了UHU强力胶水，因其透明，外观美观。然而，这款胶水的黏性不够理想，风干后灯条很容易脱落，且防水效果欠佳。随后，改用了专门用于水缸的防水胶，固定效果显著提升，确保灯条稳固不移动。

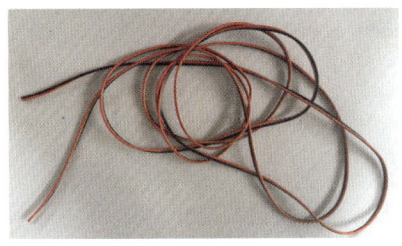
电线

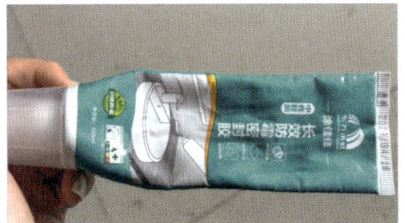
防水胶

防水涂料和胶带

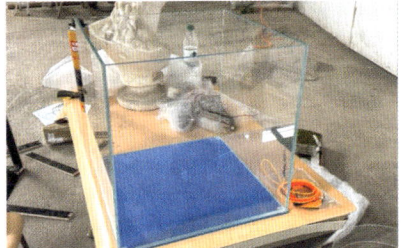
玻璃水缸

（2）手摇发电实验　准备好手摇发电机和LED灯带，按正负极准确连接，快速摇动摇杆，LED灯带亮起。

手摇发电机和LED灯带

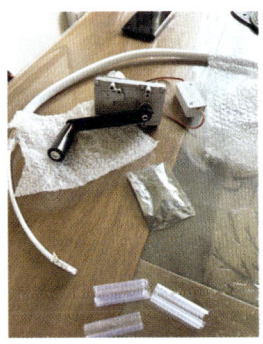
连接手摇发电机和LED灯带

摇动摇杆，LED灯带亮起

分组灯条连接

组装完的效果

（3）LED灯条与发电机的组装实验　灯条分三组，第一组有四条，第二组、第三组各有五条。每一组的灯条均分为正、负两极。将一组内所有正极都连接到发电机的正极上，负极都连接到发电机的负极上，最后用胶带固定。

(三)作品的意义和展示效果

1. 作品的意义

《愿望之光》不仅仅是一个基于灯光媒介的交互装置艺术作品,它更是一个富含深刻意义和象征性价值的创作。这件作品以灯光作为核心媒介,结合水的元素,通过观众的参与互动,触动了人们内心深处的情感与思考,具有多重意义。

首先,作品以灯光作为人们心中美好希冀的象征,表达了每个人心中都怀揣着对美好未来的向往和追求。灯光作为一种温暖、明亮的存在,能够照亮人们的心灵,激发人们积极向上的情感。通过摇动发电机点亮LED灯条,观众能够亲身感受到自己行动的力量,以及这种力量所带来的积极变化,从而提醒人们要珍惜内心的美好愿望和梦想,并通过自己的努力和行动去实现它们。

其次,作品通过水的元素,寓意着人的舒适圈和放松享受的感觉。水作为一种柔软、流动的物质,能够给予人们放松和宁静的感觉。在《愿望之光》中,LED灯条被巧妙地放置在装满水的玻璃缸内,当灯光亮起时,彩色的光影在水中折射、反射,形成美丽的视觉效果。这种光影交织的景象,不仅令人赏心悦目,更能够引发观众对于舒适圈和内心世界的思考。它提醒人们要勇于面对自己的舒适圈,不断挑战和超越自己,追求更加充实和有意义的人生。

最后,《愿望之光》还传达了积极面对生活、珍惜梦想的重要价值观。在快节奏的现代社会中,人们往往容易迷失自我,忘记了自己最初的梦想和追求。作品让人们重新认识到自己内心深处的愿望和梦想,鼓励人们积极面对生活中的挑战和困难,并传递了勇敢追求自己的梦想、积极面对生活的重要价值观。

2. 作品的展示效果

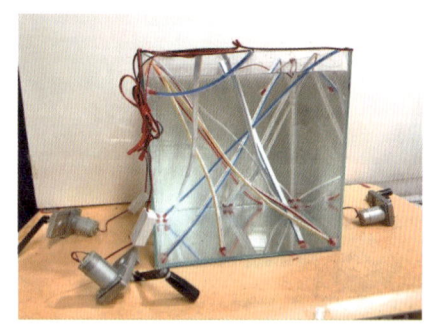

不亮时状态

第一组亮灯的状态

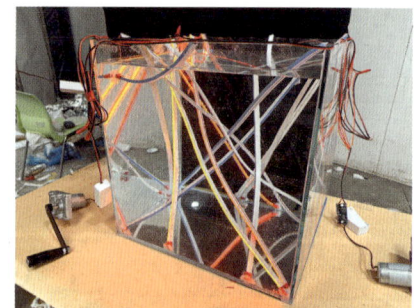

第二组亮灯的状态

第三组亮灯的状态

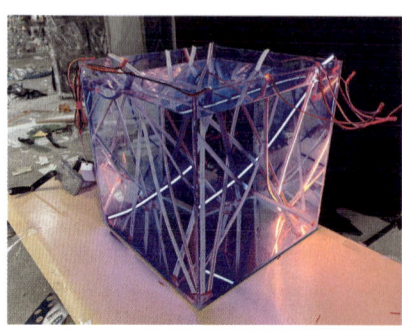

全亮的效果

在展示架上不亮时的状态

在展示架上观众与作品互动，灯亮时的状态

第四节
基于物理科技的艺术媒介生成实验

本节重点在于引导学生理解物理原理在艺术媒介生成中的实际应用，涵盖力、光、热、电、磁等基本现象。学生需完成具有实验性质的媒介创作，提升动手能力。

考查学生将物理现象转化为可感的艺术体验的能力，使观众在互动中感知自然法则所蕴含的审美潜能。

一、作品《械》

题　　目	《械》	学　　生	金元峰
材　　料	机械传动装置、PVC材料	指导教师	成硕磊

（一）作品题目与概念介绍

作品的灵感来源于仿生机械，这是一种模仿生物的形态、结构和控制原理，设计制造出的功能更加集约、高效且具有生物特征的机械。仿生机械的研究主要集中在生物力学、控制系统和机器人等领域。通过将生物系统中的优越结构与物理特性相结合，人类有望打造出在某些性能上超越自然界现有体系的仿生机械。而作者的设计方案则是将机械结构与基于人体模型的雕像相结合，制作动态雕塑，借此探索科学与艺术之间的深度融合，观察这种融合能够达到的效果。同时，作品还探讨了公众对这一艺术形式的反应及其潜在的受众群体。

　　作品巧妙地结合了多种材料和技术手段，以展现仿生与机械的融合。主体结构选用PVC材料，增加了雕塑的耐久性和可塑性，并搭配少量金属与雪弗板，赋予作品坚固的框架和结构感。在功能模型部分，作者采用木制材料、塑料及少量金属，通过胶水进行精细黏合，确保各部件间的稳定连接与灵活性。在技术实现方面，作者利用机械传动原理进行改造设计，作品以人体模型为基础，并在关键部位如额头、脸颊、三角肌、斜方肌、腹直肌、腹外斜肌和前锯肌等处加入了可动的机械装置，使得雕像不仅具有视觉上的仿生美感，同时也通过机械运动体现出独特的动态特征。媒体形式上，作品以可动雕塑为载体，将生物仿生结构与人体模型相结合，通过焊接技术赋予雕像机械运动的功能。该作品不仅展现出生命的韵律美感，还为观者带来更多的想象与联想，探索艺术、科技与生物仿生之间的交互关系。

（二）媒介生成的技术手段与实验过程

1. 绘制功能模型草图

（1）机械结构一（背部结构）　作者在设计该结构时，充分考虑了其与人体模型的融合效果，特别是在如何合理固定结构以及使其运动方式具有韵律美感方面。由于该结构较为庞大，且在运动时会影响较大范围，因此作者决定将其添加到背部，以确保其功能性与美学效果兼具。

　　说明1：在制作过程中，作者意识到结构最容易出现的问题是曲柄连杆的强度不够，导致受力不均，从而使连杆弯曲并无法正常转动。后续的试验验证了这一点，因此在改进设计时，作者着重加强了曲柄连杆的强度。

　　说明2：此外，作者还特别注意每个曲柄的旋转角度必须保持一致，以避免后方结构摆动时出现更大的角度偏差，确保整体运动的协调性与美感。

（2）机械结构二　作者设计此结构的初衷是让上排的木片依次上抬，从而赋予其运动一种旋律感。然而，该结构也存在明显的缺点，主要表现为结构可能松动、不够紧凑，且容易受到外界因素的干扰。这张图仅为原理图，实际制作时需要特别注意木棍端点的平滑度，否则将严重影响结构运行的流畅性。此外，如果红圈中的端点过窄，可能需要加长侧视图方框中的横杆结构。然而，若采取这种调整，势必会占用更多空间，造成不必要的空间浪费。因此，作者在设计时也需权衡空间的利用与结构功能的平衡。

（3）机械结构三　此结构模拟的是人体的手臂与锁骨部分的结构。由于大圆C_1半径为小圆C_2半径的两倍，小圆在大圆中滚动相当于大圆的1/4周长时，小圆本身则滚动相当于本身1/2的周长，此意味着，若将曲柄连杆安装于C_2的圆心处，则可以利用C_2在C_1中的圆周运动将曲柄连杆的一端——即C_3端，调整为上下往复的直线运动。

　　原因如下：小圆C_2滚动至"点①"时，已顺时针旋转90°，此时端点C_3位于大圆C_1的圆心，当C_2滚动至"点②"时，曲柄垂直于直线DA，如此循环。

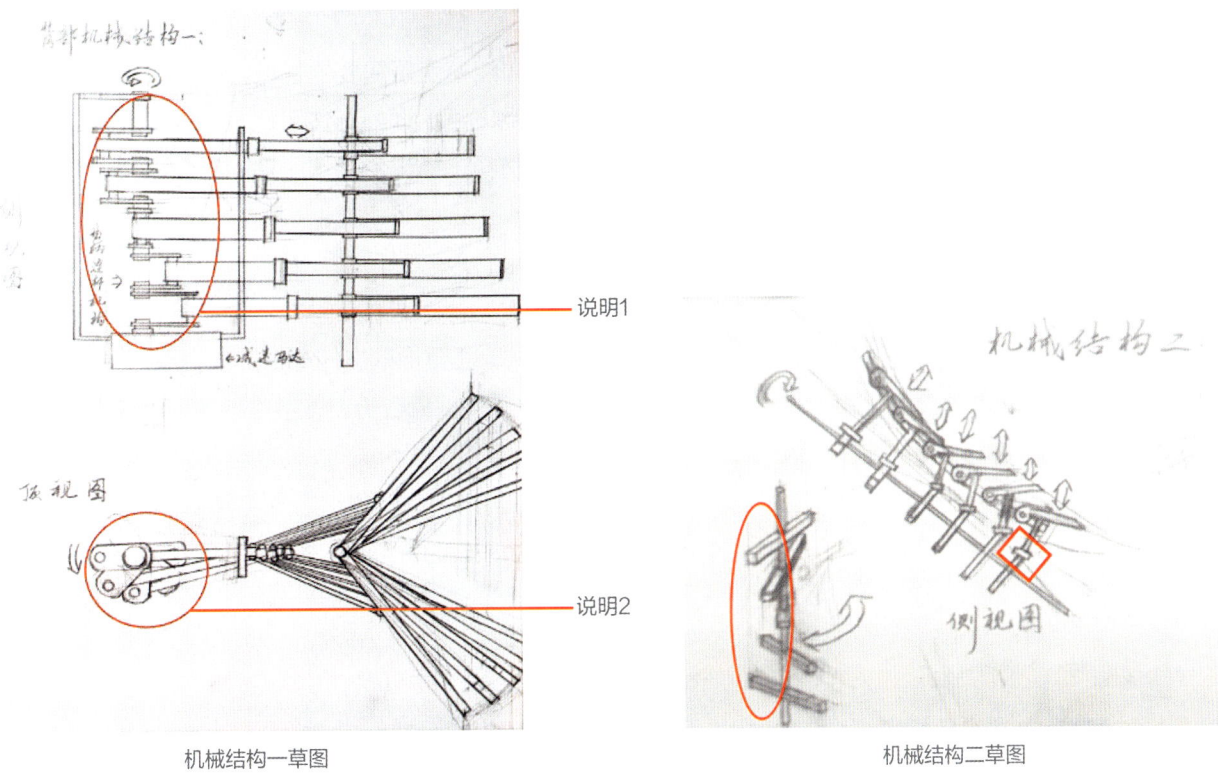

机械结构一草图

机械结构二草图

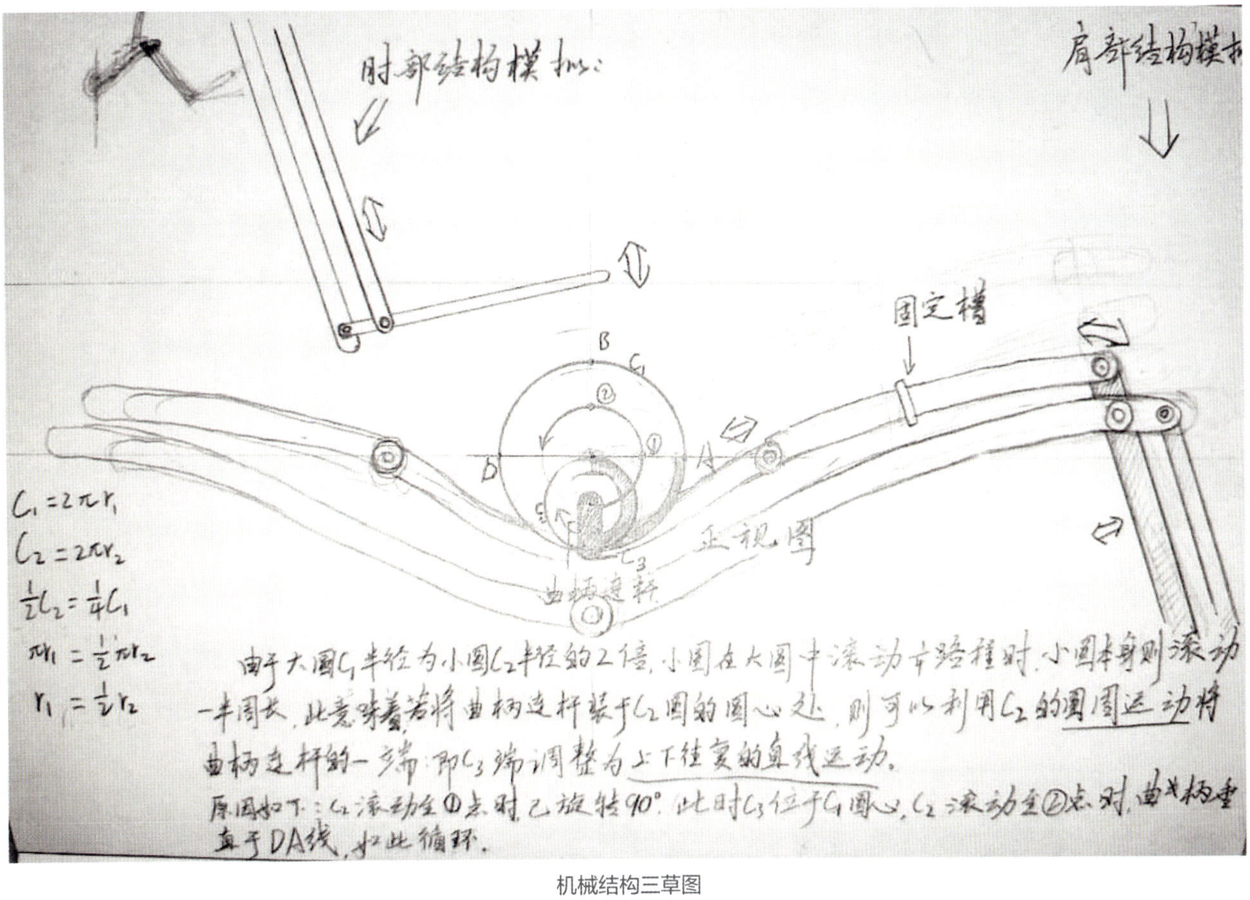

机械结构三草图

2. 制作功能模型

（1）机械结构一（背部结构）的制作　功能模型所需要的机械结构已经基本完善，接下来开始制作功能模型框架。作者绘制了作品图纸，详细标注了每个零件的尺寸与形状，以确保制作过程中的精确性和一致性；又在材料上标记了裁剪所需的长度以及打孔所需的孔径。

首次黏合后可看到大概的结构雏形。

结构一的第一次黏合拼装，还有许多不稳定与需要改进的地方。例如，多次试验后发现，由于强度不足，多处结构已经不能保持平行状态，最终曲柄连杆弯曲，导致机械结构不能顺畅运行，甚至最下层曲柄由于受力过大，木棍过于脆弱导致折断，最终不得不更换小金属棒代替之。

由于结构强度不足而出现严重故障，多处曲柄不平行，影响后方连杆使之不能顺畅移动。

最后，曲柄连杆使用金属棒替代木棍，组装完成的背部结构如图所示。

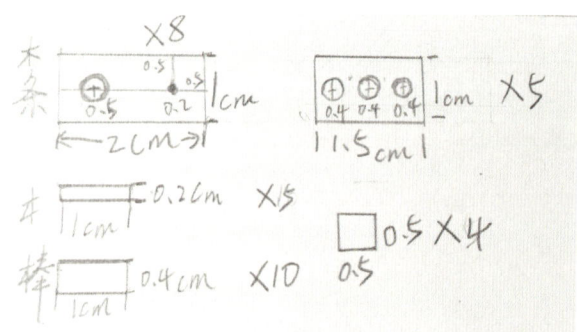

零件的尺寸与形状

标记裁剪长度以及孔径

第三章 艺术媒介生成实验

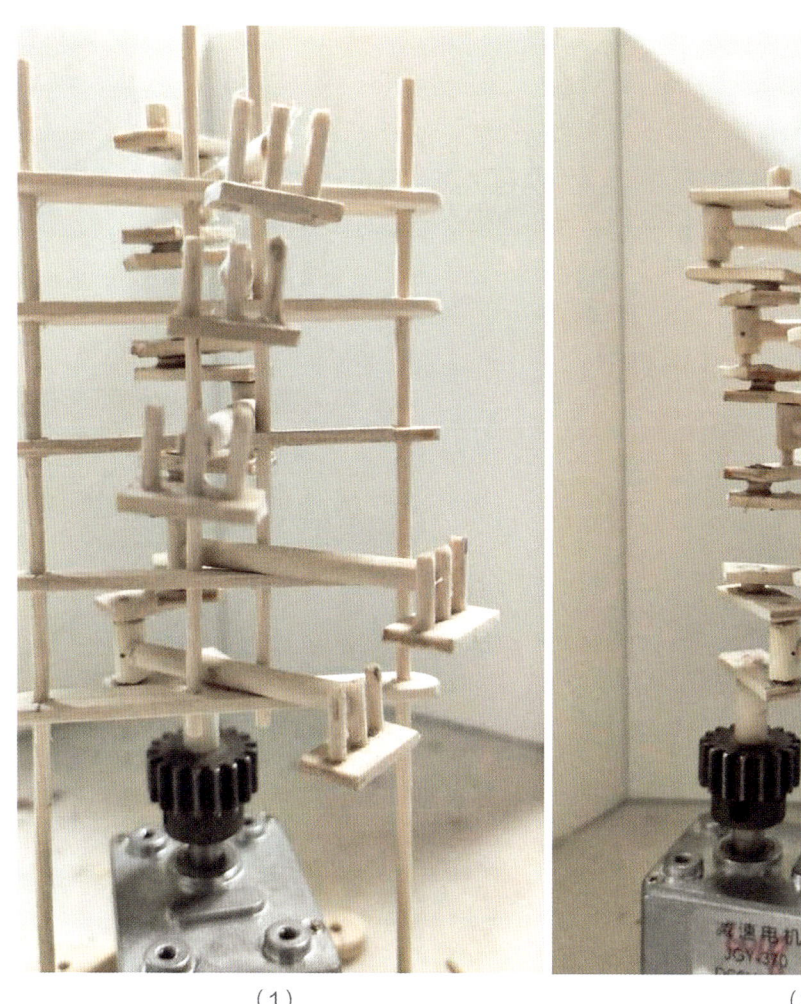
（1）

（2）

侧视图

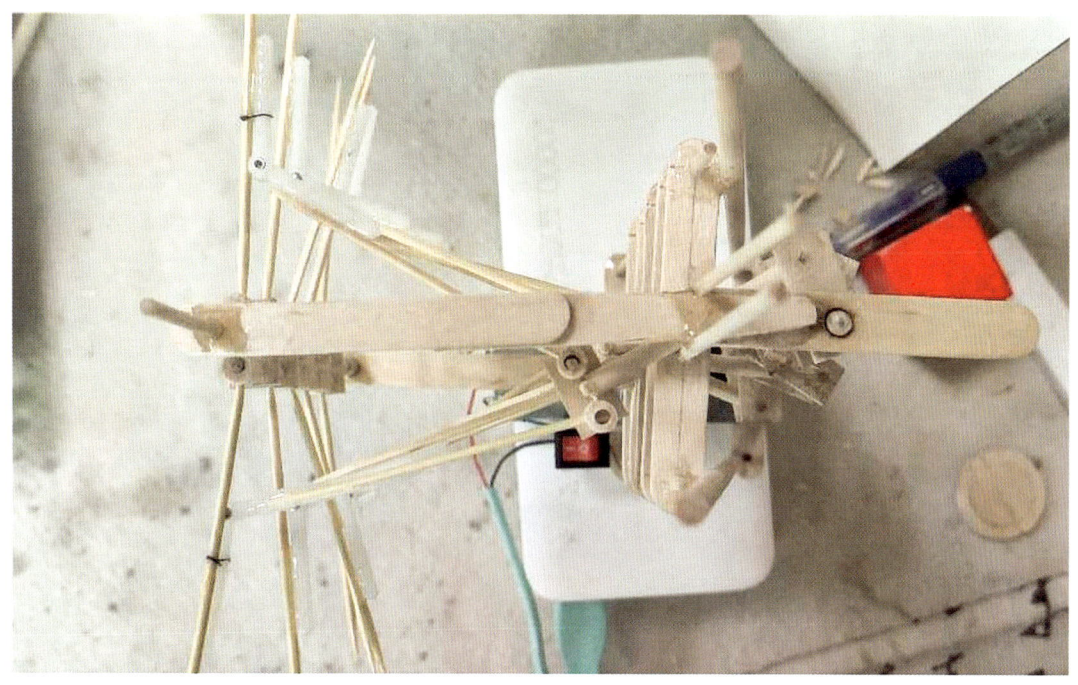

顶视图

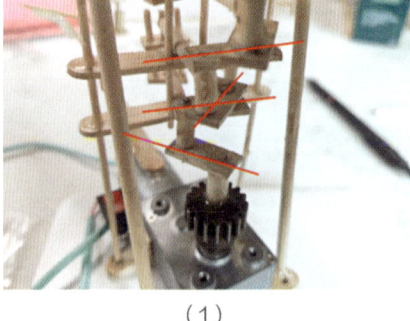
（1）
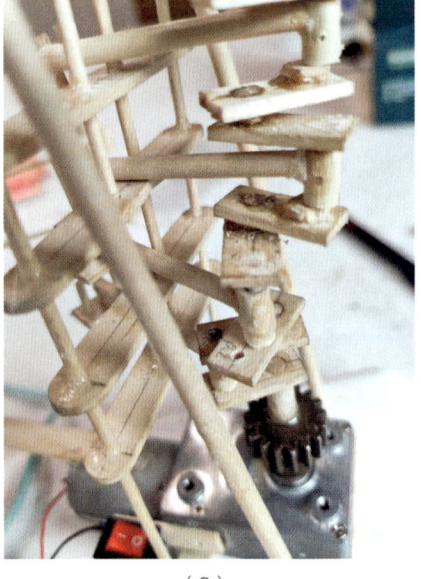
（2）

曲柄连杆出现弯曲　　　　　　曲柄不平行

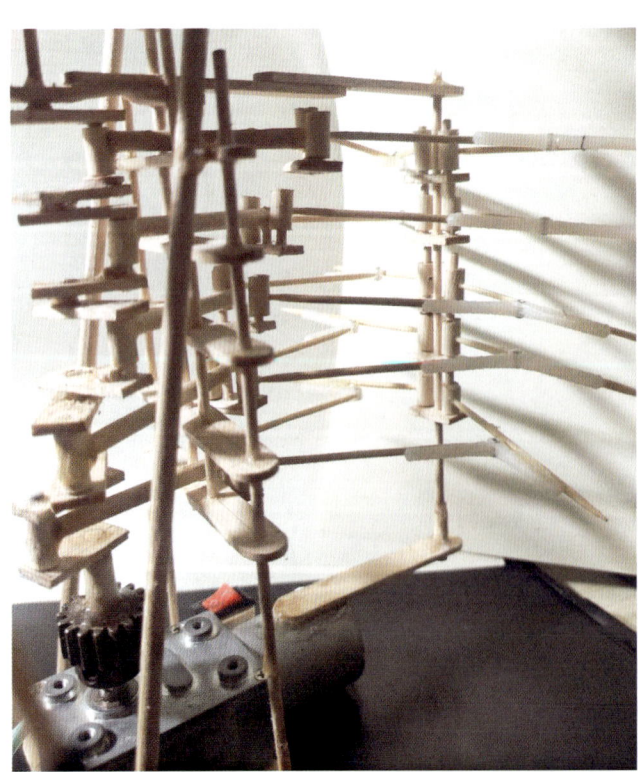

完整的背部结构

（2）机械结构三的制作　首先要制作齿轮的部分，作者先尝试了自制齿轮，发现自制齿轮组误差偏大，不能顺利旋转，最终采购塑料齿轮组，但齿轮相切的方式由左右相切，变成了前后相切。

想要前后相切的齿轮顺利转动，必须再自制零件限制其前后距离不会过大，以免接触不到。

制作结构三的零件，需要对零件进行打磨与黏合。需要将万向球头的孔径打磨得更大，以便顺利穿过木棒。

针状活页切割打孔，以及与其他零件拼装黏合。齿轮上面有一个白色的零件，白色零件限制其前后空间的零件，其作用类似于盖子，防止齿轮前后空间过大以致不能相切。

拼装组合好以后，机械结构三完成。

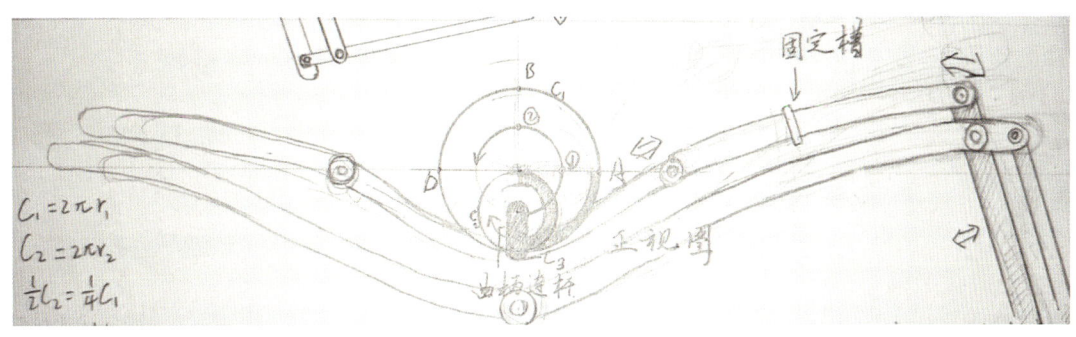

齿轮部分草图

自制零件限制齿轮活动范围

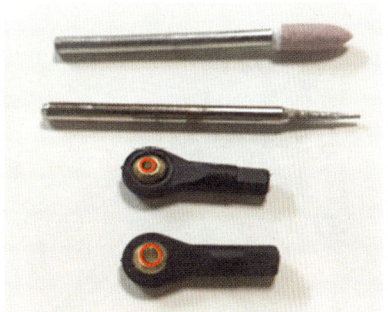

打磨万向球孔径

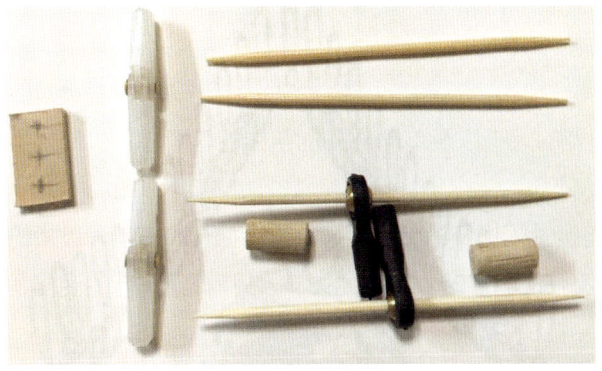

（1）

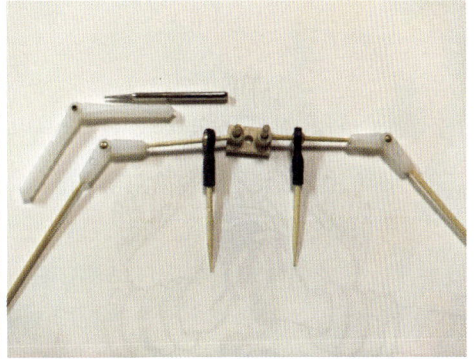

（2）

把木棒穿过万向球孔径

横杆零件放大细节

万向球头角度相互垂直黏合

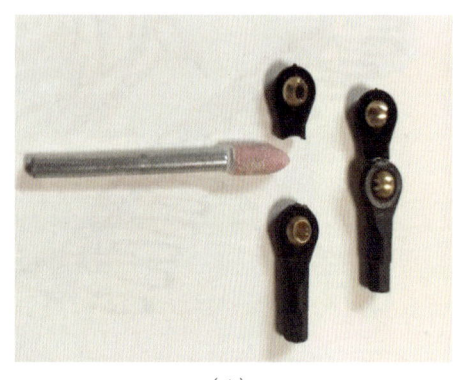
（1）

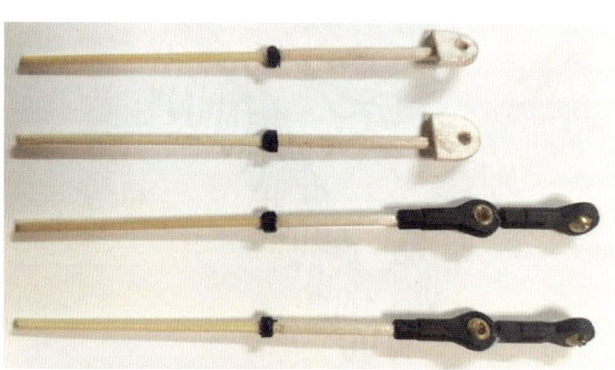
（2）

部件的局部

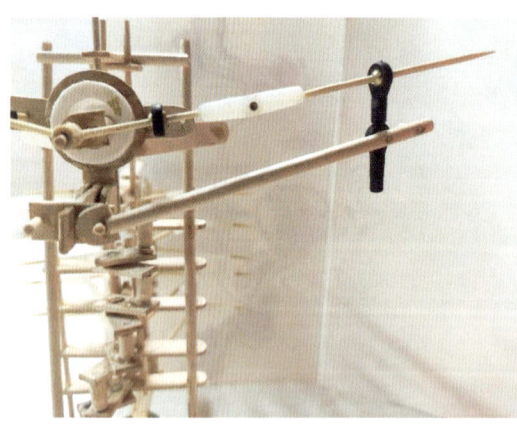
部件组装

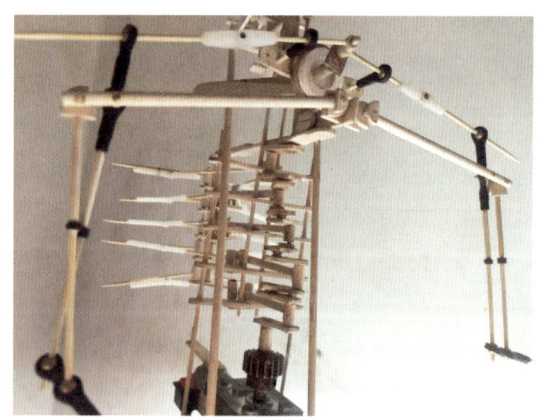
组装完成

（3）机械结构二的制作　基于功能模型的大小以及传动部分的整体性等考虑，机械结构二的制作的优先级低于机械结构三。

1号关节的目的是保证由于长横杆的角度受短横杆的影响而导致前后抬升高度差异过大的状态下，调整自身角度来保证结构运行的流畅度与稳定。若无此关节，只靠2号关节的变化是无法将横杆抬起的。

结构已完成组装，与设计图的结构基本符合。

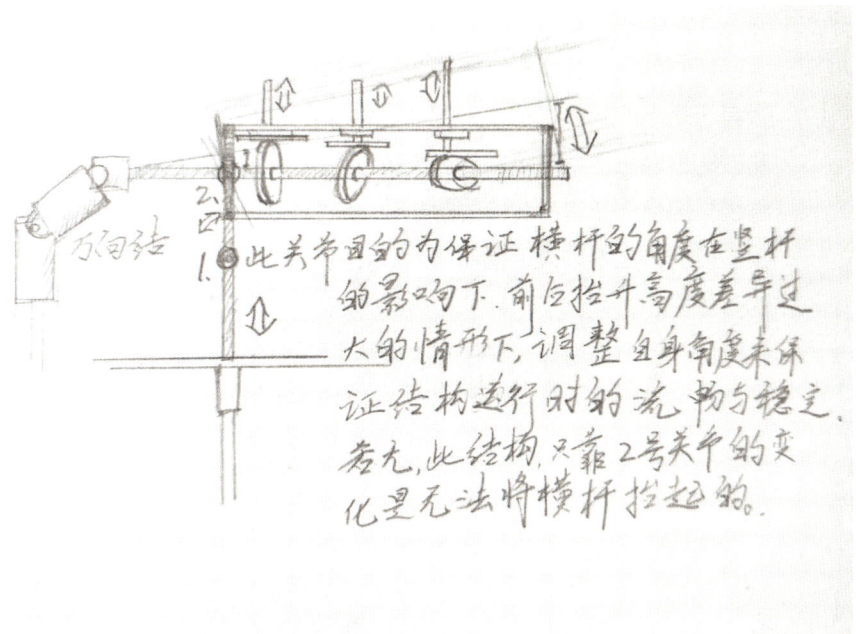

1、2号关节结构

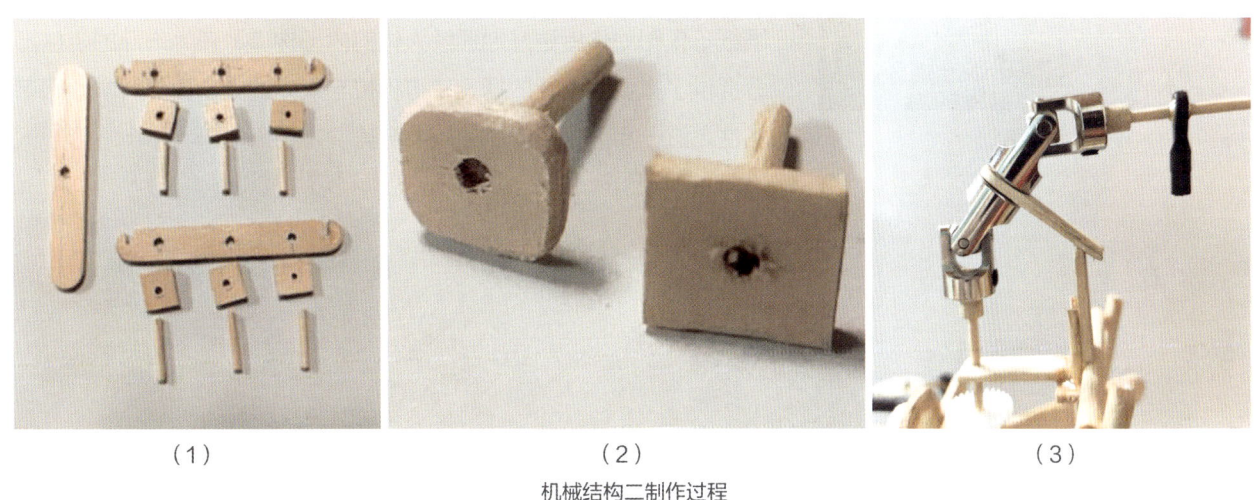

（1）　　　　　　　　　（2）　　　　　　　　　（3）

机械结构二制作过程

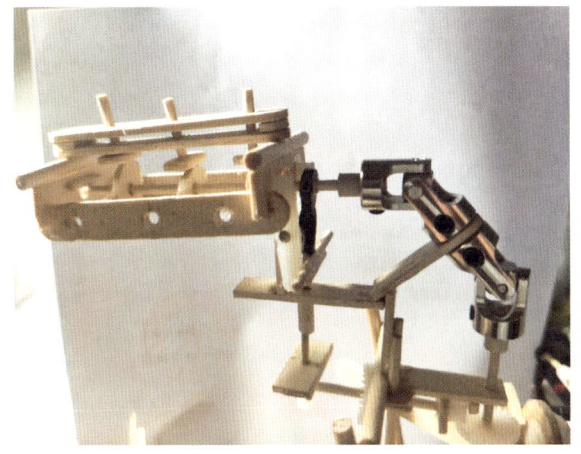

细节图　　　　　　　　　　　　　前视图

3. 外观设计

作品外观设计深受"赛博朋克"美术风格的启发,这一风格以极具未来感的元素为特色,尤其是高度发达的人工智能技术和人机对接的普遍应用,展示了先进科技与人类生活的紧密融合。通过这种视觉风格,作者旨在传达出一种充满科技感和未来主义的视觉效果。设计方案中,人工智能与人机对接作为核心理念,贯穿了作品的整体构思,强化了作品的科技感外表。这不仅与赛博朋克的风格相呼应,也与作者探讨科技与人体雕像结合的主题相辅相成。作品通过机械结构与人体模型的结合,不仅是对技术的表达,更是对未来人类与机器关系的思考,体现了艺术与科技在当代社会中的深度互动与共生关系。

作者在人体模型的基础上进行了改动,以实现从人体结构到机械结构的演变。在此过程中,作者深入研究了人体的骨骼与肌肉系统,包括它们的形状、连接方式以及各部分的相互作用和穿插结构。为了确保机械结构与人体模型的完美契合,作者专门绘制了一套人体肌肉、骨骼结构模型图,用于后期建模时的精确参考。这些图纸不仅帮助作者更好地理解人体的内部构造,还为作品的机械部分提供了重要的设计依据,使得机械与人体的结合更具科学性和艺术性,进一步强化了作品的技术与美学内涵。

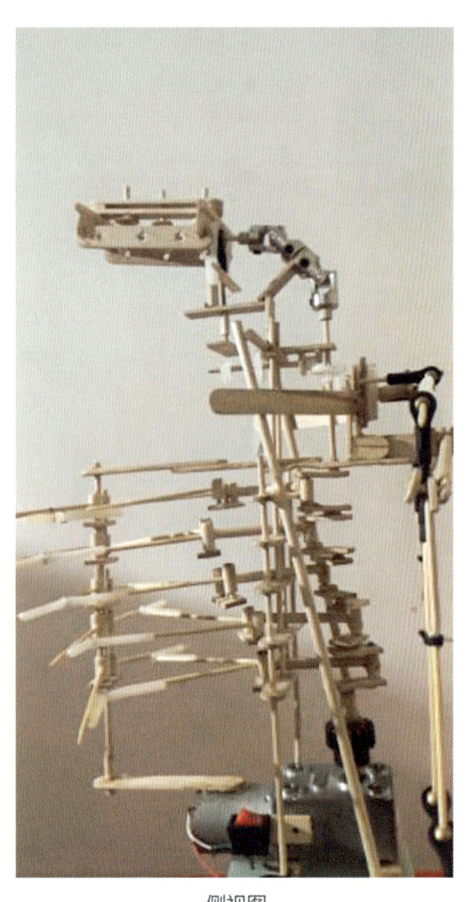

侧视图

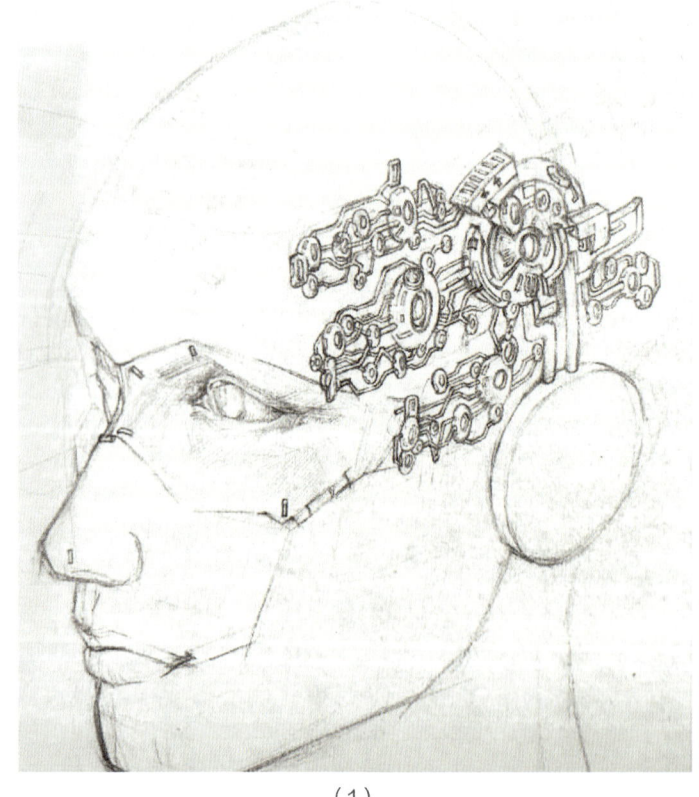

(1)

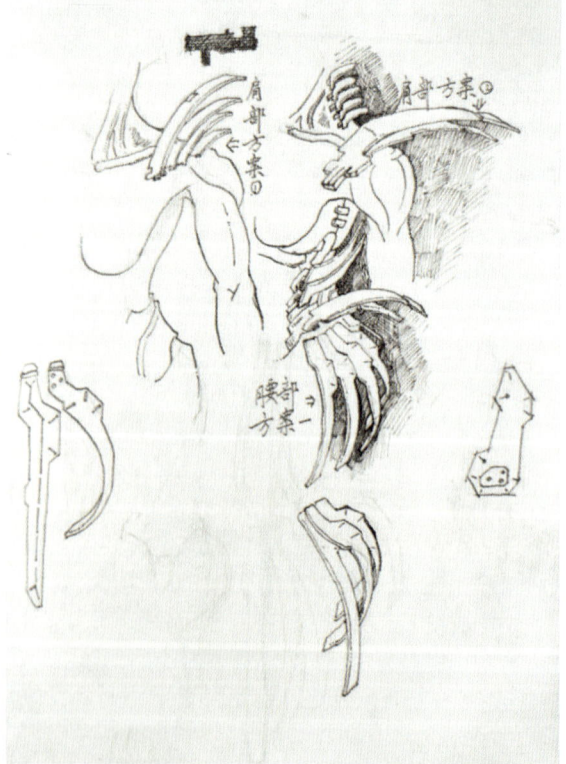

(2)

设计草图

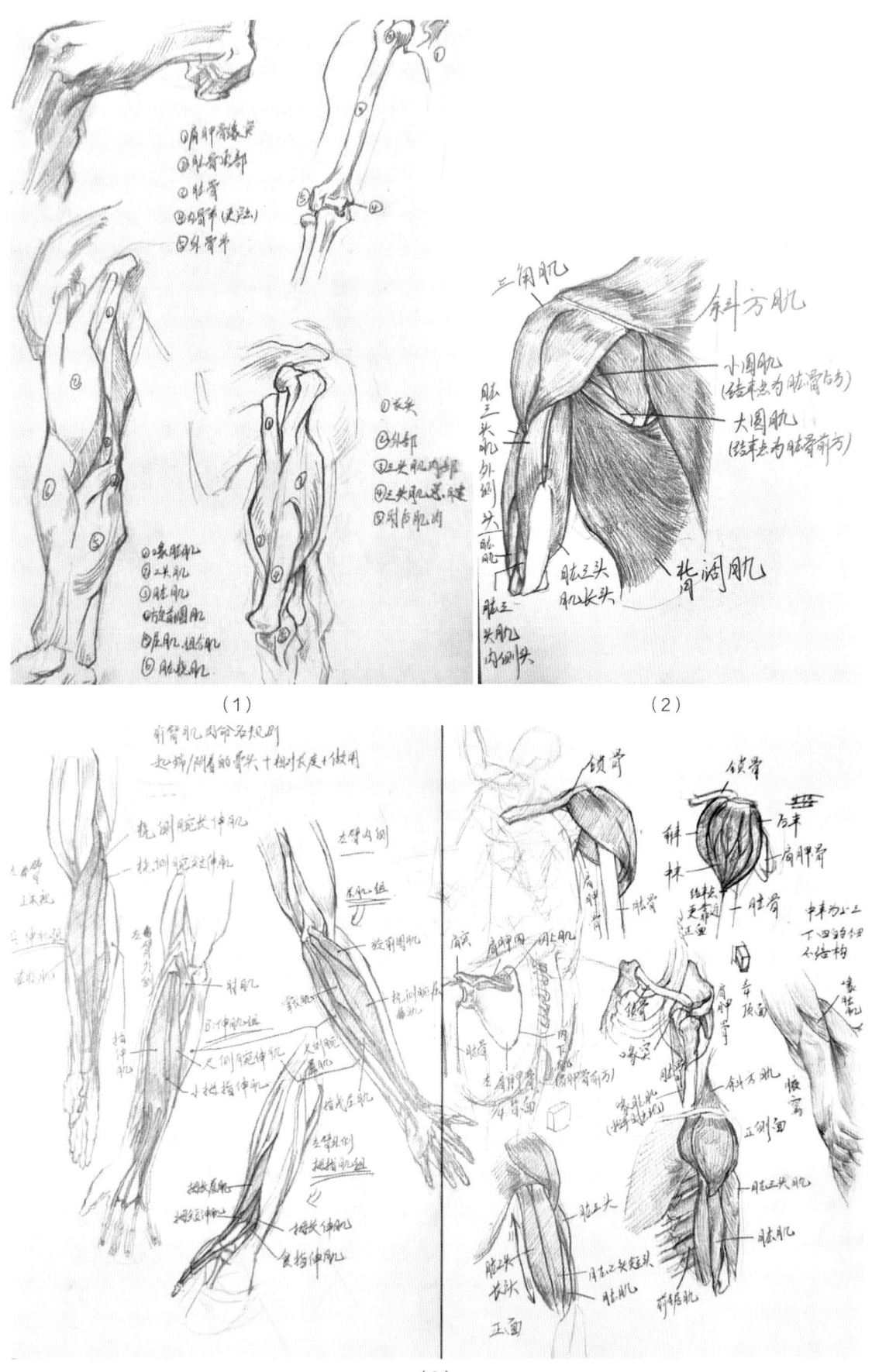

人体肌肉、骨骼结构模型图

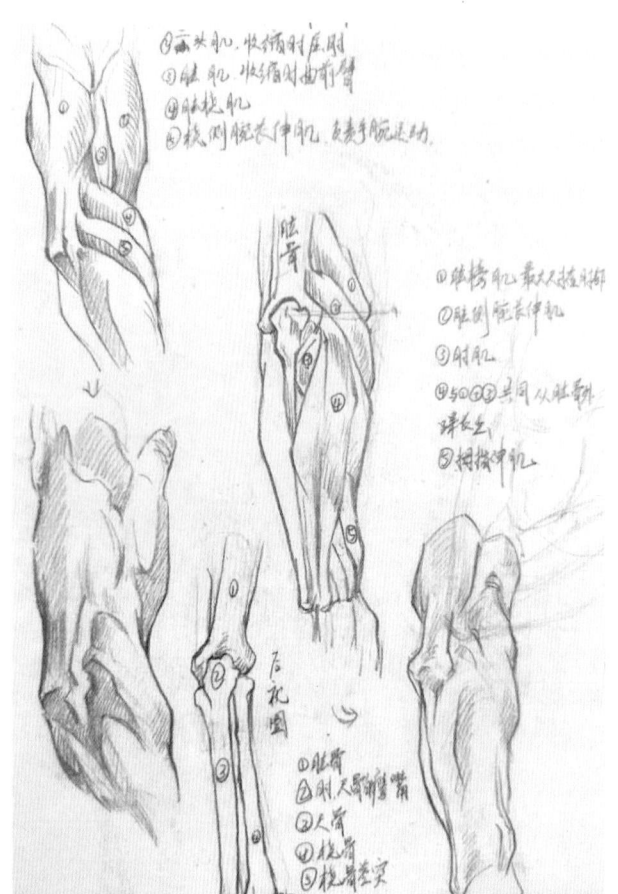

人体肌肉、骨骼结构模型图（续）

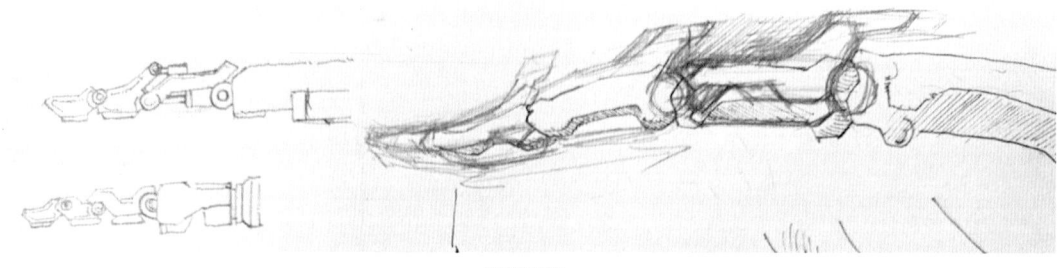

手指结构

4. 3D制作表现

作者在设计过程中对人体结构进行了详细的研究，并通过3D建模的方式进行了精确还原。为实现将人体模型与机械结构相结合的创作理念，作者首先在虚拟环境中绘制出完整的人体结构模型。3D建模技术使得作者能够从骨骼到肌肉、从关节到韧带，精确地掌握各部分结构的尺寸、形态及其相互之间的关联与穿插方式。通过对这些结构进行数字化处理，作者能够更灵活地调整和修改模型，为后续机械结构的添加和改造提供了可靠的基础。在此过程中，3D建模不仅提升了设计的精度，还使得作者能够在虚拟空间中进行多次模拟，以确保机械结构的运动方式和人体模型的结合更为自然、协调。最终，这一数字化过程为实际雕塑制作提供了重要的参考依据。

结构二可应用于模型头部以及肩部及腰部的运动。

结构三可应用于模型手臂部位的运动。

第三章 艺术媒介生成实验

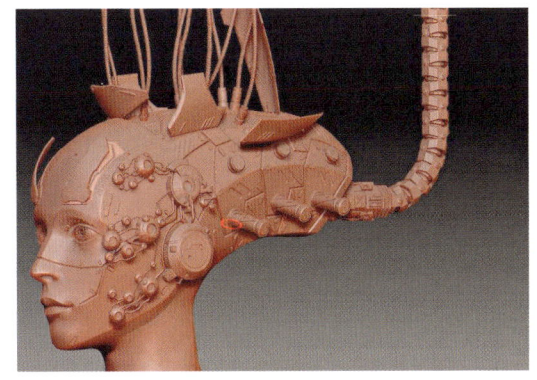

头部建模

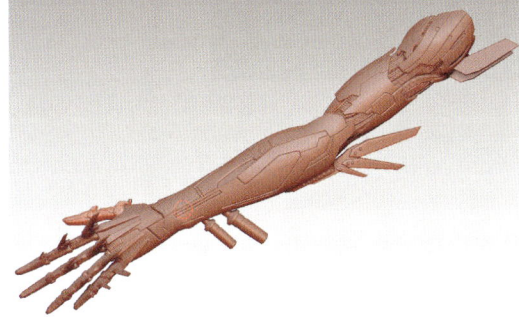

手部建模

整体建模效果图

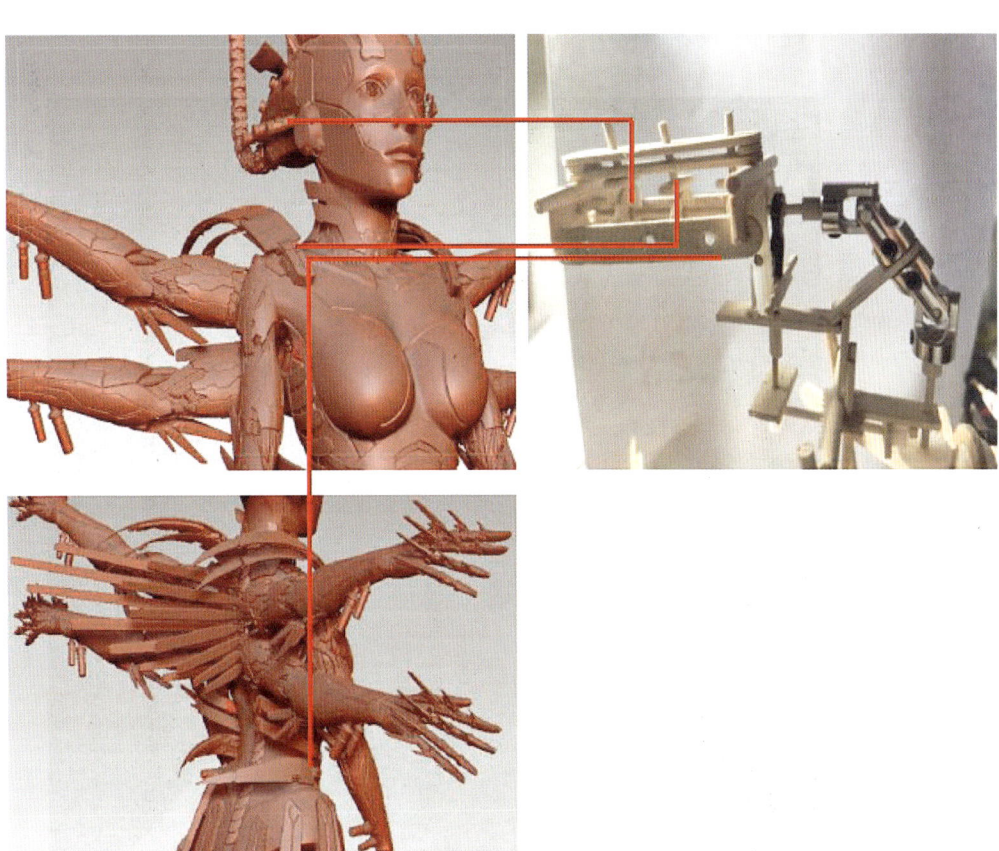

结构二运动结构

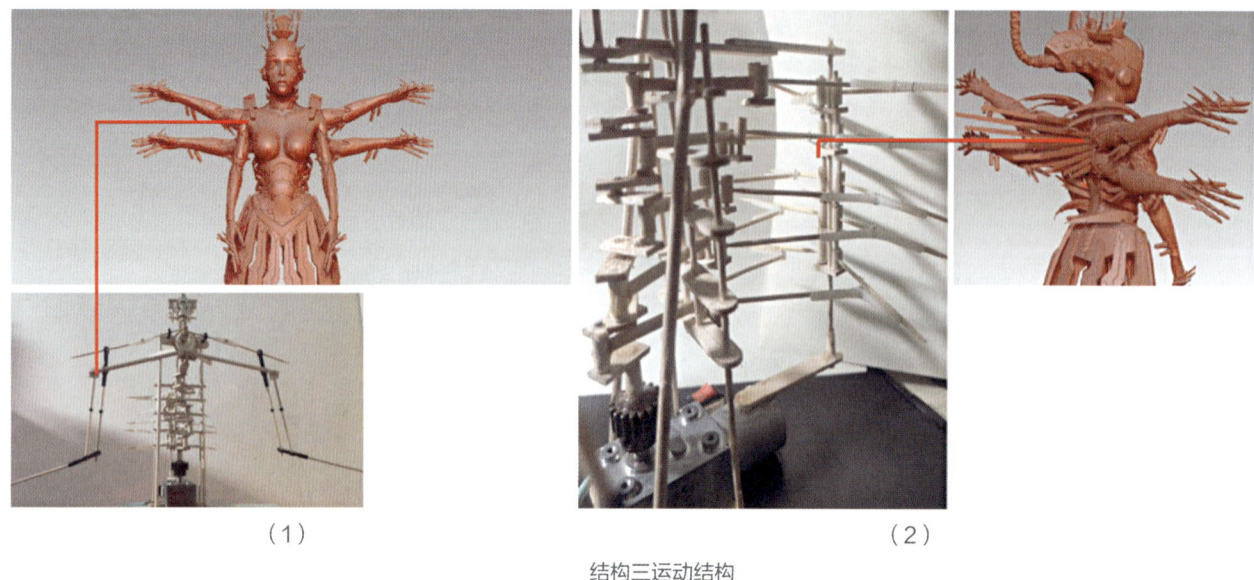

结构三运动结构

(三)作品成品展示效果图

作品借助机械结构与人体结构,并将两者融合,参考赛博朋克的美术风格加以修饰,表达作者对未来人机对接的艺术幻想以及试图体现人类与科技、工业与环境之间的相互影响。

正如"机器人是否会梦见电子羊"一样,人机结合后的人类或人工智能是否会有自己的"电子"信仰?这也是作者将此作品制作成"非正常人类",即六臂无腿形象的原因。此形象是否会成为人"械"结合后的信仰实体化象征?我们拭目以待。

作品成品展示效果图

二、作品《情感之路》

题　　目	《情感之路》	学　　生	李梦元
材　　料	合色棱镜等	指导教师	王晓松

（一）作品题目与概念介绍

情感在人类生活中占据着重要的地位，它深刻影响着人们的行为、决策、人际关系以及整体的幸福感。然而，情感的复杂性和多变性往往使其难以被准确理解和掌握。基于此，作者的毕业设计《情感之路》旨在探讨人类情感的基本规律，借助太极哲学的阴阳理论，阐述情感的对立统一与平衡关系。太极图中的黑白阴阳符号，象征着情感的两极对立与相互依存，既包括积极的情绪，也涵盖消极的情绪。通过这一哲学框架，作品试图引导观众重新认识情感的丰富性与复杂性，以及它们在日常生活中的作用和影响。

在创作《情感之路》的过程中，作者运用了合色棱镜、光线和太极图案等媒介来综合表达作品的核心思想。合色棱镜在光线的照射下，通过不同透光面的折射展现出多种色彩，这种视觉效果象征着人类情感的多样性与一体多面的特质。棱镜的色散原理与光线的互动通过设计线路最终形成太极图案，将情感的对立与平衡具象化。同时，光线作为媒介，贯穿整个作品，使棱镜和色彩形成动态的互动过程，呈现出情感在不同状态下的流动感。太极图作为主要视觉元素，展示了阴阳的对立统一特质，强化了情感平衡这一核心主题。

合色棱镜与太极图案的结合不仅在视觉呈现上具有创新性，更深刻体现了作者对情感本质的思考。当光线通过棱镜折射出不同颜色，而这些色彩最终汇聚成太极图案，象征情感在经历波动后归于平衡。这一艺术化的表现方式帮助观众更好地理解情感的多样性与对立性，引导他们在面对情感波动时追求内心的平衡与和谐。通过作品，作者希望引发观众对情感的深入思考，促使他们更好地处理情感问题，并在生活中实现自我平衡与成长。

（二）媒介生成的技术手段与实验过程

1. 媒介选择

作品选择合色棱镜、投影、太极图、聚光灯作为主要媒介。

（1）合色棱镜　在任意一个透光面摄入白光，能从其余三个透光面分别射出红、绿、蓝三种颜色的光，就是所说的光的三基色，这是分光。还有和光，就是从任意三个透光面分别射入红、绿、蓝三基色的光，会从剩余的一个面射出白光，这是合光。作者的作品里主要运用合色棱镜的分光原理，并且发现合色棱镜折射出的冷暖色彩对比与情感的两极对立相契合。

（2）投影　用投影的方式提供了展示太极图案和色彩的有效方式。通过投影，可以将太极图案以直观的方式呈现给观众，增强了作品的视觉效果和艺术表现力。

（3）太极图　太极作为中国传统文化的重要概念，其历史悠远、意义深长，其中的阴阳是很值得发掘的元素。本次设计将中国传统文化与现代科技产物相结合，既宣扬了传统文化元素，又突出了艺术性和科学性的融合。

（4）聚光灯　聚光灯与泛光灯所不同的是聚光灯能将光源统一照射于一点或一片区域，并且聚光灯的光照强度远高于泛光灯。作者选择聚光灯最主要的原因是为了加强合色棱镜折射所产生的投影效果，给观众更强的视觉冲击力。

2. 技术手段

合色棱镜作为一个六面体，其中间有两条类似刀口的对角线，由对角线所形成的剖面正是折射光线的关键，而上下两个面为剖面的垂直面，并不会产生反光；剩下的四个面与剖面平行，光线可以穿过，因此会产生折射。

注意：这里所说的垂直、平行仅代表二维层面的方向区别，并非三维层面的折射方向。

（1）合色棱镜折射效果　研究合色棱镜在泛光灯下的折射效果、打灯距离、投射距离；研究合色棱镜在聚光灯下的折射效果、打灯距离、投射距离。

（2）合色棱镜的双面性　除去上下两个面，能折射光线的还有四个面，从这四个面任意一面射入白光，都能从其余三个面分别射出红、绿、蓝三种光。作品将选取对立的两个面，即红光射出面和蓝光射出面，这样的特性代表着事物的两个方面，即阴和阳，用阴阳来表达情感的对立统一。

注意：由于距离和角度的原因，色彩会有所变化，红色将被替换为橙黄色。

（3）投影摆放技术　作品利用合色棱镜的折射将太极图案投影到特定的展示空间中。通过合色棱镜不同的摆放序列，可以呈现出太极图案，同时也引入了蓝色和橙黄色的颜色元素，将它们融入太极图案中。作品中用黄色和蓝色代表情感的两极，分别象征着激情与冷静、热情与平静。橙黄色被用来表示阳，代表热情和能量；而蓝色则代表阴，表现出冷静和平静。投影

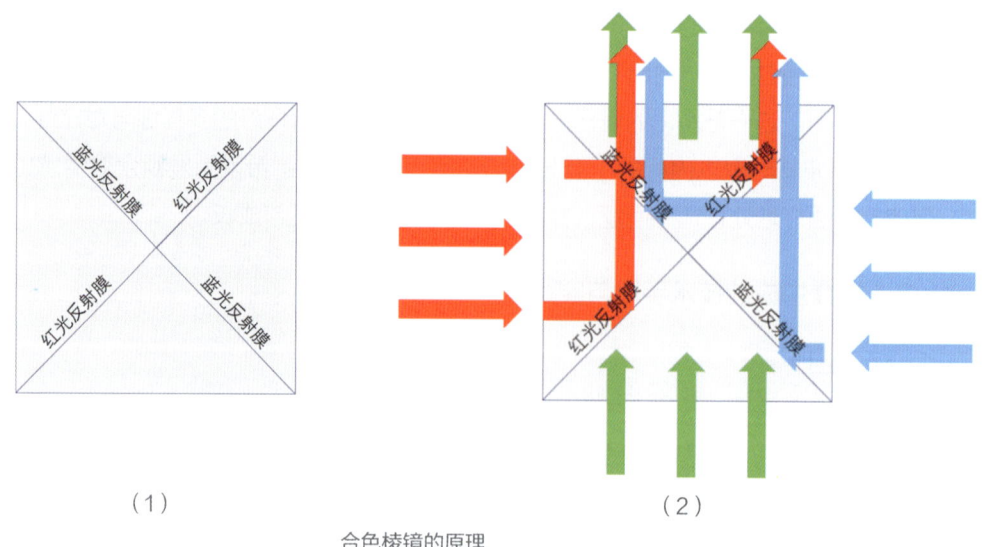

（1）　　　　　　　　　　　　（2）

合色棱镜的原理

（1）　　　　　　　　　　　　（2）

合色棱镜的双面性

还能够使作品在不同的环境中展示，为观众提供更加灵活和多样的欣赏方式。

（4）焊接技术　焊接也称熔接，利用瞬间的高温来熔化各种金属，快速冷却后，形成金属与其他金属间的接头。利用焊接技术制作一款吊顶架子，将多个合色棱镜悬吊于空中，便于摆放位置。

3. 设计草图

（1）前期草图　在一个方形框架内部设置多个合色棱镜，每个合色棱镜代表太极图案的像素点。从两侧面照射白光源。通过改变合色棱镜的位置和角度，控制镜面反射光线的路径和颜色，从而在特定平面上投射出太极图案的不同部分，逐渐构建整个太极图。观众可以在装置的不同侧面观察，从不同角度感受到太极图案。

但这个方案存在几个问题，多次实验之后，发现当多个合色棱镜叠加在一起之后会存在色差现象，即第一个所透过的光会影响第二个，造成颜色逐渐变淡，以此类推，很难得到纯色。

解决方法：第一，分隔投射，减少合色棱镜的堆叠所带来的色差。将之前的方形框架分成4个模块，再由4个模块一起构成太极图案。第二，分层摆放，避免合色棱镜在同一平面内造成光线污染，将红色、蓝色大致分为两层，减少不同颜色之间的相互影响。

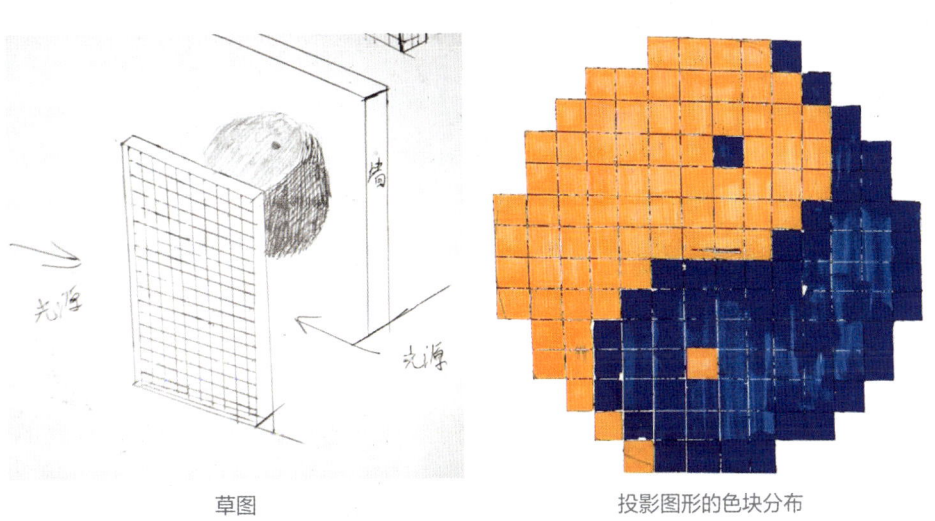

草图　　　　　　　　　　　投影图形的色块分布

改进草图

但在实验过程中,发现层数仅有两层无法有效解决色彩相互影响的问题,4个模块由于数量太多,光线很难穿过多个合色棱镜,并且穿过的光线色相发生了变化。

于是又设计了一个方案,舍弃原来的框架系统,制作一个方形架子将合色棱镜悬吊于空中,再结合之前的分隔投射法、分层摆放法,规划好每个合色棱镜的位置分布,从左右两侧打光,制作成由多个单独格挡开的合色棱镜构成的分层装置艺术作品。

在设计过程中,作者发现现有合色棱镜存在缺乏整体性、不便于移动和布展的问题,同时每个合色棱镜的间隔也不够明确。为了解决这些问题,作者决定制作一个框架,以囊括整个合色棱镜群,使其形成一个统一的整体。这一设计不仅提高了作品的整体性,还便于搬运和移动。此外,框架内每个合色棱镜之间的间隔被设置为约1cm,从而有效防止投射色块的重叠,确保每种色彩都能清晰展现,增强了作品的视觉效果和观赏体验。

4个模块实验

悬挂效果草图

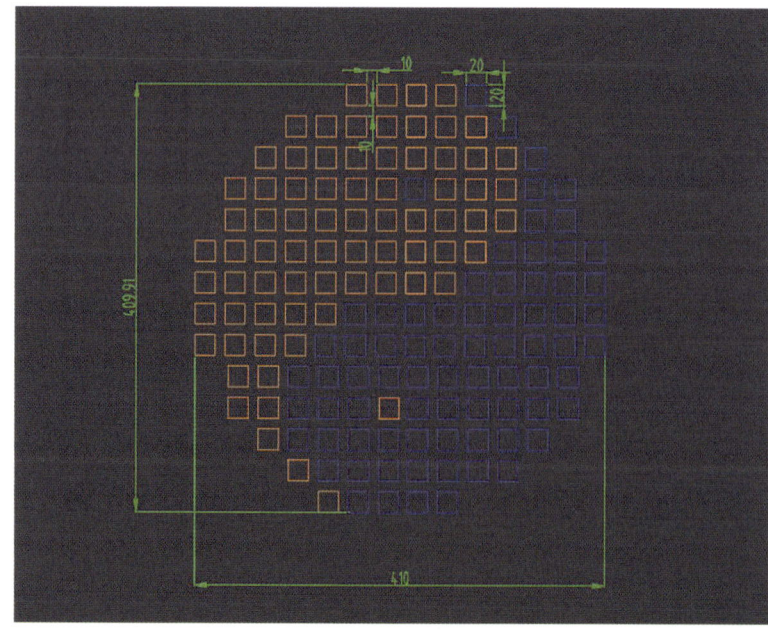
作品尺寸图

整体效果图

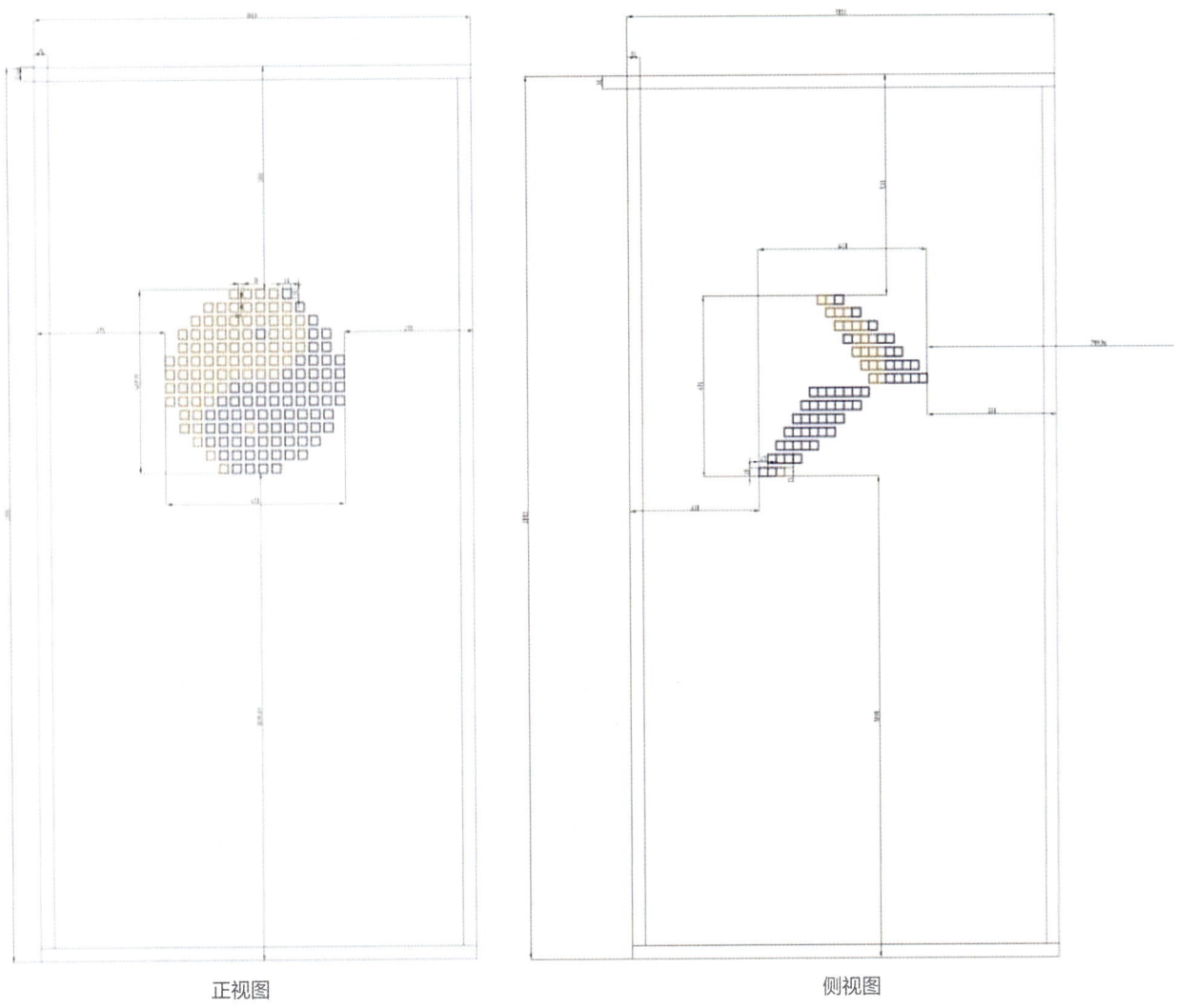

正视图　　　　　　　　　　　　　侧视图

（2）定稿草图　在设计过程中，作者发现框架与合色棱镜的形象具有同构性，导致对比效果较弱，同时还存在元素重叠的问题。为此，作者针对合色棱镜方形、硬朗的外观，选择使用带有弧度的曲线框架、波浪形板以及圆形底座来增强视觉对比效果，避免单一的硬直线条相互冲突。设计上，150个合色棱镜悬挂于空中，每个合色棱镜作为独立模块投射色块，布局为14行×14列。由于合色棱镜对光线入射方向要求严格，需要垂直光源，作者将其分为左右两部分，每部分7列，并从左右两侧分别打光。为了防止光线干扰左右两部分的合色棱镜，设计将左边合色棱镜的对立面封住，右边同样如此，称之为"左右式分面设计"。最后，作者采用带有曲线的框架，使整体设计既具有对比性，又方便移动和参展。

投影尺寸大小：

投射影像：约70cm×70cm

色块尺寸：边长3.5~4cm

投射距离：约60cm

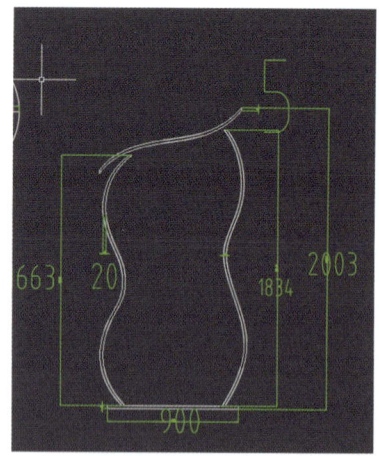
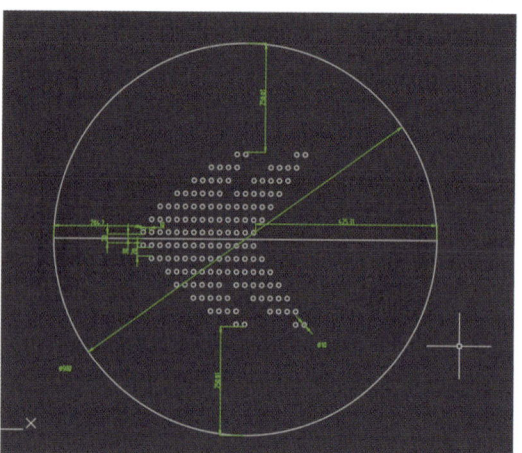

曲线框架效果尺寸图——前视图　　　　　曲线框架效果尺寸图——顶视图

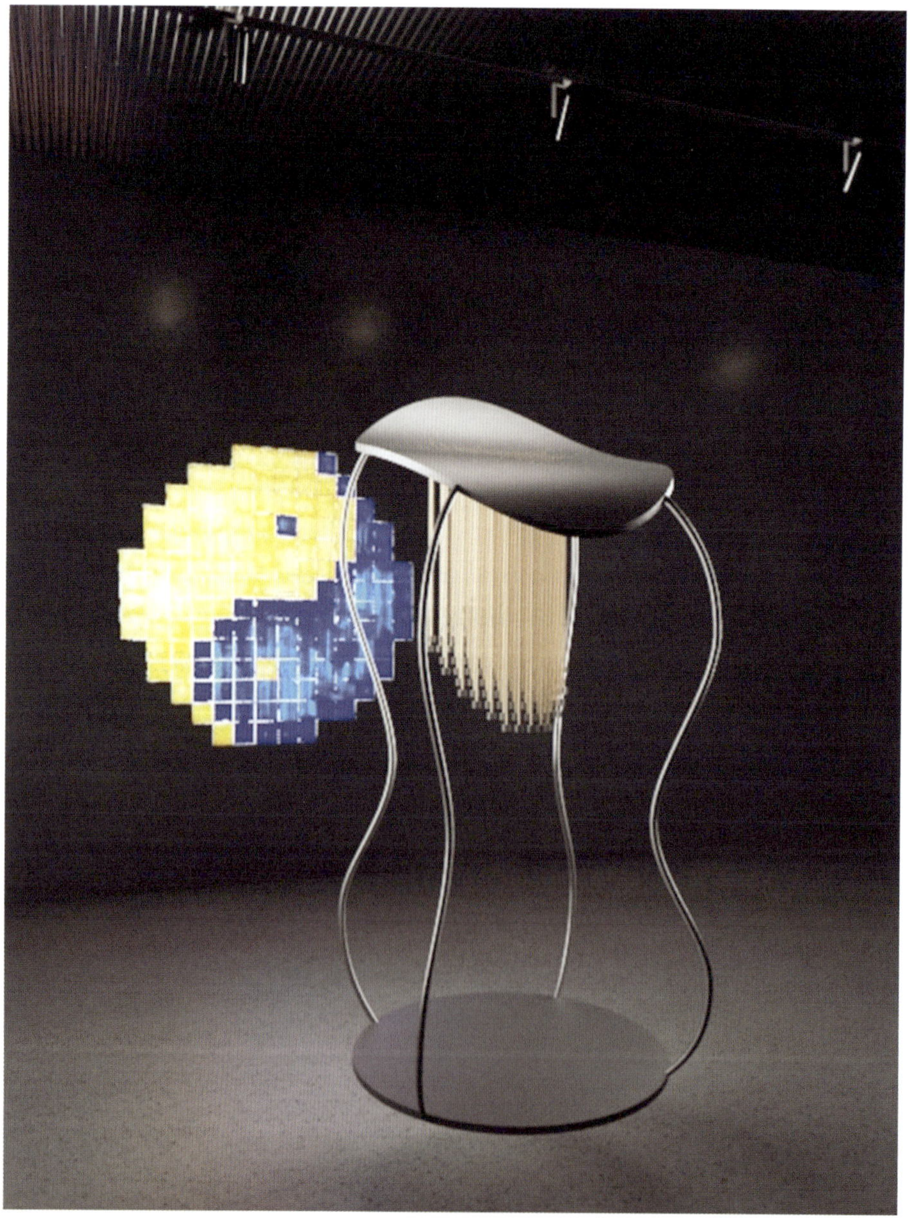

曲线框架效果图

4. 媒介实验

（1）合色棱镜实验

①测试合色棱镜透光数量及层数，我们可以看到，第一个合色棱镜穿过的光线会影响到后面几个合色棱镜，造成重叠，若只分为两层，色块与色块之间会相互影响。

②测试如果将每个合色棱镜作为单独的模块摆放，每个作为单独一层、一列会不会避免色块间的重叠，结论为每个合色棱镜所透过的光源皆会影响下一个合色棱镜，最优方法是每个合色棱镜作为单独的一层、一列。需要有间隔，间隔距离大约是1cm。

③测试左右两侧同时打光的效果，结果为如果不遮挡对立面灯光，那么会形成橙黄色和蓝色的重影。所以整体的设计需要分为左右两部分，左边部分遮住右边对立面的灯光，而右边部分遮住左边对立面的灯光，避免重影的出现。

④测试在两侧灯光下只遮挡单个对立面的效果，可以看到，遮挡了右边的面右侧的灯光就对这两个合色棱镜无效了，能影响这两个合色棱镜的就只有左边的灯光，并且测试效果非常好，色块清晰明确。

⑤测试在两侧灯光下只遮挡单个对立面和遮挡两个对立面和没遮挡对立面的效果，我们可以看到左边第一个为只遮挡右边对立面的，第二个为遮挡右边和前边面的，第三个为无遮挡的，效果第一个色块饱满清晰，第二个色块较小，第三个会形成重影。

测试结果为只遮挡一个对立面的效果最好，色块清晰、无重影。

⑥测试合色棱镜在泛光灯下的投影效果，在这次实验时，遮挡了前边和右边的面，从左边打光，尽可能地减小其他光线对于实验的影响。测试结果为在泛光灯的照射下，投影很不清晰，并且色块与色块间的差距较大。

两层色块会相互影响

（1）

（2）

每个合色棱镜作为单独的一层、一列实验

左右两侧灯光同时打光效果

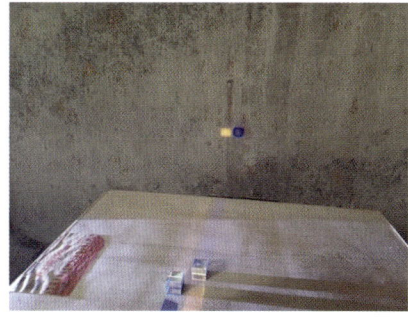

在两侧灯光下只遮挡单个对立面的效果

在两侧灯光下三种不同遮挡的效果

⑦测试合色棱镜在聚光灯下的投影效果,在这次实验时只遮挡了右边的面,从左边打光。测试结果为在聚光灯的照射下投影效果十分清晰,并且色块与色块间的差距较小,比较适合用来做最终的设计。

⑧测试整个合色棱镜群左右视图的最大宽度(高度同理)及最佳的打灯距离,测试结果为最大宽度为16个,每个合色棱镜尺寸为2cm×2cm×2cm,因此灯光的最小直径为32cm,打灯距离为1.2m。

⑨测试投影图案的最大宽度(高度同理),测试结果为投影的最大宽度有14个合色棱镜,但由于打光距离较远,灯光有扩散,最终投影的最大宽度(高度)约为70cm。

遮挡了前边和右边的面,左侧打光效果

遮挡了右边的面,从左边打光效果

测试整个合色棱镜群左右视图的最大宽度

测试整个合色棱镜群最佳的打灯距离

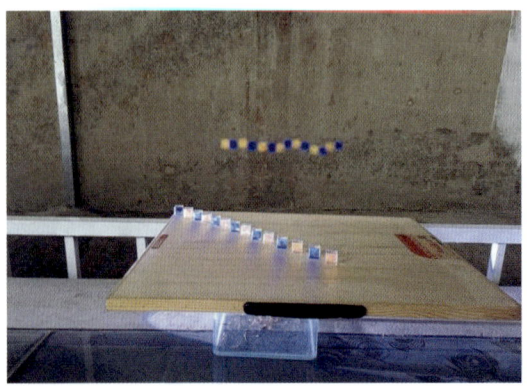

测试投影图案的最大宽度

（2）框架制作　与厂家交流定制吊顶、支架、底盘，购买所需的聚光灯。

在作品搭建过程中，焊接框架成了一大难题。作者在实际操作中遇到了不少困难，但在同学和老师的帮助下，最终顺利完成了焊接工作，使整个框架得以稳固搭建。

框架成功搭建完毕，接下来将着手进行合色棱镜的悬吊测试工作。

（3）光的折射实验　开始尝试摆放合色棱镜，在实际操作时发现最外圈的合色棱镜会遮挡内部的合色棱镜，需要更改合色棱镜的摆放方式，具体如下图所示。

投影完成四分之一，使用直径1cm粗的木棍将合色棱镜顶部粘住，并将棍塞进提前设计好的孔洞中，然后再用热熔胶将其固定。

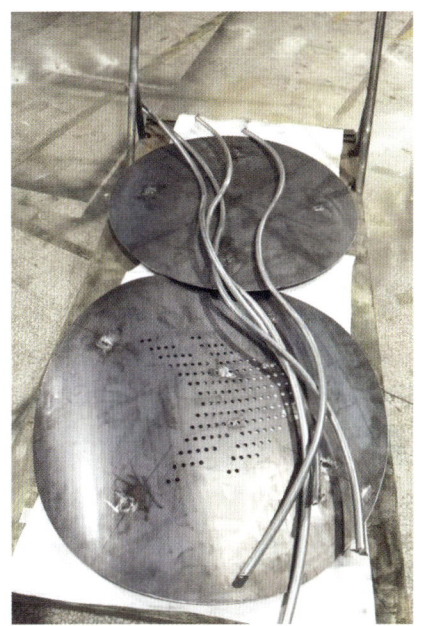

定制吊顶、支架、底盘　　　　　　　　　聚光灯

（1）　　　　　　　　　（2）　　　　　　　　　（3）

焊接框架

完成架子焊接

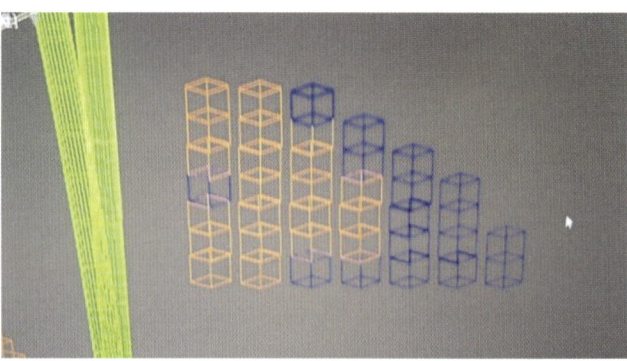
（1）

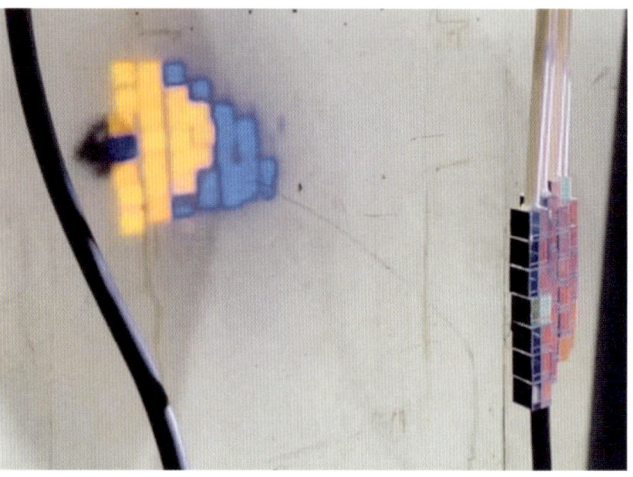
（2）

调试合色棱镜位置

（1）

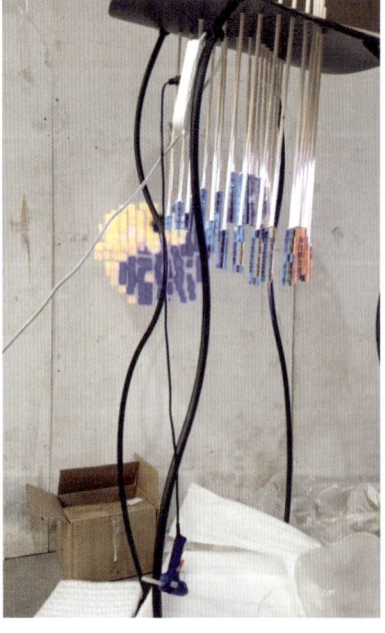
（2）

固定合色棱镜

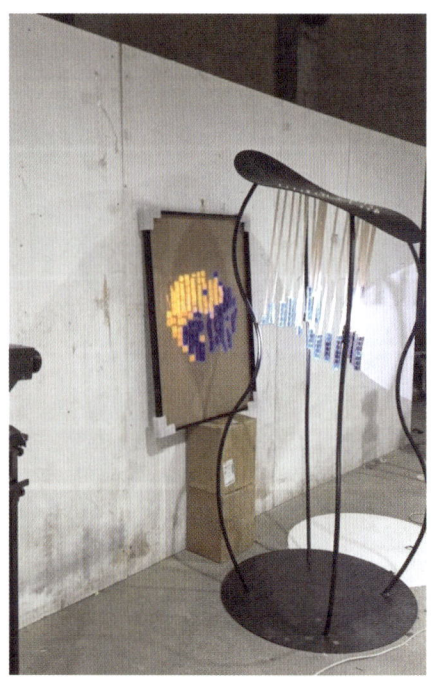
合色棱镜固定完成

（三）作品成品展示效果图

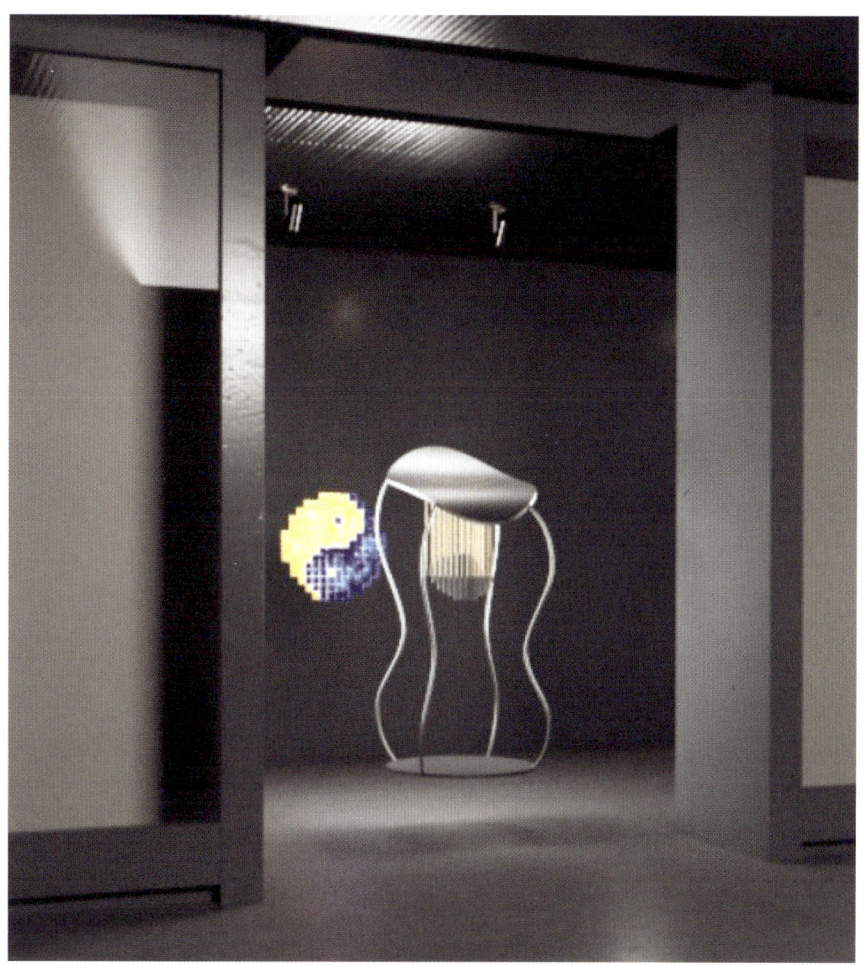

作品模拟图

（1）

（2）

作品实物图

三、作品《"礁"虑》

题　　目	《"礁"虑》	学　　生	孙彤彤
材　　料	温变油墨、热缩片	指导教师	徐微微、赵迪

（一）作品题目与概念介绍

作品《"礁"虑》以珊瑚白化现象为创作主题，关注全球气候变化、海洋酸化、污染以及人类活动对珊瑚礁生态系统的破坏。珊瑚白化是当代全球性生态危机的重要象征，海洋温度升高和频繁的极端气候事件已导致珊瑚的大规模死亡。珊瑚礁生态系统不仅是海洋生物多样性的关键，也是人类社会经济发展中不可或缺的生态资源。然而，随着珊瑚礁的急剧消失，人们对这一现象产生了深刻的焦虑感。作品的名称《"礁"虑》是"焦虑"的谐音，象征着珊瑚礁濒临崩溃时引发的集体焦虑和人类的环境忧患意识。通过以珊瑚白化为主题的艺术表达，作品试图唤起公众对这一生态危机的关注，呼吁人们在面对环境挑战时，采取实际行动保护珊瑚和海洋生态。

在媒介选择上，作者综合运用了热缩片和温变油墨等创新材料，展现温度变化对珊瑚的影响。热缩片作为一种塑形材料，可以根据受热后形状的变化来模拟珊瑚的复杂形态，展现珊瑚礁的脆弱与多样性。温变油墨则是一种随温度变化而变色的材料，在作品中通过人手的触摸，"珊瑚"从五彩缤纷逐渐变为白色，象征着全球变暖导致的珊瑚白化现象。这些媒介的选择不仅凸显了技术与艺术的融合，更加强调了气温对珊瑚生态的直接影响。通过对这些媒介材料的实验和展示，观众能够直观感受到人类活动对海洋环境的破坏，并由此引发对环境保护的思考。作品中的每一个媒介细节都承载了珊瑚礁生态系统在温度变化中所遭受的破坏，试图以直观的视觉语言传递环境危机的紧迫感。

作者通过将生态主题与艺术媒介相结合，创造了一种能引发公众深思的视觉表达。热缩片和温变油墨的结合，不仅展现了珊瑚白化过程的视觉冲击，还体现了珊瑚礁生态系统在气候变化中的脆弱性和不可逆性。媒介的变化与主题相呼应，模拟了珊瑚在海洋环境恶化下的逐渐消亡过程，传达出人类活动与自然环境间的复杂关系。观众在互动过程中，通过亲身触摸感受到温度变化所带来的视觉变色效果，这不仅是一种艺术体验，更是一种情感共鸣和环境警示。作品借助媒介的表现力和生态议题的现实性，突破了传统艺术的界限，为生态保护提供了新的表达途径，也为公众对环境危机的关注搭建了桥梁。在艺术的广泛传播力下，作品期望能引起更多人对珊瑚白化及其对海洋生态影响的关注，促使人们采取行动保护珊瑚礁这一海洋生态系统的重要组成部分。

（二）媒介生成的技术手段与实验过程

1. 媒介选择

作品采用综合媒介的表达手法，将热缩片、温变油墨进行艺术性地有效选择、利用、组合、改造，发挥组合媒介的整体作用，以整体的艺术形态向人们展现什么是珊瑚白化。

（1）热缩片　一种胶片，质地与塑料相似，但是它易上色，其中较常用的是半透明材质。半透明热缩片经过打磨后热缩，具有磨砂的效果。所以用热缩片烧制最终作品，不仅更好操作，而且受热形变比其他材料更快更可控，肌理也更加漂亮。

（2）温变油墨　为一种"热致变色材料"，是指一些化合物或混合物在受热或者冷却时吸收可见光，光谱发生变化的功能材料，它具有随着温度的升高或者降低而改变颜色的特性。热致变色材料在遇到特定温度时会由有色变无色，与珊瑚遭受高温白化这一现象非常符合。

（3）超轻黏土　一种新型环保、无毒、自然风干的手工造型材料。主要是运用高分子材料发泡粉（真空微球）进行发泡，再与聚乙醇、交联剂、甘油、颜料等材料按照一定的比例混合制成。超轻黏土有更好的塑造性，模拟海底礁石的样子效果更加贴切。

（4）石膏　主要化学成分为硫酸钙（$CaSO_4$）的水合物，属于单斜晶系矿物。石膏在工业和建筑领域均展现出其不可或缺的重要性。本作品用石膏来创作各种手的形状，来表现珊瑚求救的状态。

（5）发泡胶　一种具有发泡特性和黏结特性的胶，当物料从气雾罐中喷出时，沫状的聚氨酯物料会迅速膨胀与空气发生固化反应，因此形成泡沫状固体。本作品用发泡胶来填充作品底部，形成高低错落的礁石。

热缩片

温变油墨

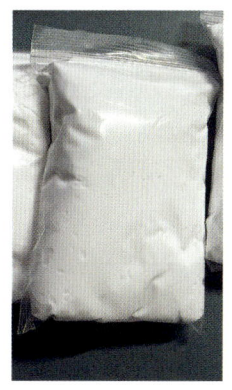
超轻黏土

石膏

（1）

（2）

发泡胶

2. 技术手段

（1）热缩片热收缩技术　利用热缩片受热收缩的材质特点，使用热风枪吹热缩片，通过人为地控制热缩片形状使得其表面产生独特肌理。加热后的热缩片聚合物链会发生断裂和变化，导致分子间的相互作用力减弱，从而使得材料发生收缩。这种收缩的特性使得热缩片能够紧密包覆在被包覆物体表面，从而能够更好地塑形进而粘贴形成作品。

定稿草图及整体尺寸

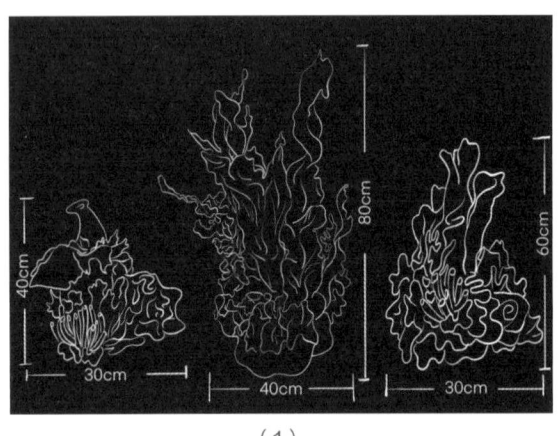

（1）

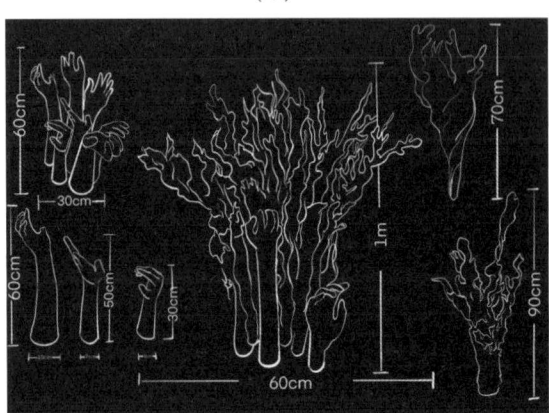

（2）

部件尺寸

（2）感温变色技术　温变油墨，又称热变色油墨、热敏油墨或示温油墨，这是一种特殊油墨，能够根据环境温度的变化而改变颜色。它的变色原理是油墨中的特定成分在温度影响下会经历物理或化学性质的转变，如相态的转换或分子结构的重塑，从而导致油墨对光的吸收和反射特性发生变化，使人眼看到不同的颜色。这种特性使得人更直观地感受到珊瑚白化是受温度的影响，为本作品提供了很好的展示效果。

3. 设计草图

作品整体呈现向上生长的形态，中间是石膏手来表现珊瑚求救的效果，石膏手上面是向上生长的珊瑚，周围是已经白化的珊瑚，整体形成鲜明的对比来表现珊瑚现在正遭受全球变暖的破坏，寻求人类的帮助从而生存下去。

4. 媒介实验

（1）根据珊瑚形状比如鹿角珊瑚、蔷薇珊瑚、叶板珊瑚、脑珊瑚等，使用热缩片创作不同的单个珊瑚形状，将单个珊瑚拼接在一起形成珊瑚礁。根据制作形状裁剪好足够长的塑料片，在制作过程中需要根据形态自行控制，以便预判收缩形状和烧制肌理形态。

①裁剪相应的形状。

②使用热风枪对裁剪好的热缩片形状进行热处理造型。

③对珊瑚部分进行组合。

④使用发泡胶制作珊瑚礁底部。

（2）作品使用温变油墨与白色水粉混合调出适合的颜色，涂在做好的珊瑚上，此温变材料在特定温度下从有色变无色，人体正常体温在36~37℃，而珊瑚最适宜的温度在20~28℃，所以选择28℃感温变色材料。当人手触摸珊瑚的表面时，留下一片白色手印，会让人直接感受到温度升高对珊瑚的影响。将闪粉涂抹在温变油墨表面，通过打光使它外表闪闪发光，是因为当共生微藻消失时，漂白珊瑚的发光颜色就像一个保护层，这表明珊瑚在受到轻微或暂时的高温压力后，会在2~3周内出现极端的着色现象。

（3）用石膏制作求救的手的姿势。提前画出一些手的姿势，先用克隆粉克隆出手的形状再用模型粉进行倒模。用石膏制作各种表达求救的手的形状，摆放成高低错落的样子。手的某些姿势本身就有表示求救、危机的意思，通过手和珊瑚结合来表现珊瑚生存状况危机以及在海底求救的状态。

第三章 艺术媒介生成实验 185

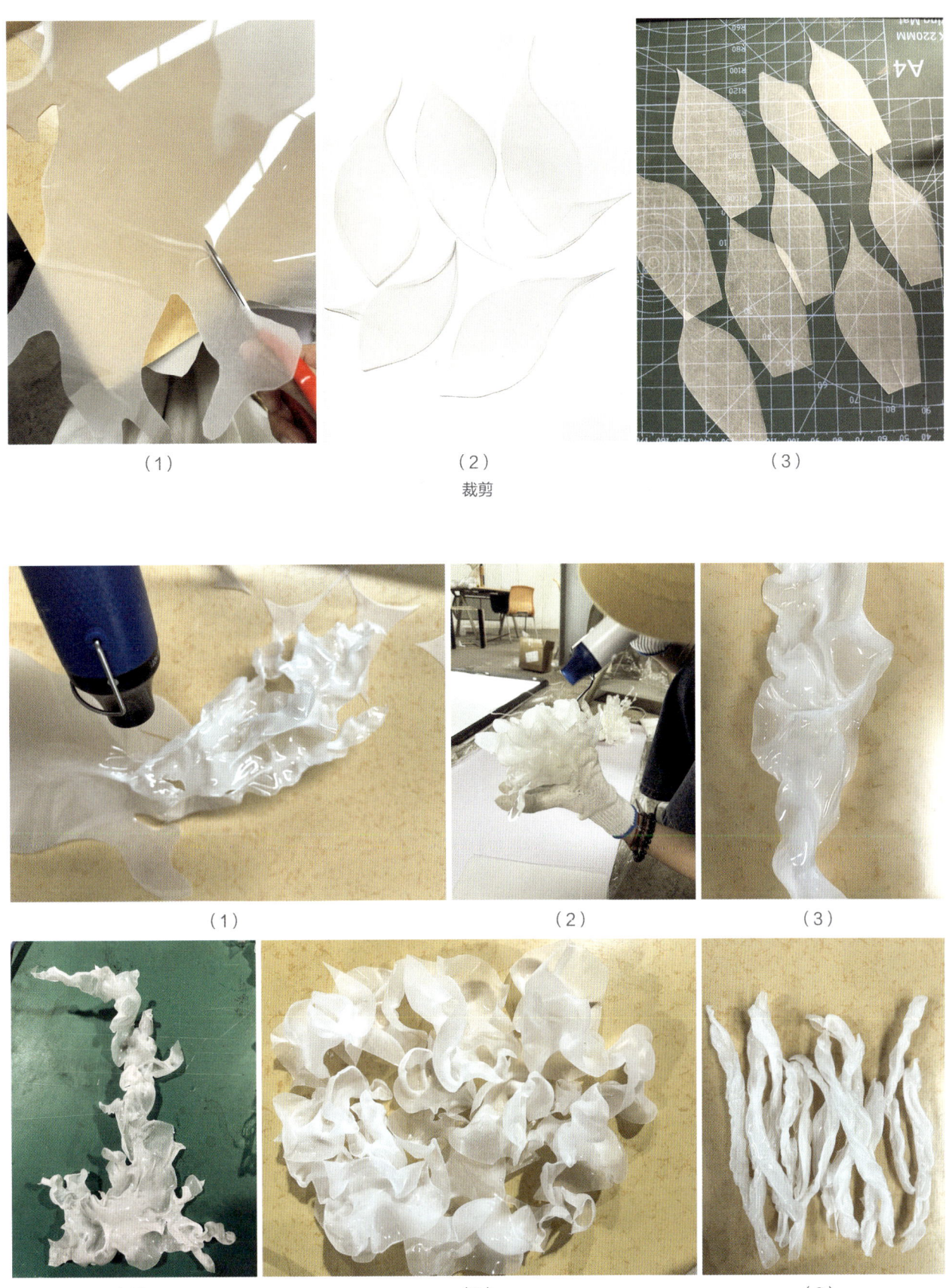

（1）　　　　　　　　（2）　　　　　　　　（3）
裁剪

（1）　　　　　　　　（2）　　　　　　　　（3）

（4）　　　　　　　　（5）　　　　　　　　（6）
珊瑚局部造型

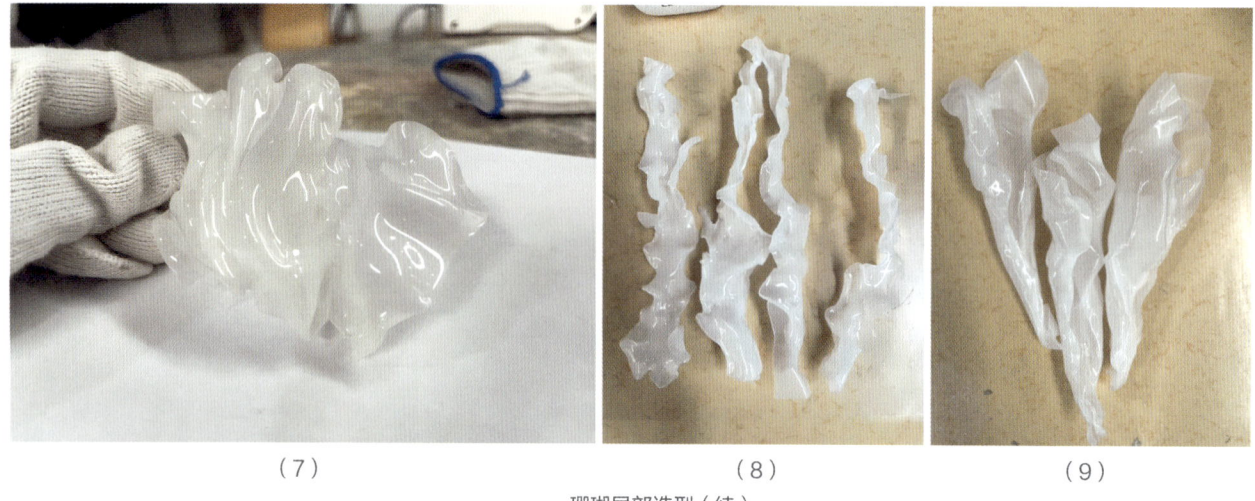

（7）　　　　　　　　　　（8）　　　　　　　　　　（9）

珊瑚局部造型（续）

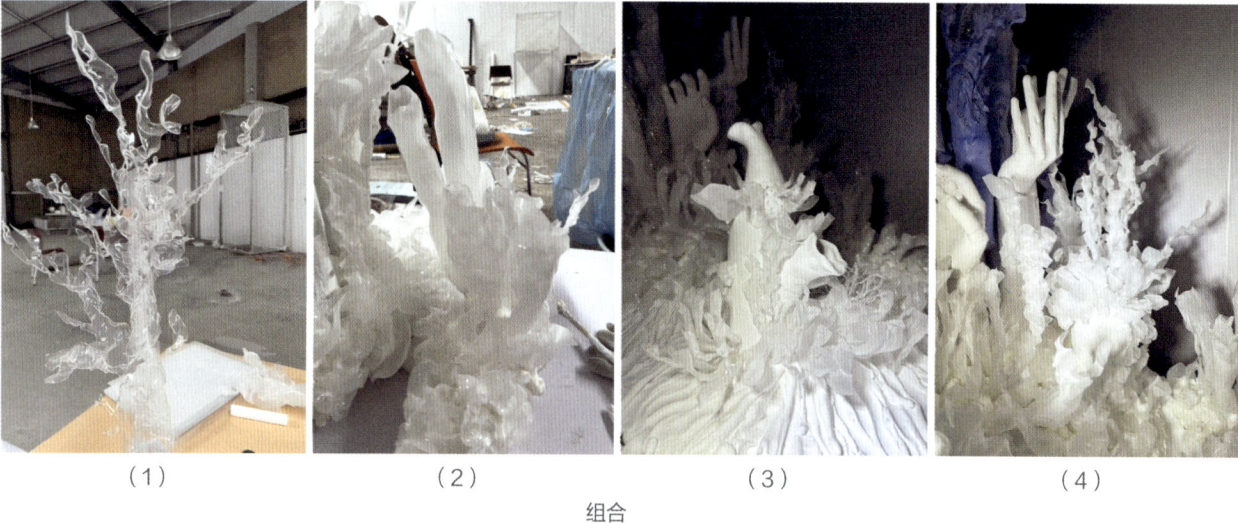

（1）　　　　　　（2）　　　　　　（3）　　　　　　（4）

组合

制作珊瑚礁底部　　　　　　　　　　　　　温变油墨与白色水粉混合

（1）　　　　　　　　　　　　（2）

给珊瑚涂色

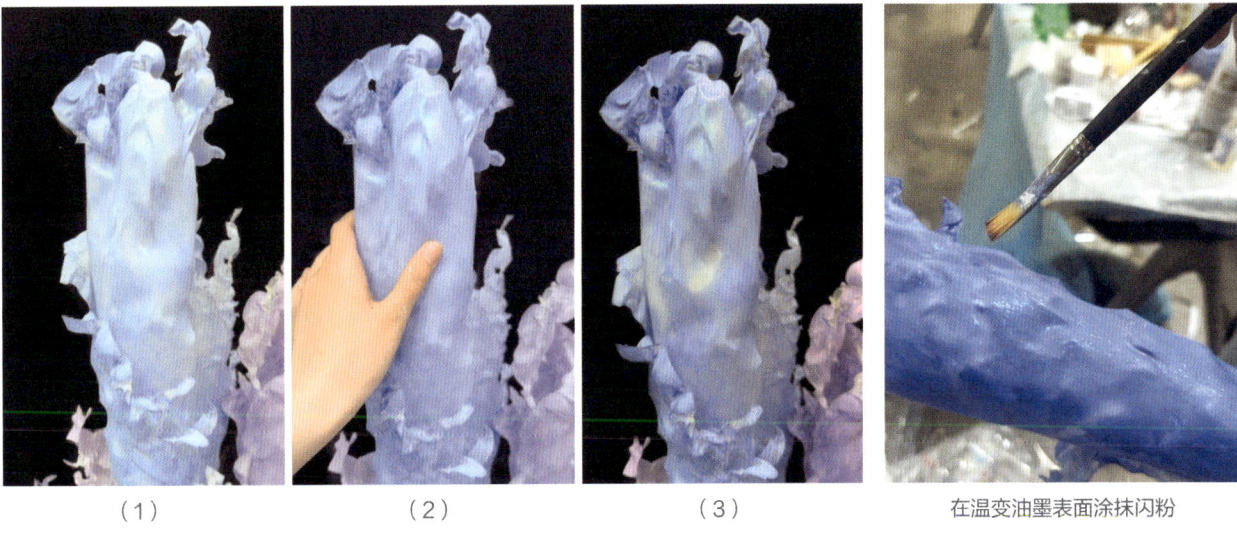

（1）　　　　　　（2）　　　　　　（3）　　　　　　在温变油墨表面涂抹闪粉

人手触摸珊瑚以后的效果，有明显白色指印显现

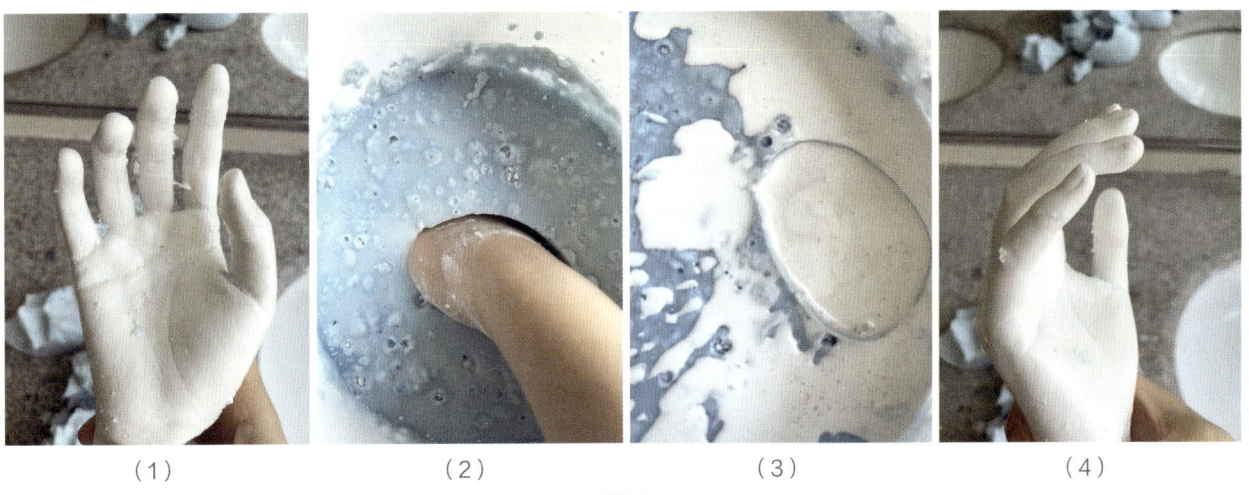

（1）　　　　　　（2）　　　　　　（3）　　　　　　（4）

倒模过程

188　艺术媒介生成实验

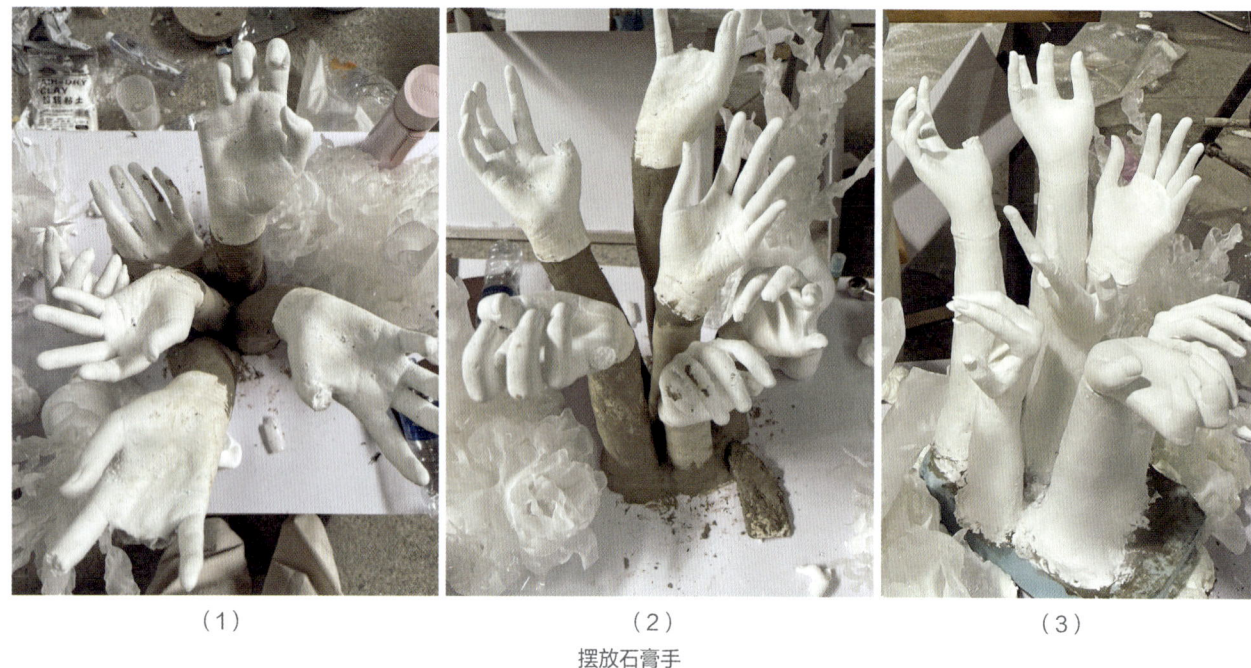

（1）　　　　　　　　（2）　　　　　　　　（3）

摆放石膏手

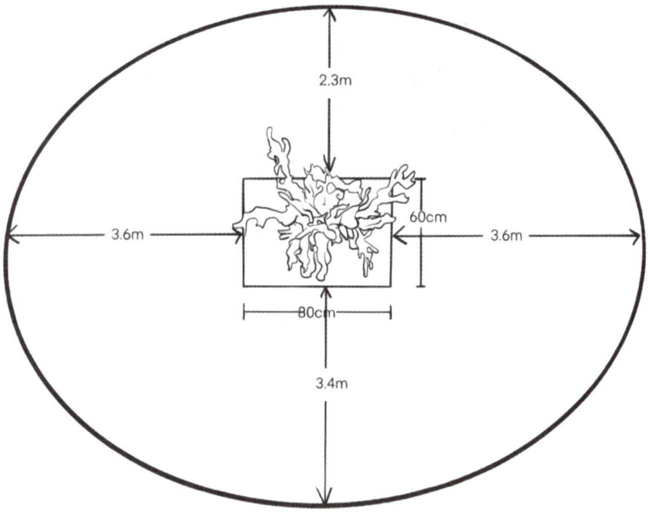

展厅平面图

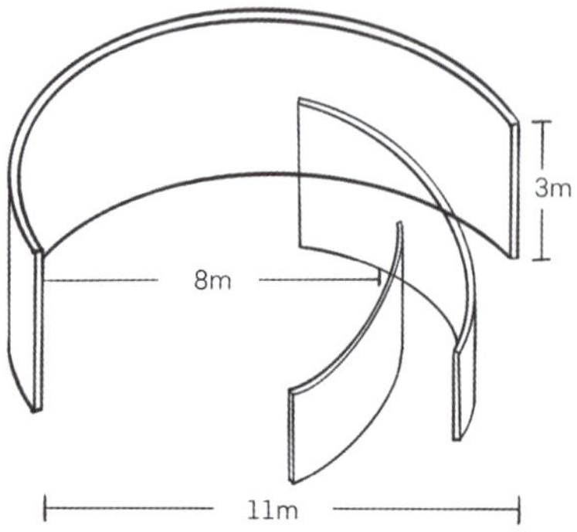

展厅立面图

作品实物整体图

作品实物局部图

（三）作品成品展示效果图

作品成品展示效果图

第五节
基于综合科技的艺术媒介生成实验

本节面向集生物、物理、化学、信息等多元技术媒介的综合使用，考查学生对不同技术的理解广度与学习能力。实践鼓励学生在跨媒介实验中进行整体性创作，提出概念，制定实验方案，并完成作品实施。

重点训练学生的系统思维与跨学科整合能力，通过跨领域的杂交策略，学生创作作品回应当代议题，展现媒介的无限可能性。

一、作品《"废物"粉笔》

题　　目	《"废物"粉笔》	学　　生	王译晗
材　　料	废弃果蔬	指导教师	郭靖雅

（一）作品题目与概念介绍

作者致力于探索如何有效减少全球每年产生的巨大食物浪费，寻找能够赋予这些废弃食物新生命的方式。当前，垃圾分类在全国范围内逐渐普及，人们对垃圾回收以及减少垃圾产生的关注日益加深。作品中，作者专注于那些已经不可再食用的发霉蔬果，通过在菜市场收集这些废弃食物，并利用现代生物技术对它们进行彻底的杀菌处理。

处理后的蔬菜和水果被粉碎成粉末，并经过多次技术实验和调配，不再具有任何致病性。在这些粉末中加入了天然成分如鸡蛋壳，通过反复试验和配比，成功制成了粉笔。这些粉笔的颜色完全来源于食物本身的自然色调，无需任何人工色素的添加。更重要的是，粉笔的成分是有机和天然的，对使用者的健康没有任何潜在危害。

"废物粉笔"不仅有效利用了原本被丢弃的资源，还为日常生活中的食物浪费问题提供了一个富有创意的解决方案。发霉的食物通过这种方法重新焕发新生，被转化为可以书写和绘画的工具。制作过程相对简单，便于大规模推广，并且将艺术与科技的思维紧密结合。通过这种创新方式，作者试图改变生活中的废弃物处理模式，为可持续生活方式贡献新的视角与实践。

（二）媒介生成的技术手段与实验过程

1. 材料收集

前期方案的研究重点是基于对市场上随处可见的腐坏果蔬以及这些果蔬表面细菌的生长、形态、与环境之间关系的兴趣展开调研和观察。作者多次实地走访菜市场，详细记录了不同水果和蔬菜在腐烂过程中的细微变化，特别是发霉现象在不同环境条件下的表现。作者从这些现象中不仅看到了食物腐败的普遍性，也发现了其中蕴含的生物特征和潜在的创新应用价值。

菜市场存在着大量发霉或即将发霉的水果和蔬菜，它们是主要的调研对象。通过观察发现，这些蔬果上的微生物繁殖非常迅速，甚至一小块发霉的区域都足以让整个果实在短时间内被完全感染。由于微生物的扩散和繁殖特性，这些食物很快就会变得不可食用，进一步加剧了食物浪费的问题。

（1）　　　　　　　　　（2）

菜市场发霉果蔬收集

作者决定前往菜市场收集这些已经开始腐败或即将腐烂的蔬菜和水果，作为作品的主要材料来源。通过挑选那些还算完整但已无法再食用的食物，作者试图找到将其转换为有价值资源的方法。调研过程中，作者详细记录了不同种类的发霉果蔬的状态，并开始考虑如何通过科技手段将这些本应被废弃的资源重新利用，创造出兼具实用性与艺术性的成果。

2. 烘干实验

腐烂的蔬菜和水果不仅可以作为粉笔的主要材料，还成了粉笔颜色的自然来源。在制作过程中，首先要对这些材料进行充分的烘干处理。将蔬菜和水果放入烘干机中，设定温度为40℃，持续烘干24h。烘干的前两个小时主要用于对材料进行高温灭菌，杀死果蔬表面可能存在的霉菌和其他致病微生物，从而减少在后续使用过程中对人体的潜在危害。随后，通过继续烘干的方式，进一步将材料内部的水分脱去，直至完全干燥。淀粉类食物为了更好地烘干可以先切片处理。淀粉类食物相对容易烘干，因为其含水量较低；蔬菜的烘干也相对容易控制。然而，水果由于含水量较大，脱水所需时间会更长，因此需要延长烘干时间，确保其能够被完全烘干。经过烘干处理后，果蔬材料就具备了制成粉末的条件。

（1）

（2）

将挑选出来的蔬果烘干

（1）　　　　　　　　　（2）　　　　　　　　　（3）

烘干后的蔬果

与此同时，作者还使用了鸡蛋壳作为粉笔的主要结构支撑材料。鸡蛋壳的主要成分是碳酸钙，这种物质能够赋予粉笔较好的硬度和结构稳定性。制作过程中，作者将鸡蛋壳清洗干净，并放在阳光下晒干。通常，半天左右的时间即可完成晾晒过程。当鸡蛋壳完全干燥后，就可以开始研磨，将其磨成细腻的粉末，与经过灭菌处理的果蔬粉末混合，这样为创作增添了更多的可能性。

霉菌对热的抵抗力不强，一般加热至60℃，1h就会死亡；如果是霉菌的营养菌丝（外面毛茸茸的东西）或基生菌丝（这个在里面，看不见），不用太高温度，70～80℃足可以杀死了。大多数微生物很难在没有水分的地方生长，所以烘干过的腐烂的蔬菜和水果没有传染性和致病性，这保证了后期产品的安全性。

3. 研磨实验

蔬菜，如菠菜，最好在烘干后立即进行研磨，否则接触空气中的水分后，菠菜会迅速变软，影响研磨效果。研磨后的粉末需要妥善保存，不能放在潮湿的地方，否则会吸潮变质。最好存放在阳光下或密封罐中，减少与空气的接触，这样粉末可以长时间保持其质量和使用性能。手动研磨费时费力、效率低，因此如果要进行大量生产，推荐使用球型研磨机。

在将鸡蛋壳转化为细粉的过程中，必须经过精心研磨，以达到极其细腻的质地。这一步骤至关重要，因为只有当蛋壳粉末被研磨至极其细小的颗粒时，才不会对纸张或其他应用表面造成刮擦或损伤。粗糙的粉末颗粒也会影响最终产品的质感和外观。

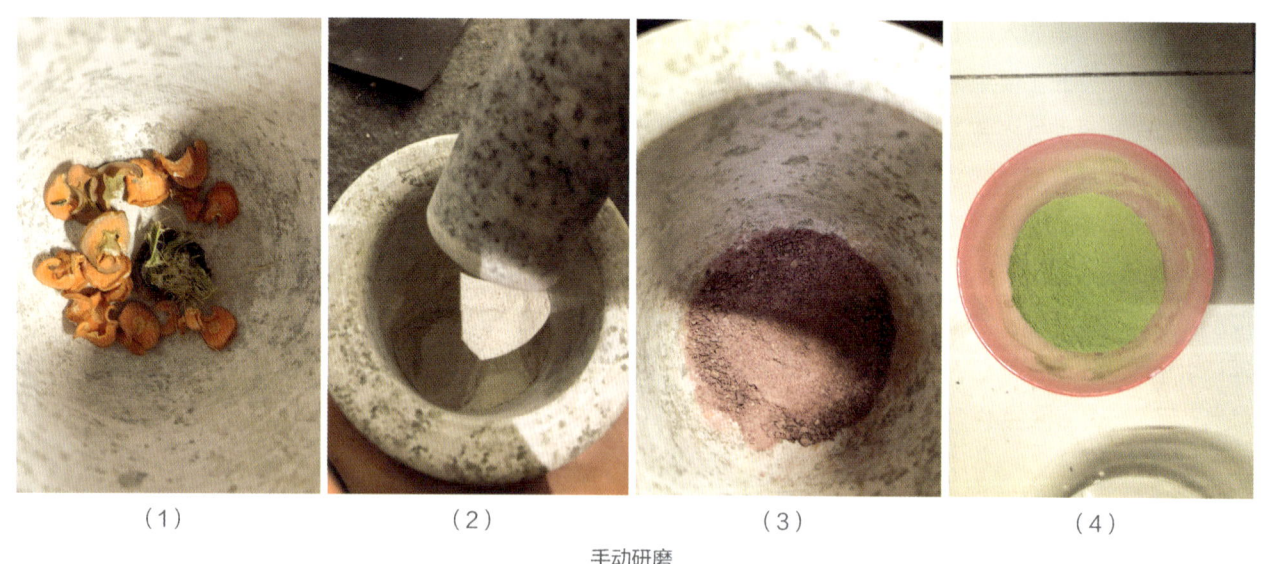

（1）　　　　　　（2）　　　　　　（3）　　　　　　（4）

手动研磨

4. 混料实验

在进行配比实验时，作者希望使用天然材料和黏合剂，以确保最终产品的环保属性。尝试的材料包括骨胶、鸡蛋壳等。骨胶是一种传统的天然黏合剂，与食物粉末结合后，发现其成型较为困难，主要原因在于骨胶不易干燥，难以使粉笔迅速固化。此外，骨胶在保持环保特性的同时，在稳定性和成型效果方面存在不足。

鸡蛋壳富含碳酸钙，能够为粉笔提供一定的硬度，但与食物粉末结合后粉质不够细腻，导

| （1） | （2） | （3） | 蛋壳混料实验 |

骨胶混料实验

致成型后的粉笔过于坚硬，使用体验受到影响。蛋壳中的碳酸钙密度较小，虽然为粉笔增加了一定的硬度，但结果是粉笔极易碎裂，强度不足，影响了粉笔的实用性。

接下来，作者又尝试了淀粉与食物粉末的结合。然而，淀粉与粉末的组合不易干燥，成型同样存在问题，导致粉笔难以固化。此外，淀粉的存在还加速了微生物的生长繁殖，粉笔表面很快滋生霉菌，无法长期存放和使用。

为了克服这些问题，作者最终决定加入石膏作为新的结合材料。石膏是一种天然环保材料，广泛应用于建筑和装饰领域。石膏不仅能够提供较好的成型效果，还具备良好的降解性，在使用和生产过程中不会产生有害废弃物。废弃的石膏建材可以进行回收再利用，制成新的石膏产品，实现资源的循环利用，这符合项目对环保和可持续发展的要求。

最终的配比为食物粉末20%～30%、石膏60%～70%、鸡蛋壳10%。这一配比确保了粉笔的良好触感，书写时硬度适中，顺滑度适宜，不易折断或损坏。同时，颜色饱和度自然稳定，无需额外添加色素，且产品便于保存，具备较长的使用寿命。

（1）　　　　（2）　　　　（3）　　　　（4）

淀粉混料实验

5. 定型烘干实验

作者在实验中尝试了塑料模具和硅胶模具，最终选择了硅胶模具，因为它更容易脱模。脱模后，使用细砂纸打磨粉笔边缘，使作品更加精致光滑。经过两天的日晒处理（五月份），效果明显优于吹风机和烘干机。至七月份，实验样品在保持干燥的情况下，已保存了两个月，未出现受潮问题。

（1） （2）

石膏混料实验

（1） （2）

打磨

（1） （2）

定型晒干

粉笔的颜色来源于不同食材：

粉色——山竹皮、火龙果、草莓和红心萝卜；

紫色——紫薯和葡萄皮；

绿色——菠菜和玉米皮；

黄色——胡萝卜、南瓜、地瓜和芒果；

白色——洋葱、鸡蛋壳和梨。

6. 存在的问题及改进措施

粉笔的储存需要在干燥的环境中，因为它极易受潮，进而导致表面发霉，影响使用效果。为延长粉笔的保质期，可以考虑在制作过程中添加阴离子、抗菌酶或抗生素等成分，这些添加剂有助于抑制霉菌的生长，增强其抗菌性。然而，尽管这些改进措施可以有效延缓变质，仍然建议尽快使用粉笔，以确保最佳的书写效果和环保性能。

没有添加天然抑菌剂发霉的粉笔

（三）作品成品展示设计

1. 展示设计草图

展陈材料：

①长2.4m、宽1.2m、高0.9m的桌台一个，使参观者获得最佳观赏体验。

②240mm×240mm×240mm的透明亚克力展示箱4个。

③黑卡纸盒4个。

④画架1个。

⑤4开画板1个。

⑥黑卡纸数张。

⑦砂纸数张。

⑧"粉笔"数根。

⑨射灯4个。

⑩标签4个。

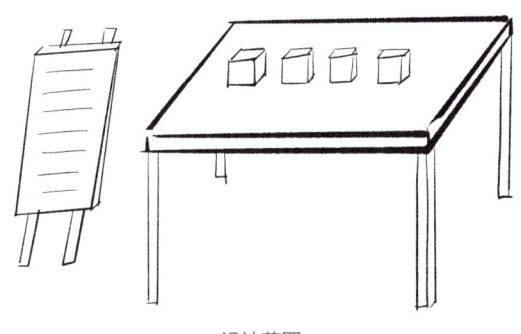

设计草图

2. 展台制作过程

展览的整体以黑色为主调，黑色背景能够更好地衬托粉笔的色彩，使其在展示中更加鲜明突出。参观者可以随意在黑色区域进行互动，用粉笔写字或作画，他们的创作不仅丰富了展览体验，还成为作品的一部分，赋予了作品更多的互动性和参与感。在展台上，还特别展示了粉笔制作的不同阶段与形态，清晰地呈现了粉笔的原材料、加工过程及最终成品。这样，参观者不仅能够体验到粉笔的使用，还能深入了解其制作过程。

制作黑色画架

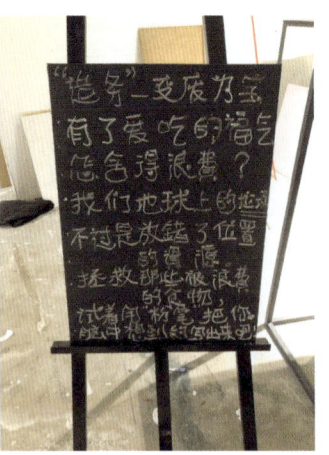
用"粉笔"写POP海报

制作黑色桌台

摆放亚克力展示箱

放置粉笔

(四)作品成品展示效果图

作品前视图

第三章 艺术媒介生成实验 | 197

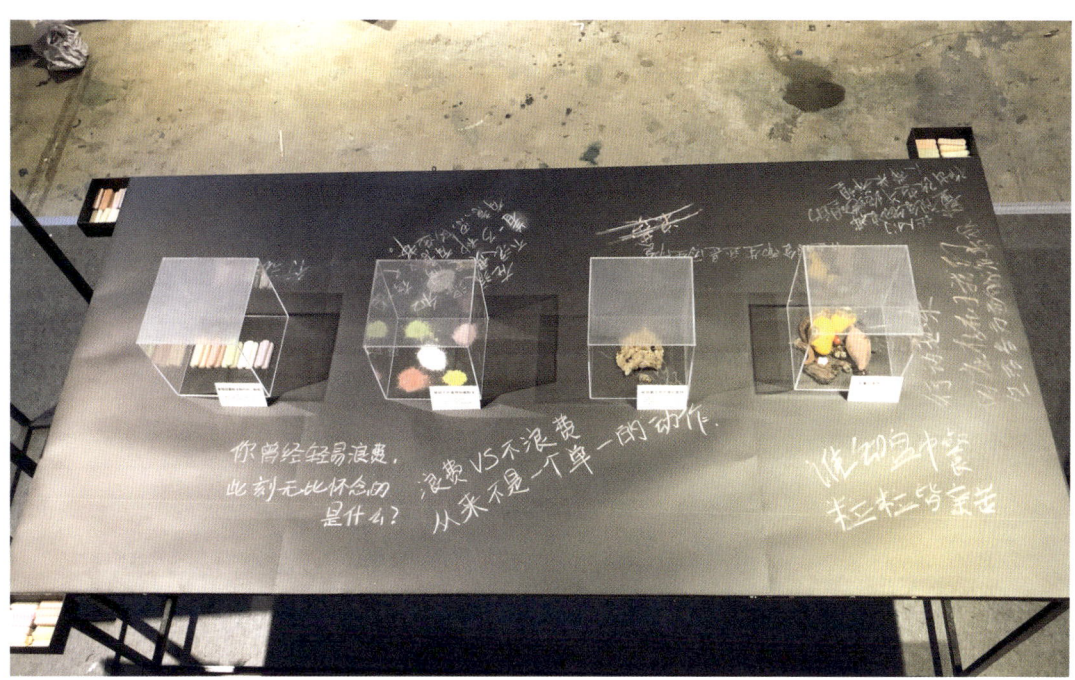

作品顶视图

（1）

（2）

作品局部图——发霉的食物

作品局部图——被烘干的食物粉末

作品局部图——粉笔成品

（1）　　　　　　　　　　　　　　　（2）

展览现场互动

二、作品《胶囊计划——"空"游无所依》

| 作　品 | 《胶囊计划——"空"游无所依》 | 学　生 | 张子玥 |
| 材　料 | 海藻酸钠 | 指导教师 | 成硕磊 |

（一）作品题目与概念介绍

随着科技进步，农民在有限的土壤资源上生产制造出更多的粮食等产品。即使粮食的生产能力已经提高许多，但全球范围内依然有数以亿计的人缺乏营养或忍受饥饿。在本就压力巨大的基础上，地球上的土壤污染仍在持续加剧。或许在未来，能够生产制造食物的土地将消失殆尽，人类只能通过其他渠道来生产食物。

《胶囊计划——"空"游无所依》的主题来源：将"不可见"即"空"的成分聚合、转换为"可见"的成分，与胶囊异曲同工。作品旨在提出食物安全问题，引发思考，从而探讨未来食物可能的生成方式——"无中生有"。当我们舍弃土壤，将目光投向空气与海洋中的微生物，或许能将人类目前较少接触的资源转换出来，重新定义人类对食物的认知。

作者将作品外观向"简单"聚拢，比如"透明食物"，外表透明与半透明混合，透明部分代表"空"，材料大多来源于海洋，从而结合了"天空"与"海洋"的概念。根据不同海藻溶液材料的特性，可以产生不同的颜色、形态和口味，给参与者造成独特的视觉、口味冲击。作品主体由上下两部分构成，上半部分颜色主要采用了海藻的绿色，内部有海藻制作的内芯；下半部分透明，代表"空气"，内部有其他颜色和口味的海藻球，搭配色素形成流动的山、水景象，代表着空气取代土壤。作品中的每一个单独的球体都有不同的外观和口味，果冻底座的形状与花纹来自实验过程中海藻酸钠球体之间形成的粘连、变形，使作品更具有"自然"的含义。作品会随着温度差、湿度差及时间的变化逐渐变形和"熔化"，流出里面的水分和色素液，沾染上底座果冻的色素，使底座、主体物及其他球体颜色产生融合并联系起来。

（二）媒介生成的技术手段与实验过程

1. 实验1：球化及其造型技术探究

使用分子料理中的球化技术，制作各种口味的"水球"。

（1）由于海藻酸钠不易溶于水，需借助电动打蛋机或搅拌机，将海藻酸钠与水充分搅拌后，放入海藻或其他食物的溶液（液体均可），再混合后静置2h，直到表面的泡沫消失。

（2）在清水中加入乳酸钙，搅拌溶解。

（3）取一滴管或一量勺（影响成品大小）的海藻酸钠溶液，慢慢滴入乳酸钙溶液，或和色素混合后，加入模具（可以加入果粒等内容物）。

（4）海藻酸钠溶液加入乳酸钙后，球体的外表面会形成凝胶状的薄膜，放置在乳酸钙溶液中时间越久，形成的膜越厚，水球越凝胶化。

（5）要产生形状更牢固（更固体）的效果，需要加入琼脂塑形。用凉水浸泡琼脂1h后捞出，加入少量水蒸煮，全部溶化后倒入模具，再加入色素、干花等内容物。还可以加入果酱、白砂糖、蜂蜜等调味，形成"糖果"。

2. 实验2：作品主体下半部分造型

使用海藻酸钠与氯化钙、水产生化学反应。最终未使用。

原因：制作不出过大的球体，且形状难以控制。

将海藻酸钠与水充分搅拌

将海藻酸钠溶液滴入乳酸钙溶液

球体外表面形成凝胶状薄膜

溶化琼脂

混合后的"糖果"

实验2制作的球体较小

实验2制作的球体形状不可控

模具适用性实验

3. 实验3：模具适用性实验

准备白凉粉专用粉，将其与色素混合加入开水中搅拌溶化，在降温凝固前迅速加入模具，形成果冻状的可食用物，里面加入气球与管子，甚至可以吹气带动外表起伏。

4. 实验4：作品主体实验1

（1）材料 阿拉伯胶（提供固化作用）、白凉粉（提供弹性）、草莓酱（提供口味）、果粒等内容物、红色食用色素粉末（上色）。

（2）过程 将材料分别按配比装入模具，加入开水，搅拌均匀后盖上盖子，等待降温凝固。

（3）结果 由于没有使用吹风机，而是直接脱模，造成外形跑形、熔化。阿拉伯胶过多导致产生沉淀。

5. 实验5：作品主体实验2

（1）材料 白凉粉、雪碧粉（提供口味）、雪碧色食用色素粉末（上色）、阿拉伯胶。

（2）过程 在实验一的基础上，凝固后用吹风机对模具外壁进行脱模。

（3）结果 由于比实验4减少了阿拉伯胶的配比，使用吹风机在模具外壁加热脱模，外形较完整。

（1）

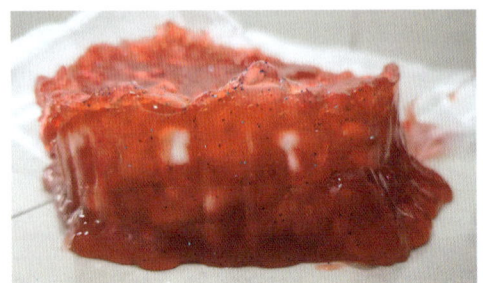

（2）

实验4结果

实验5结果

未脱模

脱模

6. 实验6：作品主体制作1

（1）材料　白凉粉（提供弹性）、开水、花茶干花（提供口味、香气）、绿色食用色素粉末（上色）、海藻酸钠粉末。

（2）过程　将海藻酸钠加少量湿水，搅拌均匀后放在模具里，做出流动形状。加入白凉粉及温水、色素，搅拌均匀，等待半凝固后加入干花，用筷子推到合适的位置。

（3）结果　海藻酸钠制作的白色部分包裹在了作品表面。白凉粉半凝固时可以很好地控制内容物的摆放。

7. 实验7：作品主体制作2

（1）材料　白凉粉、水、海藻酸钠溶液、食用色素粉末（或鲜花酱）。

（2）过程

①称取合适比例的白凉粉与水，加入锅里或容器里。白凉粉与水的比例经实验为：500mL水，150g白凉粉。

②加热前先轻微搅拌一下，看情况加入色素或鲜花酱等内容物。加热等待白凉粉溶化，在过程中要看情况充分搅拌，烧开后关闭电源，过滤出碎渣。

③将加入色素的白凉粉倒入模具，等待降温，确保白凉粉凝固时才能触摸、移动或脱模。

④重复前几步，使用不添加和添加不同色素的方式，来制作分层效果。每完全凝固一层，才能倒入下一层，防止串色。

称取合适比例的白凉粉与水放入容器里

搅拌

加热

过滤

将白凉粉倒入模具

在模具中能看出透明分层与绿色反光

8. 作品制作过程

（1）制作主体物

①由于主体物过大，在不添加任何添加剂的情况下，难以整个凝固，因此需要分层制作、分层凝固。将模具摆放好，做好支撑后，使用实验7的方式开始分层制作。

②先制作草图中的深色"内核",待内核完全凝固后,再覆盖下一层。过程中可以使用冰袋,保证外层降温,不会与内核融为一体。

③制作透明分层时,白凉粉液中不添加任何色素及内容物。

④将半凝固的白凉粉倒入模具。因为透明与绿色层次颜色相差很大,倒入时温度不能过高。

⑤在凝固之前前后摇晃,确保半凝固的白凉粉均匀覆盖后,再静置等待凝固。制作期间要使用冰袋,可以更好地呈现分层效果。

⑥重复③~⑤中制作分层的方法继续制作,使用针筒注入色素、补充气泡,加强作品的视觉表现力。

⑦制作带有桂花的最后一层。在加热白凉粉溶液的同时,倒入50g桂花酱,搅拌均匀,搅拌至白凉粉完全溶化,等待稍微降温后倒入模具。

⑧制作主体物完成后,盖上模具盖密封保存,防止过快蒸发。等待展出期间,由于温度、湿度差,要定期倒出作品表面析出的多余水分。

制作第一层——"内核"

为节省时间,使用冰袋进行降温处理

制作透明分层

将半凝固的白凉粉倒入模具

静置等待凝固

使用针筒注入色素

注入气泡

最后一层的白凉粉液中加入桂花酱

倒入模具

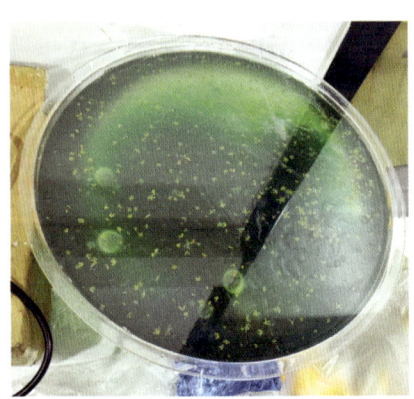
盖上模具盖并密封保存

（2）制作其他球体

①将模具摆放好，做好支撑后，在内部铺上保鲜膜。

②方法一：在保鲜膜上做出褶皱后，再加入溶化的白凉粉和鲜花酱，使作品表面出现凹凸不平的肌理效果。

③方法二：为了丰富视觉肌理效果，在保鲜膜上做出褶皱后，模具中先倒入一部分白凉粉和鲜花酱，在上面附上一层纱布，然后再倒入剩下的白凉粉和鲜花酱，这样脱模时纱布会包裹在半透明的果冻中，能看到内部的网状结构。

 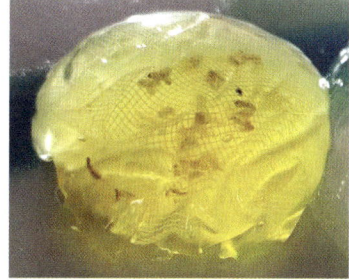 

作品表面出现造型　　　　　　保鲜膜上覆盖无纺布　　　　　　脱模后效果

（3）制作果冻底座

①在加热溶化好的白凉粉液里混合色素，在半凝固时倒在PVC白色底板上。

②使用不同色素及改变色素配比，分次依次制作，营造出自然流动的形态。

（4）摆放作品

①制作好底座后，依次脱模小球体，并盖上保鲜膜。

②展览当天，提前脱模主体物，并营造出分层质感。

自然流动形态　　　　　　　　　　　　　　分层质感

（5）制作试吃品[①]

①先制作无添加果冻，再制作加入不同色素粉、鲜花酱的果冻，并使用不同形状的模具，最终获得形状、颜色及口味各异的果冻成品。

---

① 试吃品制作要严格用食品级材料，口味、色泽用天然原料呈现，制作器具应注意卫生，成品即做即食，或短期冷藏即食。

②做好后,盖上保鲜膜,放在冰箱冷藏保存。

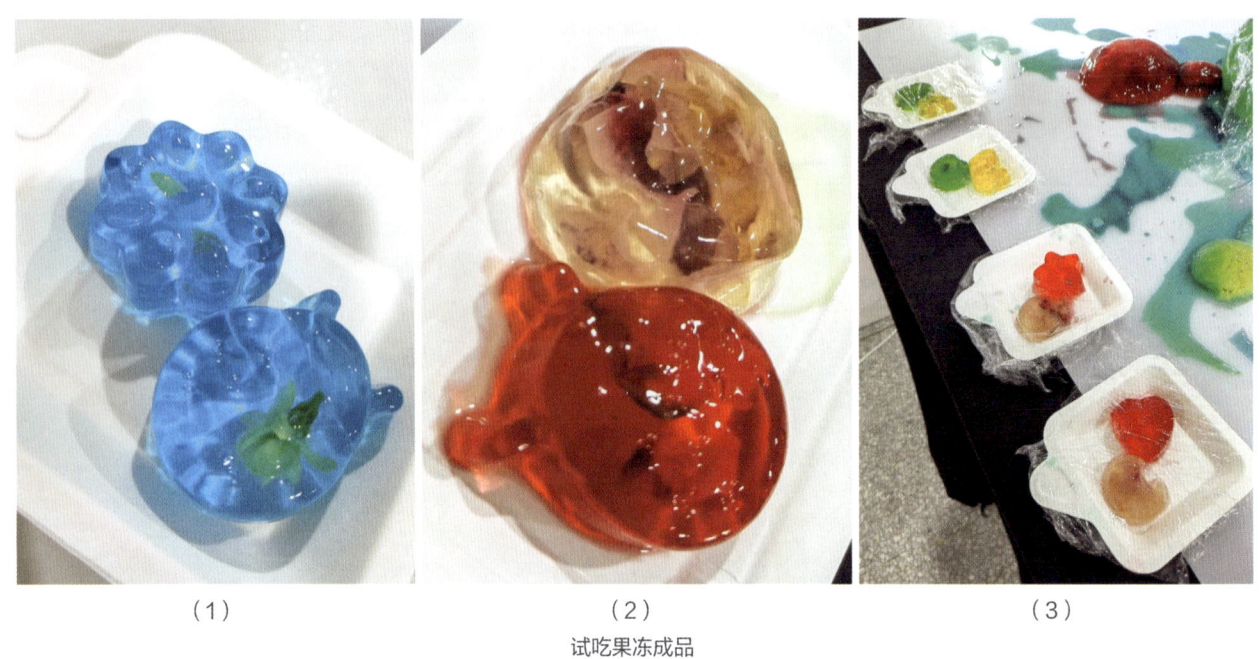

(1) (2) (3)

试吃果冻成品

(三)作品成品展示效果图

作品成品展示效果图

作品顶视图

（1）

（2）

作品局部图

三、作品《吞噬》

题　　目	《吞噬》	学　　生	郑朝丹
材　　料	亚克力板、电机、LED灯带等	指导教师	徐微微

（一）作品题目与概念介绍

　　光影艺术源自对自然光和影子的独特感知，以其独特的方式带给人们心灵的慰藉。光影通过其温和、柔美的方式，成为一种疗愈心灵的艺术形式。它不仅仅提供给人们视觉上的享受，更是一种能够触及内心深处的抚慰。有光影就有意境渲染，意境是情与境的结合。光影的意境渲染与空间相结合，当光影虚无缥缈、变幻莫测时对空间意境的塑造主要体现在虚实之境上。

作品《吞噬》由纸片人、镂空恐龙板、丝带、球与空洞四个部分组成，它们分别有深刻的寓意：

纸片人：在这个快速发展的时代，"纸片人"成为我们对现实生活中人类生存状况的一种深刻隐喻。它描绘了一个个在生活的重压下显得轻薄又易损的个体，他们如同被风吹拂的树叶，既轻盈又承载着生命的重量。当我们透过这个比喻去观察人与自然的关系时，不难发现，人类正如这些"纸片人"，在自然的广阔画卷前，显得渺小而脆弱，像是在风中飘摇的纸片，稍有不慎就可能被自然界的力量所吞噬，然而正是这种脆弱性激发了人类对于和谐生存环境的渴望。因此，人类应学会在逆境中寻找平衡，从而确保这张看似薄弱的"纸片"能够在风雨中屹立不倒。

镂空恐龙板：恐龙曾经是这个星球上无可争议的霸主，然而，一场突如其来的大灾难却让这些庞大的生物永远地消失了。如今，我们通过化石和重建模型来窥探这些生物的风采。作品中镂空的恐龙形象，提醒着我们人类与自然之间复杂而微妙的关系。当我们凝视这些镂空的恐龙时，不仅是在观察一个个空洞的形态，更是在反思自然界中生命的脆弱性和生态平衡的重要性。因此，镂空的恐龙不仅是对过去的回忆，更是一种对未来的展望，它象征着人类对自然的尊重和保护，呼吁我们防止更多的"恐龙"在这个时代绝迹。

丝带：丝带象征在人类历史的长河中，将过去与现在紧密相连。这种联系在人与自然的关系中尤为明显，它不仅体现在我们如何从自然中汲取知识和灵感，更在于我们如何通过保护和珍惜自然遗产来维护这种纽带。

球与空洞：在人类与自然的复杂关系中，球与空洞的形象成了一个强有力的象征，它揭示了我们目前面临的环境问题和未来环境的不确定性。球代表了我们赖以生存的地球，而球所在空洞，则暗喻着由森林的减少、物种的灭绝、气候的变化等所引发的危机，是我们未来环境摇摆不定的具体表现，同时，也让我们感受到了一种对未来的忧虑。球与空洞敦促我们反思人与自然的关系，促使我们采取更加可持续的生活方式，减少对环境的负面影响。

（二）媒介生成的技术手段与实验过程

1. 材料

亚克力板、直流电机、LED灯带、变压器、泡沫球、钢条、铁丝、塑料布等。

2. 技术

机械驱动。

3. 作品最终草图

作品最终草图如图所示。

4. 实验过程

①先用软件绘制小人形象，打印到A4纸上，再用剪子剪下小人形状。由于A4纸太薄，重量轻，导致纸片人用线吊起来以后摆动严重，放弃使用。

更换小人材质为亚克力板，采用激光雕刻技术。

②用Adobe Illustrator制作镂空恐龙路径图，然后使用激光雕刻机在亚克力板上刻出恐龙形状，最后进行表面喷漆。

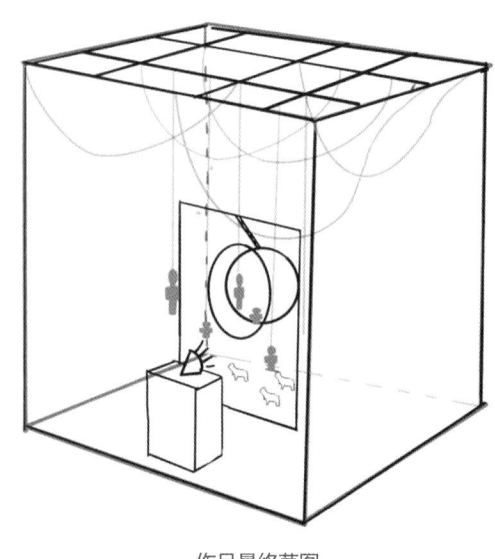

作品最终草图

③丝带制作采用塑料布料,将布料对折,使用缝纫机缝制,穿入铁丝固定造型。

④将钢条和泡沫球相连—给泡沫球喷漆—连电动机—加灯光效果后发现球体反射光影不明显—更换镀膜黑色不锈钢球。

⑤隐藏电机盒:切割板子—组装底座(将电机盒隐藏到底座里)—组装作品—测试泡沫球摇摆是否正常—给底座喷黑色漆。

⑥场景组合。

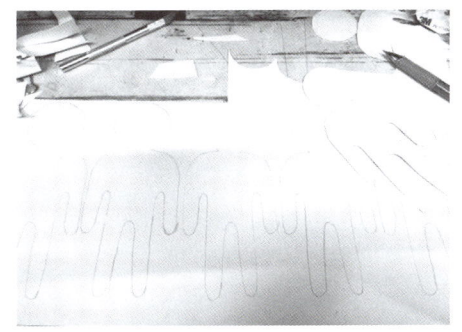
打印、裁剪"纸片人"

用线悬挂"纸片人"

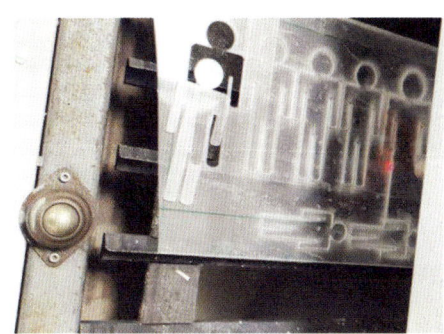
亚克力材质小人

制图

雕刻

喷漆

打光以后的效果

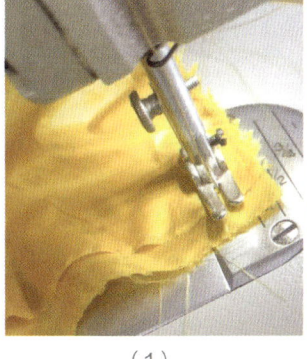
(1)

(2)

缝制丝带

将铁丝穿入丝带

将钢条和泡沫球相连

泡沫球喷漆

（1）

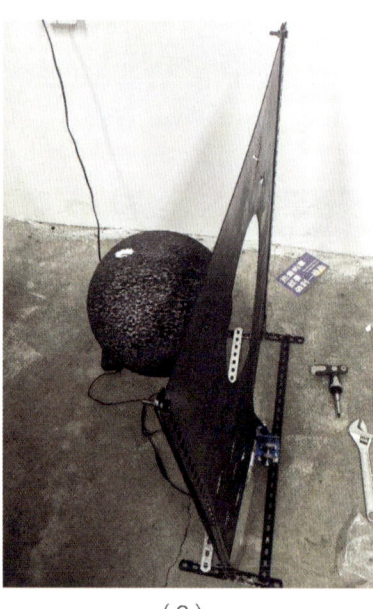
（2）

泡沫球连接电动机

喷漆后的泡沫球表面不平滑

打光后会影响光影效果

更换镀膜不锈钢球后，光影呈现清晰

切割板子

第三章　艺术媒介生成实验　209

组装底座（隐藏电机盒）

组装作品

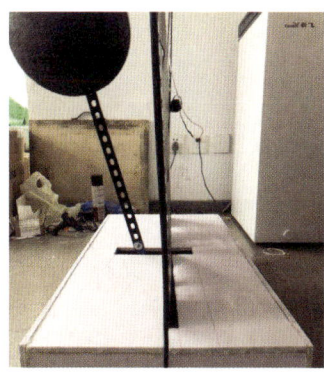
通电，观察摇摆器是否正常工作

底座喷漆

底座隐藏电机盒后的效果

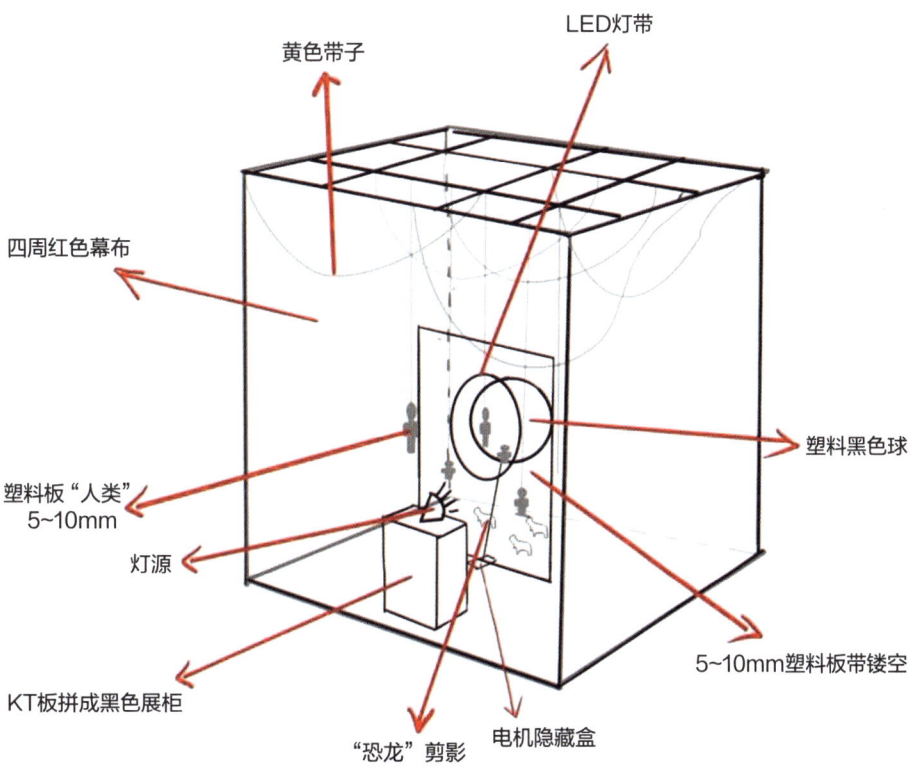
各组成部分安装图例

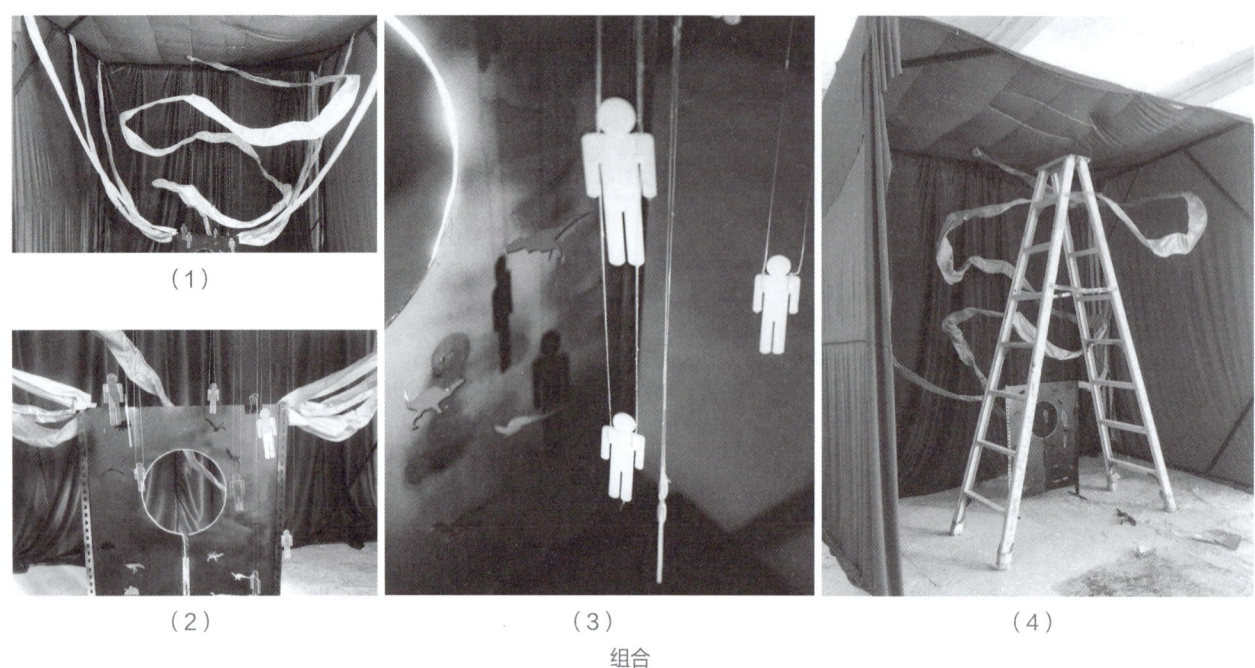

组合

（三）作品成品展示效果图

球摆动到前边的效果

球摆动到后边的效果

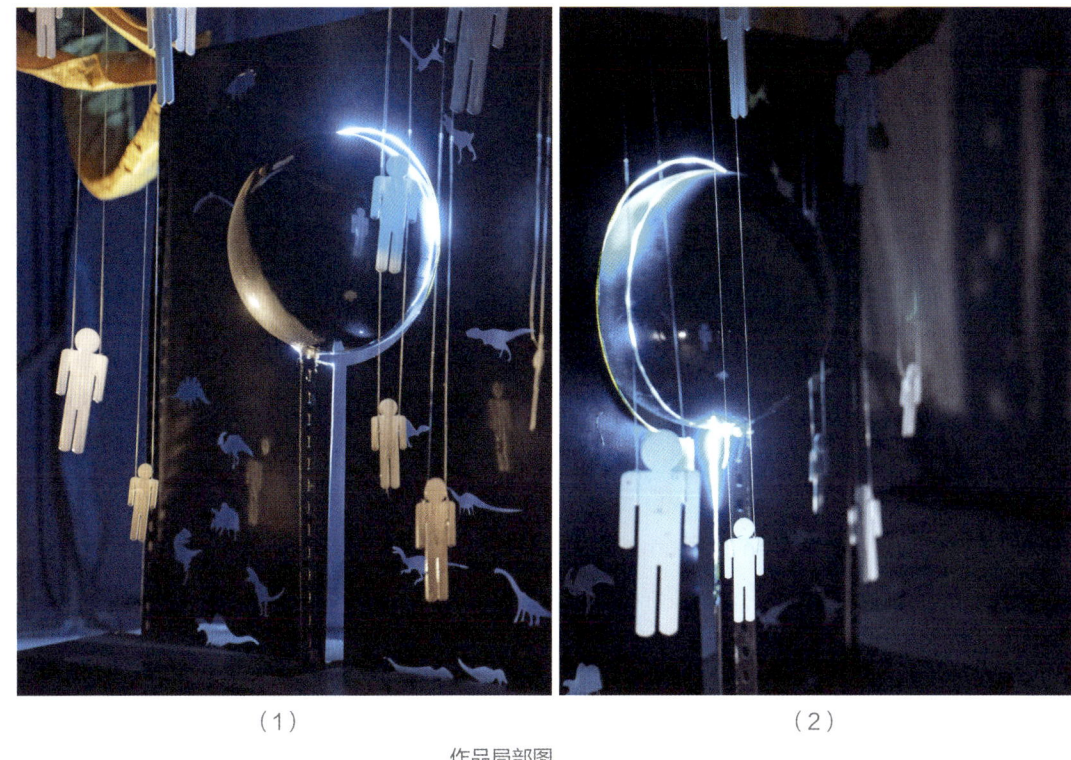

|（1）|（2）|

作品局部图

第六节
樱桃媒介生成实验

《魅》主题设计是以大连樱桃作为基础媒介，探讨当下樱桃食品设计和以食品加工中产生的樱桃废料为媒介进行艺术创作的设计实验。课题旨在引导激发学生的创造力和执行力，学生在收集、整理、思考、实验、发现等一系列创造性过程中再造各自的设计作品。

设计分为两个部分：①结合食品加工技术，以樱桃为原料开发食品产品，并完成产品的展示、包装等视觉设计；②用第一部分设计中产生的樱桃废弃物为媒介进行当代艺术创作。

一、作品《魅·朱遇》

| 题　　目 | 《魅·朱遇》 | 学　　生 | 杨　洋 |
| 材　　料 | 樱桃、水晶滴胶、水晶灯玻璃管 | 指导教师 | 田　影 |

（一）作品题目与概念介绍

（1）"朱遇"一词，拆分来看，"朱"顾名思义：大红色。（明）冯惟敏《水仙子带折桂令·肩儿》套曲中有："唇启朱樱，脸印红霞。"（宋）蒋捷："何日归家洗客袍？银字笙调，心字香烧。流光容易把人抛，红了樱桃，绿了芭蕉。"（清）蒲松龄《聊斋志异·鲁公女》："俄闻喉中咯咯有声，忽见朱樱乍启，坠痰块如冰。扶移榻上，渐复吟呻。"可见樱桃给人的第一直观感受就是鲜红色，樱桃的红犹如少女的薄唇，妩媚娇滴。而樱桃作为一个对生长要求较高的树种，不远万里，奔赴大连，引进栽培，更像是一场与大连的美丽相遇和邂逅。

在调研的过程中，作者站在消费者的角度去思考该做一款什么样的樱桃风味饮品，最终选择做水果茶，即樱桃冻干茶，主料为樱桃，并添加柠檬片、可食用干花等增加风味和功效。

"朱遇"所表达的概念是大连与樱桃的碰撞，也是颜色与地理的碰撞。樱桃与大连在相遇后包容结合，使得樱桃成为大连一个独特的标志。

（2）《魅·朱遇》作品设计是一个边长为1.8m的正方体结构装置，边框主要材质为水晶灯玻璃管，承重的12根玻璃管最粗，且规整，在有序的规律下，在正方体结构中穿插长短不一的玻璃管，使其更有空间感，远观整体为"井"字形结构。在玻璃管下方设计配有樱桃滴胶切片标本。滴胶标本制作有三个规格，长、宽、厚分别为：12cm×8cm×3mm；5cm×5cm×2.5mm；9.8cm×9.8cm×2mm。樱桃切片部分：樱桃干的制作采用烘干技术，去除果肉水分，并更好地保留樱桃本身的颜色。

《魅·朱遇》所表现的是一种有规律的美，樱桃切片被滴胶包裹住，又和玻璃管交织相融成为一个整体，更像是樱桃与大连的相织与碰撞。

（二）媒介生成的技术手段与实验过程

1. 设计——第一部分

（1）材料　樱桃、玫瑰、山药、红茶、柠檬片、陈皮、茉莉花、冰糖等。

（2）技术　果蔬烘干脱水技术。

（3）产品类型　樱桃水果茶及包装设计。

（4）实验过程

①樱桃用盐水浸泡洗净后擦干，去核切成1~1.5mm的薄片，只留取中间最大最完整的部分。

②樱桃片表面用厨房纸擦干水分。

③将樱桃片平整地放在烘干盘上。

④烘干机温度调至55℃，时间设置为8h。

⑤烘干8h以上取出。

⑥产品实物图。

⑦《魅·朱遇》产品展示效果图。

樱桃去核后切成薄片

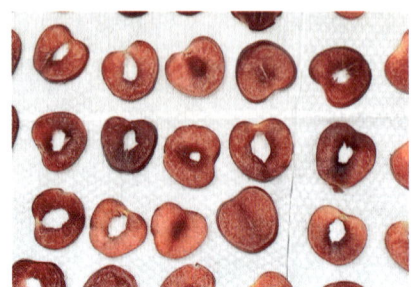
擦干樱桃片表面水分

将樱桃片放在烘干盘上

 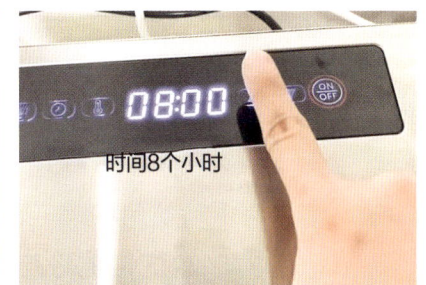 

温度55℃　　　　　　　　时长8h　　　　　　　　取出樱桃干

（1）　　　　　　　　　　（2）

产品实物图

（1）　　　　　　　　　　（2）

产品泡水图

（1）　　　　　　　　　　（2）

产品包装

2. 设计——第二部分

（1）材料　樱桃、水晶滴胶。

（2）技术　果蔬烘干脱水技术、水晶滴胶固化技术。

（3）类型　艺术创作。

（4）实验过程

①选择高透水晶滴胶，按照A胶∶B胶为3∶1的比例进行配制。

②两种胶水按比例配好后，混合在一起搅拌至透明胶状，至胶里没有絮状物即可。

③将混合好的胶水倒入模具中，并在中间放入樱桃干，用搅拌棒将表面小气泡挑除后静置晾干。

（5）脱模后的滴胶成品

①成品一：尺寸为12cm×8cm×3mm。

②成品二：尺寸为5cm×5cm×2.5mm。

③成品三：尺寸为9.8cm×9.8cm×2mm。

（6）作品草图。

作品草图如图所示。

选择高透水晶滴胶

A胶

B胶

静置晾干

成品一正面

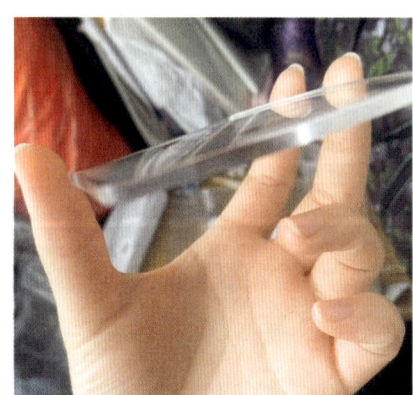
成品一侧面

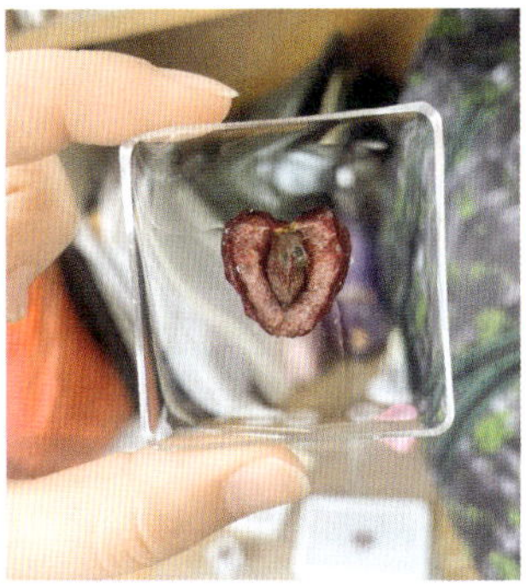
（1）

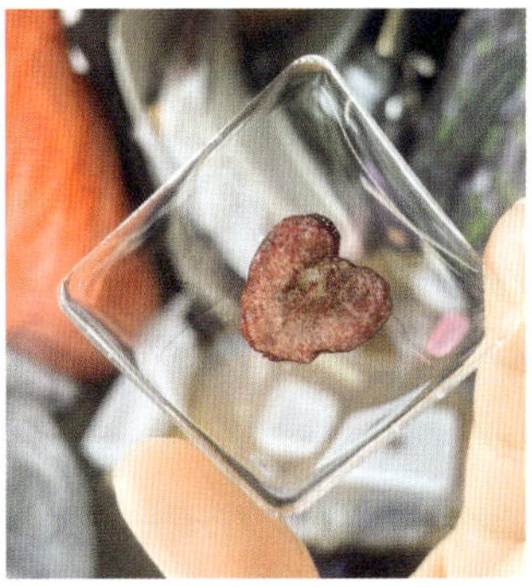
（2）

成品二

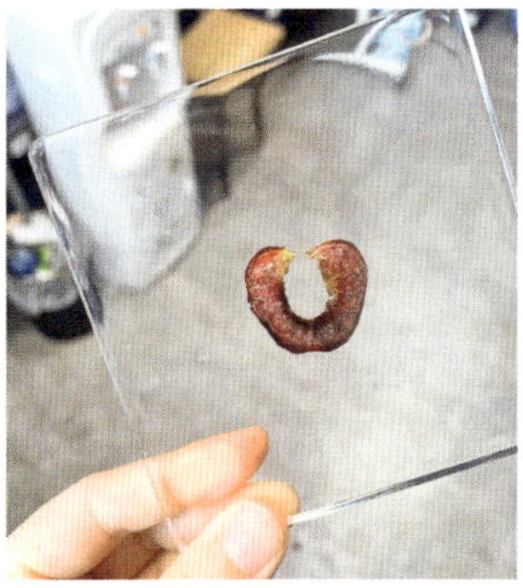
（1）

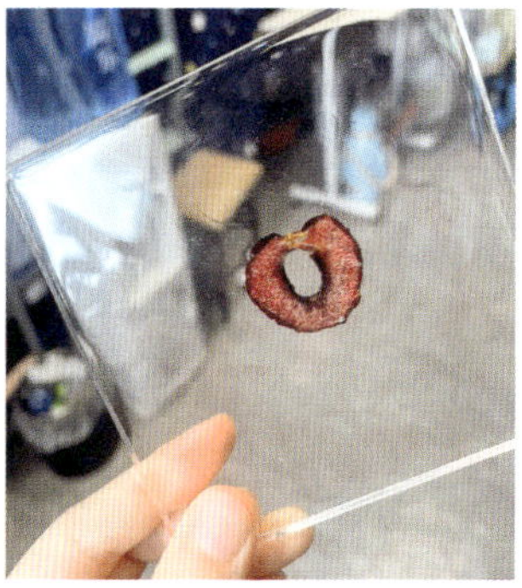
（2）

成品三

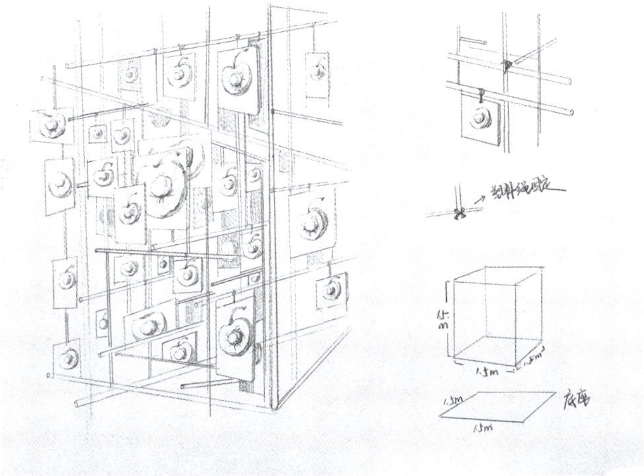
（1）

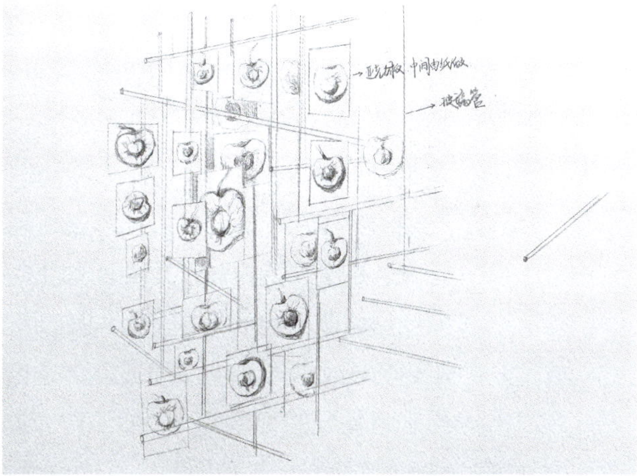
（2）

草图

（三）作品成品展示效果图

（1）

（2）

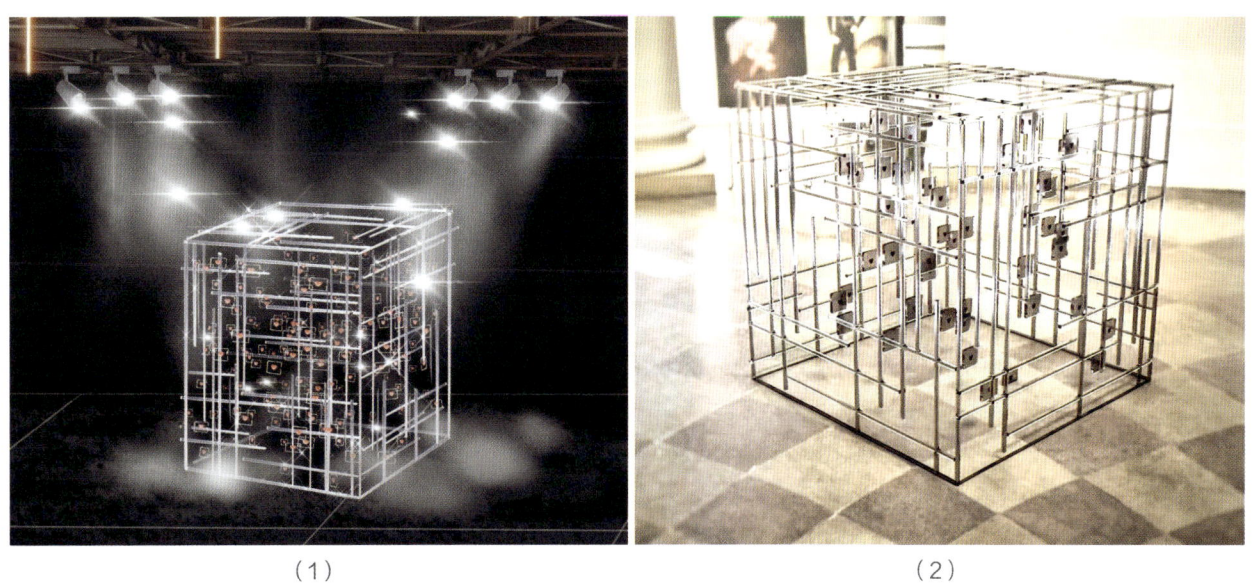

作品成品展示效果图

二、作品《魅·映海》

题　　目	《魅·映海》	学　　生	张秋琳
材　　料	樱桃、磷酸二氢钾、瓦楞纸	指导教师	李　波

（一）作品题目与概念介绍

（1）全国很多地区都有自己区域性的特色饮料，也有很多畅销到了其他地区，如广东的王老吉、吉林的宏宝莱、重庆的唯怡豆奶。

众所周知，大连是一个沿海的风景旅游城市，因其独特的地理位置和气候条件适合大樱桃在这里生长，并成为大连市特产。像大连这种旅游城市，需要一款极具魅力的饮品。

喜欢食用樱桃的人群很多，樱桃口味的食品、饮品，以及与樱桃相关的其他产品也相当受消费者青睐。市场上，樱桃汽水有，盐汽水也有，但是樱桃与海盐复合口味的没有。本次设计力求追寻地区代表饮品的脚步，以原大连汽水为基础进行一次全方位的产品升级，融入樱桃、海洋两大标志性元素，强化地域性特点及标志性形象，一改原本灰色单调的包装，将口味进行调整和创新。

（2）作品《魅·映海》想通过两个大连的标志性元素——樱桃和大海，结合碰撞来诠释大连这份独特的魅力。作者采用控制结晶的方式来定格这一刻，由樱桃想到了糖霜，其天然结晶酷似冰雕玉砌的假山，恰如岸边浪花凝聚的形态；由大海想到了海盐，将海水引入盐田，日晒、蒸发、结晶而成，这是自然的馈赠，智慧的凝结。希望这样的艺术装置，能带给观者愉悦的视觉感受，加深对大连的印象；更希望大连永远蓬勃发展，奔向更加美好的明天！

（二）媒介生成的技术手段与实验过程

1. 设计——第一部分

（1）材料　樱桃、碳酸氢钠（小苏打）、柠檬酸、白砂糖、海盐、纯净水、米醋等。

注意：作品中涉及的饮品制作系艺术表达载体，其工艺流程未遵循食品安全生产标准，所有呈现物仅作为学生的设计实验探索，不具备可食用性。

（2）技术　食品加工技术。

（3）产品类型　樱桃海盐汽水及包装设计。

（4）实验一　盐汽水。

在锅中注入800mL纯净水，然后依次加入白砂糖和海盐，煮沸之后，稍微过滤一下，然后依次加入米醋和柠檬酸，再搅拌均匀，然后将溶液冷却。将冷却之后的溶液装好，放入冰箱中冷冻，注意不要让其结冰，冷却到刚要结冰为止。准备好空瓶，把小苏打放入瓶中，再冲入冰箱冻冷好的溶液，搅拌均匀即可。

不同种类的樱桃颜色效果不同，各有各的特点，部分适合加工。

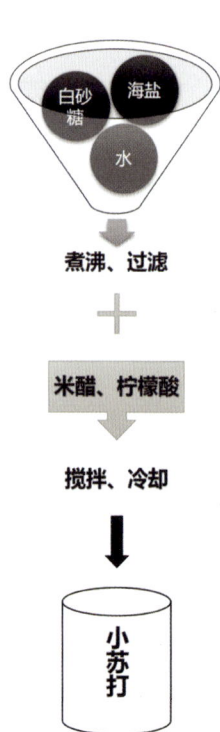

实验过程图解

不同种类樱桃的特点

序号	种类	特点
1	美早	果形宽心脏形，紫红色，有光泽，鲜艳美观
2	砂蜜豆	果实长心脏形，果皮深红色，光泽艳丽
3	红灯	核果个大，近似球形，果实呈粉红色或艳红色
4	红蜜	果实圆正，果皮黄色，有鲜红的红晕，果肉淡红色
5	最上锦	红黄相间，红是艳红、黄是柠檬黄，颜色特别好看
6	巨红1338	阳面有鲜红色晕和明显的斑点，果肉浅黄色
7	佳红	果实圆心脏形，浅黄色，阳面有鲜红色晕染和红色斑点，表皮光亮，晶莹剔透
8	黑珍珠	果实肾形，紫黑色，有光泽，黑里透亮
9	雷尼	果实圆心脏形，底色浅黄，富鲜红色晕，光泽性好
10	黄金冠	果实宽心脏形，果肉颜色深红，适合加工
11	先锋	果实扁圆形，果肉颜色呈艳红色，色泽饱满
12	早红宝石	果实阔心脏形，果皮和果肉都呈紫红色

不同种类樱桃的颜色效果

（5）实验二　樱桃浓缩液制作过程。

①清洗樱桃：将樱桃放入清水中彻底清洗，去除表面的污物、农药残留等。可以使用专门的清洗设备进行高效清洗。

②去核和去梗：手工或使用去核机将樱桃的核和梗去除，只留下果肉部分。

③破碎樱桃：将去核后的樱桃进行破碎，以增加压榨时的出汁率。

④压榨取汁：手工或使用压榨机将破碎的樱桃压榨出汁液。

⑤过滤：将压榨出的樱桃汁通过过滤设备，去除固体杂质，得到较为清澈的樱桃汁。

⑥浓缩：将过滤后的樱桃汁通过加热蒸发掉一部分水分，提高果汁的固形物含量，从而得到浓缩汁。

| 清洗樱桃 | 破碎樱桃 | 压榨取汁 |

（6）实验三　樱桃海盐汽水的制作方法与配方。

①配方：樱桃浓缩汁、柠檬酸1.5g，小苏打1.5g，海盐适量（白糖也可），香精少许。

②步骤：

a. 找一个耐压的容器，在每250mL冷开水中溶入浓缩樱桃汁、海盐（或白糖）、香精1~2滴和1.5g柠檬酸搅拌均匀。

b. 待完全溶解后装瓶，再逐瓶加入细粉状的小苏打1.5g，迅速密封瓶塞，待完全溶解后即可。如果加入的是固体团状的小苏打也可以，只是搁置时间要久一些，让其完全溶解。

③注意事项：

a. 饮料瓶一定要坚固，否则由于二氧化碳大量产生，会引起炸瓶。

b. 配方中的剂量是配制150~250mL饮料的剂量。制作樱桃海盐汽水时，一般根据容器容积按照上述比例调整剂量。

（7）产品设计图　产品设计图如图所示。

（8）产品效果图　产品效果图如图所示。

（1）　　　　　　　　　　　（2）

产品设计图

（1） （2）

产品效果图

2. 设计——第二部分

（1）材料　樱桃、磷酸二氢钾、瓦楞纸、水溶颜料等。

（2）技术　化学结晶技术。

（3）类型　艺术创作。

（4）磷酸二氢钾介绍　一种化学品，化学式为KH_2PO_4，有潮解性；加热至400℃时熔化而成透明的液体，冷却后固化为不透明的玻璃状偏磷酸钾。磷酸二氢钾在空气中稳定，溶于水，不溶于乙醇。

（5）实验原理　当纸片浸入磷酸二氢钾溶液后，水溶液借毛细作用在纸片中扩散，随着水分蒸发，就会出现结晶现象。

（6）实验步骤

①用瓦楞纸板制作造型骨架。

②樱桃打碎加食盐获取红色染料（食盐起到固色和加固晶体附着的作用）。

③水溶性颜料辅助绘制大面积效果，红色部分用上步提取的染料绘制点缀。

磷酸二氢钾

（1）

（2）

析出晶体效果

④配制磷酸二氢钾饱和溶液，90℃的水温下溶解度为：83.5g/100mL。
⑤用配制好的饱和磷酸二氢钾溶液持续浸湿之前制作好的装置。
⑥待溶液被完全吸收，冷却，晾干之后就会在装置表面析出晶体。

（7）注意事项

①配制饱和溶液：磷酸二氢钾的溶解度比较高。选取一个容器，加热水，再一勺一勺地加入磷酸二氢钾，然后不停搅动，直到溶解不了更多，这样就得到了一杯磷酸二氢钾的饱和溶液。

②纸张选择：一是要疏水性比较好，二是要有些结构强度，最终选择有一定厚度的瓦楞纸。因为在多孔介质表面生长出来的晶体其形状和介质的厚度有关。

③可以把水溶性颜料涂在纸的边缘处，也可以直接加到磷酸二氢钾溶液里。

（8）实验结果　瓦楞纸边缘清晰可见结出有色晶体，实验成功。

（9）作品设计草图　作品设计草图如图所示。

（10）作品安装图　作品安装草图如图所示。

选取容器并加水　　　　　　　加入磷酸二氢钾　　　　　　　有一定厚度的瓦楞纸

（1）　　　　　　　　　　　（2）　　　　　　　　　　　（3）

实验结果

作品设计草图

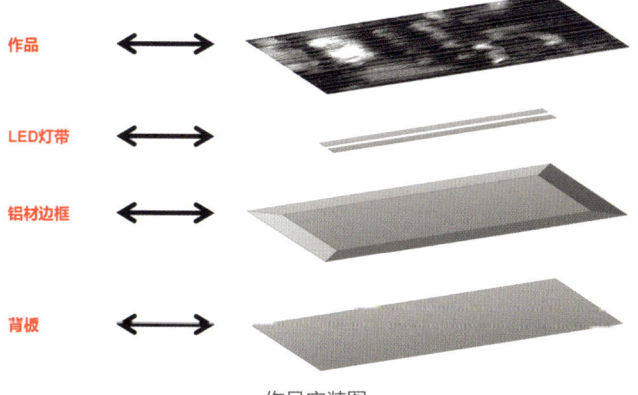

作品安装图

（三）作品成品展示效果图

（1）　　　　　　　　　　　　（2）

作品成品展示效果图

三、作品《魅·樱缘》

题　　目	《魅·樱缘》	学　　生	李雅慧
材　　料	樱桃、柠檬酸铁铵，铁氰化钾等	指导教师	李　波

（一）作品题目与概念介绍

（1）通过产品与其悬置物再生的两方面进行创作。樱桃本身有很高的食疗价值，市场现有的樱桃二次加工产品有樱桃汁、樱桃果脯、樱桃酒等。随着人们的生活水平不断提高，对健康饮食的需求越来越大，饮用果醋变得越来越流行。在对市场进行调研后发现几乎找不到樱桃果醋，随即对樱桃酿醋展开开发研究。

人类生产、食用果醋有悠久历史，比粮食醋早很多年。古希腊罗马时期已广泛使用葡萄醋。10世纪时葡萄醋在法国已相当盛行，17世纪以后欧洲各国结合各自的物产和饮食习惯生产出不同品种的果醋。在中国，李时珍《本草纲目》提到桃、枣等果醋的药用价值，如"桃酢"可醒酒。20世纪后，受西方果醋（如苹果醋）影响，中国开始工业化生产果醋饮料，如苹果醋、山楂醋等。随着果醋营养、保健作用的不断挖掘和发现，消费者已逐渐认识并开始接受果醋产品，而且其已经有了一定的市场。

（2）在对生物媒介樱桃进行第一次产品创作之后，提出"悬置"的概念——把做产品设计后残留的没有利用价值的剩余樱桃果渣进行再设计。在进行艺术创作时，将生物媒介本身作为载体进行再次塑造，生成的艺术作品其本身所提出的也是对于目前人们无法处理的问题进行暂时放置处理，这个问题可能在未来的某一天得到解决，也可能永远"悬置"。

在悬置物樱桃纸的排列组合方式上，前后交错，左右交错，看似混乱，实则有序，观看感受取决于当下观者的心境。这种效果更能贴合主题。"缘"说不清，道不明，是一种无形的联系。当风吹过，樱桃纸偶然间的碰撞，发出"叮叮"的声音，通过扩音器传递给观者时，是一种情感的表达，缘分的相遇。

（二）媒介生成的技术手段与实验过程

1. 设计——第一部分

（1）材料　樱桃、酵母、红茶菌等。

（2）技术　天然樱桃酿造，传统与现代工艺结合。

（3）产品类型　樱桃醋瓶标签设计及展示、便携式樱桃醋包装设计。

（4）实验步骤

①厌氧步骤：在无氧的环境下，用酵母将糖转化成酒精。樱桃去皮去核，放入搅拌机进行榨汁并粗略过滤。用塞子堵住瓶口，在塞子上方插入发酵排气阀，水果自带的酵母开始发酵，通过排气阀将发酵产生的气体排出去。之后大部分糖会消失，取而代之的是酵母发酵所产生的类似于酒精的味道。为加快整个发酵过程，加入了用来制作啤酒、葡萄酒或香槟的酵母（原因：靠樱桃自带的酵母发酵比较慢，且自然酵母所转换的糖的量是有限的，一旦酒精浓度上升到1.5%vol，自然酵母便开始衰竭并停止发酵，但酒类酵母可以继续发酵，酒精度越高，醋的味道就越好）。

②有氧步骤：这个步骤将酒精转化成醋酸。按步骤①发酵一周后打开排气阀将气体排干净，所有的糖都转化成了酒精。将澄清液倒入玻璃容器中，加入红茶菌（红茶菌活性很高，能将转化出来的酒精转化成醋酸），玻璃容器用低密度的棉布包裹（防止果蝇）放在没有阳光直射的地方，保证温度为20℃左右。等待的过程中，菌的数量会成倍增长，醋的顶层会产生一层固体——红茶菌（菌种），大概三四个星期，过滤液体，得到果醋。

（5）产品设计图　产品设计图如图所示。

  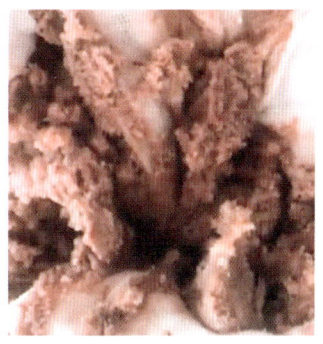 

樱桃去皮去核　　　　　　　榨汁　　　　　　初次过滤后残渣　　　　初次过滤后果醋

樱桃醋瓶标签设计　　　　　　　　　　樱桃醋便携小包装设计

樱桃醋产品包装设计

2. 设计——第二部分

（1）材料　樱桃皮、纸浆、植物胶、扩音器、熟铜片、塑料制品等。

（2）技术　樱桃造纸、声音技术。

（3）媒体形式　综合媒介、三维立体形式。

（4）实验过程

①樱桃皮肉分离，在水中煮制樱桃皮直到出色。

②在樱桃皮水中加入纸浆、植物胶，充分混合均匀。

③进行抄纸，晾晒。

④将晾晒干燥的纸张裁剪出合适的尺寸。

由于三次实验的制作工艺有所不同，出来的纸的效果也不同：

第一次实验，加入了果泥，纸的表面过于粗糙；

第二次实验，煮制的樱桃皮太少，颜色过浅，呈浅粉色；

第三次实验，由于樱桃品种不同，纸呈紫色。

根据前三次实验的经验，作者改变樱桃的品种以及樱桃皮的量，后经多次实验，得到四种颜色的樱桃纸。

纸张背面两侧粘贴熟铜片，中心粘贴吸管固定。用塑料管制作出作品龙骨架，吸管套入龙骨架上，通过风吹可以实现左右摇摆。将樱桃纸进行排列组合，排列方式需实现摆动发生时前后的纸片可以相撞发出声音。每张纸之间用塑料环隔断，防止上下移动。组装完成后将龙骨架固定在墙上。确定扩音器摆放位置，扩音器后方粘贴塑料管，固定在墙上。测试扩音器发出的声音后，完成作品。

（5）作品设计图　作品设计图如图所示。

将樱桃皮与肉分离

煮樱桃皮

在樱桃皮水中加入纸浆

在樱桃皮水中加入植物胶

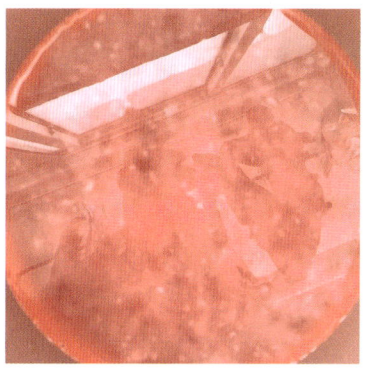
樱桃皮水、纸浆、植物胶混合均匀

抄纸

晾晒

第一次实验

第二次实验

第三次实验

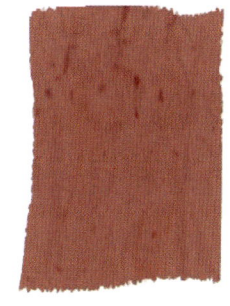

四种樱桃纸

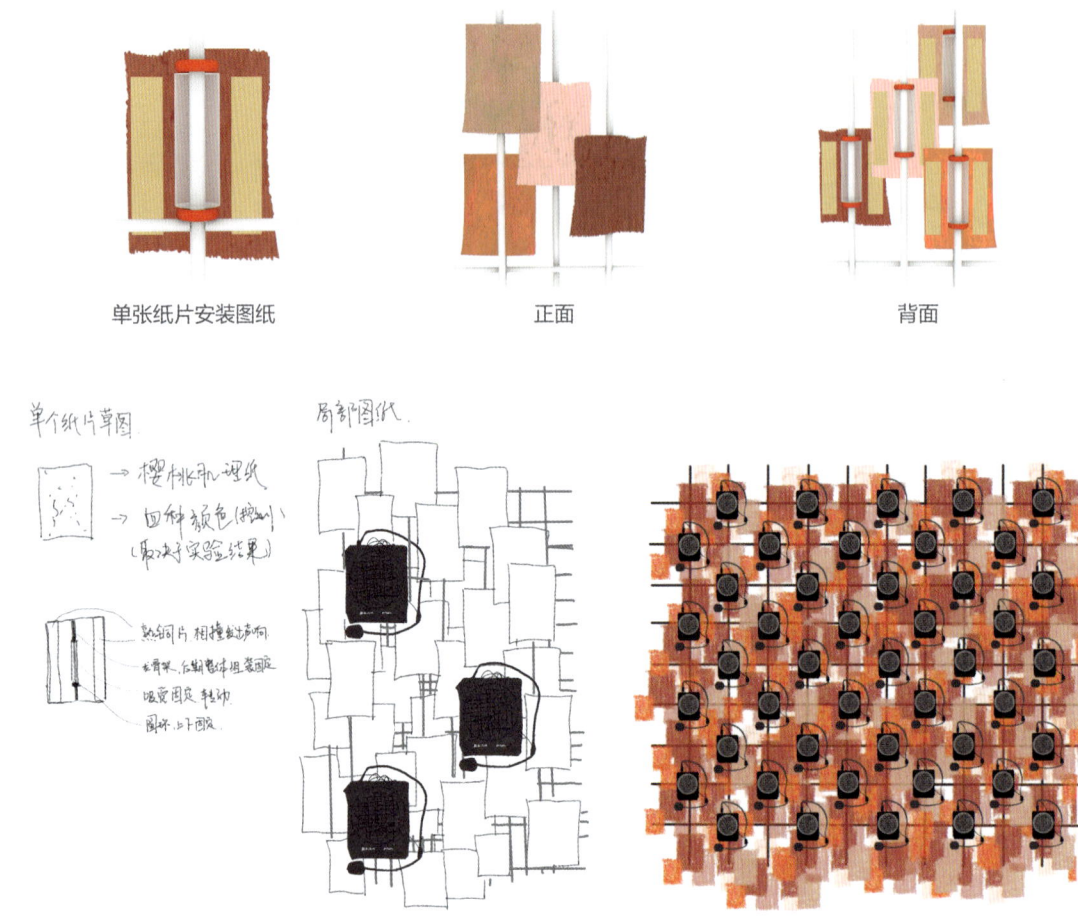

单张纸片安装图纸　　　　正面　　　　背面

图纸　　　　作品设计图

（三）作品成品展示效果图

作品成品展示效果图

思考题

1. 生物艺术是否应成为"科技向善"理念的实践载体？如何通过艺术作品传递"人与自然和谐共生"的价值观？
2. 通过科学技术生成新媒介，并进行艺术创作实践。

参考文献

[1] 马歇尔·麦克卢汉. 理解媒介——论人的延伸[M]. 何道宽,译. 北京:商务印书馆,2000.
[2] 罗伊·阿斯科特. 未来就是现在 艺术,技术和意识[M]. 周凌,任爱凡,译. 北京:金城出版社,2012.
[3] 克劳斯·布鲁恩·延森. 媒介融合:网络传播、大众传播和人际传播的三重维度[M]. 刘君,译. 上海:复旦大学出版社,2020.
[4] 苏珊·朗格. 情感与形式[M]. 刘大基,傅志强,译. 北京:中国社会科学出版社,1986.
[5] 约翰·杜威. 艺术即经验[M]. 高建平,译. 北京:商务印书馆,2010.
[6] 彭兰. 新媒体导论[M]. 北京:高等教育出版社,2018.
[7] 李泽厚. 美学三书[M]. 北京:生活·读书·新知三联书店,2003.
[8] 许慎. 说文解字[M]. 北京:中华书局,1963.
[9] 郭靖雅. 新媒介实验室绘画机器[M]. 重庆:西南师范大学出版社,2016.
[10] 包益民. 天下没有怀才不遇这回事[M]. 北京:中信出版社,2015.
[11] 约翰·伯格. 观看之道[M]. 戴行钺,译. 北京:广西师范大学出版社,2018.
[12] 王受之. 世界现代设计史[M]. 北京:中国青年出版社,2015.
[13] 郭庆光. 传播学教程[M]. 北京:中国人民大学出版社,2011.
[14] 吴军. 智能时代:大数据与智能革命重新定义未来[M]. 北京:中信出版社,2016.
[15] 李开复,王咏刚. AI·未来[M]. 北京:中信出版社,2018.
[16] Colin Ratledge,Bjorn Kristiansen. 生物技术导论[M]. 北京:科学出版社,2003.
[17] 奥勒·哈格斯特姆. 未来科技通史:科学将引领我们走向何方[M]. 刘浩,张尧然,译. 北京:新世界出版社,2019.

致谢

本教材的编写得到了多方支持与帮助,在此谨致谢忱:

首先,感谢大连工业大学提供的实验室资源,为教材的编写创造了必要条件,以及在行政协调、经费保障等方面给予了大力支持,确保了教材编写工作的顺利推进。

其次,感谢为教材编写提供案例的师生团队,这些作品经过专业改编后为教材提供了生动范例,不仅体现了学生们的创意才华,也映射出指导教师的专业智慧,这些作品共同铸就了教材的实践价值,展现了艺术与科技融合的创新成果。

同时,对各位专家以及同行提出的宝贵意见表示诚挚谢意。

最后,感谢这个时代,它为我们提供了艺术与科技深度融合的广阔舞台。未来,我们将继续在这片舞台上探索和实验,不断推动艺术与科技教育的创新发展。

徐微微

2025年2月